AN INTRODUCTION TO EVENT GRAMMAR

事件语法导论

李福印 沈 煜 著

北京大学出版社
PEKING UNIVERSITY PRESS

图书在版编目(CIP)数据

事件语法导论 / 李福印，沈煜著. — 北京：北京大学出版社，2021.7
ISBN 978-7-301-32030-3

Ⅰ.①事… Ⅱ.①李…②沈… Ⅲ.①语法–研究 Ⅳ.①H04

中国版本图书馆CIP数据核字(2021)第035726号

书　　名	事件语法导论 SHIJIAN YUFA DAOLUN
著作责任者	李福印　沈　煜　著
责任编辑	唐娟华
标准书号	ISBN 978-7-301-32030-3
出版发行	北京大学出版社
地　　址	北京市海淀区成府路 205 号　100871
网　　址	http://www.pup.cn　新浪微博：@北京大学出版社
电子信箱	zpup@pup.cn
电　　话	邮购部 010-62752015　发行部 010-62750672　编辑部 010-62767349
印刷者	北京虎彩文化传播有限公司
经销者	新华书店
	720 毫米 ×1020 毫米　16 开本　14.5 印张　253 千字 2021 年 7 月第 1 版　2021 年 12 月第 2 次印刷
定　　价	49.00 元

未经许可，不得以任何方式复制或抄袭本书之部分或全部内容。
版权所有，侵权必究
举报电话：010-62752024　电子信箱：fd@pup.pku.edu.cn
图书如有印装质量问题，请与出版部联系，电话：010-62756370

本书获北京航空航天大学教材/专著立项资助

序　言

事件语法是一个新的术语，是笔者指导的研究团队近年来力图创立的一门语言分支学科。事件语法将由一系列理论构成，是一个基于事件来阐释语言的理论体系。笔者分五个方面简述相关背景。

1　时间和空间

时间和空间互为对方存在的前提。

关于什么是时间，我们先看Augustine的论述：

> What, then, is time? If no one asks me, I know; but, if I want to explain it to a questioner, I do not know. Yet, I say with confidence that I know that, if nothing passed away, there would be no past time; if nothing were coming, there would be no future time; and if nothing were existing, there would be no present time.（Augustine, 1953）
>
> 那么时间究竟是什么？没有人问我，我倒清楚；有人问我，我想说明，便茫然不解了。但我敢自信地说，我知道如果没有过去的事物，则没有过去的时间；没有来到的事物，也没有将来的时间；并且如果什么也不存在，则也没有现在的时间。（奥古斯丁著，周士良译，2015）

以上论述实际上已经隐含了时间和空间的不可分离性。因为事物首先存在于空间中。没有空间谈何事物呢？我们可以把以上引文中的双重否定改为肯定：如果有过去的事物，则有过去的时间；有来到的事物，也就有将来的时间；并且如果有什么事物存在，则也就有现在的时间。

结论：没有事物就没有时间，有事物才有时间。

事件是和事物相对的一个概念。事件表达事物的存在、运动、变化及结果。在语言表达中，笼统地讲，名词表征事物，动词表征事件。

我们进而可以认为：

语言是事物和事件的表征；

事物和事件是空间和时间的表征；

空间和时间是世界的表征。

这里的表征和英文的"representation"对应，取其普通语义"表现""表现形式"之义。在下图中，我们用箭头表示表征。

语言 ⟶ 事物和事件 ⟶ 空间和时间 ⟶ 世界

图1　语言和时空及事件关系图

换句话说，我们认为：空间和时间是世界的表现形式，事物和事件是世界的内容；两组概念又互为对方存在的前提。空间和时间与事物和事件，四位一体。研究四个概念中的任何一个必须触及其他三个概念。

鉴于以上关系，我们认为仅从语言现象本身研究语言，无法触及语言的本质。深入研究语言问题，我们必须首先需要深入研究事件。语言学之外的学科，尤其是哲学、心理学等，对事件的研究由来已久，且取得了丰硕成果，积累了大量有价值的文献。相比之下，语言学对事件的研究才刚刚开始。语言学对事件的研究受益于哲学、心理学等领域对事件研究的贡献。

2　事件语法

事件语法是一个新的语言学研究领域，我们暂且把它定义为：事件语法研究事件在语言表征和语言认知中的作用。事件语法由一系列的相关理论构成。提出事件语法的目的十分明确，即：利用相邻学科对事件研究的成果，解决语言学中的问题，并提出相关理论。

事件语法研究已经取得初步进展。我们团队在事件语法领域提出了类型学假说，即宏事件假说。该假说认为：语言通常把两个较为简单的相关事件更具综合性地表征为一个单一的融合的复杂事件，即"宏事件"，在语言表层用一个小句来表达。据此，语言可分为宏事件型语言和非宏事件型语言两大类型（李福印，2020）。我们利用事件融合解释语法化的动因（Li, 2018, 2019）。专著《事件语义类型学》(李福印等,2019)更是事件语法研究领域的代表之作。在现代汉语"V到"构式的个案研究中,我们发现构建事件的语义要素在融合过程中具有不同的组合模式(俞琳、李福印,2018)。此外,施事性状态变化事件有其特定的概念构建认知机制(杜静、李福印、邓宇,2018)。我们基于历时原型语义学探讨了"破""切"和"开"三个词所表征的分离状态变化事件的历时变异(Du, Li & Xu, 2020)。我们分析了汉语框架卫星语素包含的各类句法形式。这些形式有汉语动结式中的结果补语、动趋式中的趋向补语、介词及方位构式等(任龙波、李福印,2018)。我们还利用状态变化事件理论解释了现代汉语双及物动结式,认为这类构式表现出混合式语言类型特征(任龙波、李福印、邓宇,2015)。我们探讨了语言表征事物和事件的重要基础空间图式系统(任龙波,2014)。我们以事件切分为手段,发现汉语运动事件呈现"路径复合型>路径混合型>路径分裂型"的互补类型框架(邓宇、李福印,2015)。李金妹等(2017)研究了因果关系事件的语言表征之一——词汇型致使构式的事件结构(event structure),提出汉语成语中的词汇型致使有三种构成方式,分别是:词的使动用法、结果自足综合性及物动词和动结式。李金妹、李福印(2020)探讨了初始因果关系事件与持续因果关系事件的区别,并通过诱导实验法对这两类事件的现代汉语口语表征进行了考察,发现它们在事件融合(event integration)方面呈现出不同的特点。

我们研究团队耗时十余年翻译出版了Leonard Talmy的巨著《认知语义学(卷Ⅰ):概念构建系统》(伦纳德·泰尔米著,李福印等译,2017)以及《认知语义学(卷Ⅱ):概念构建的类型和过程》(伦纳德·泰尔米著,李福印等译,2019)。这两本书的出版为事件语法的深入研究打下了坚实的基础。换一个视角,Talmy最负盛名的两分法理论,实际上研究的就是事件关系。同时,我们也在不断拓宽该领域的研究范围,例如李福印(2013, 2015, 2020)。

这些都是我们团队在事件语法领域取得的进展。随着相关研究的展开,事件语法研究的范围也将逐渐明晰起来。我们也将提出更多理论。

3 全书内容

本书含有五个部分,共15章。第一部分介绍事件语法的整体框架;第二部分致力于构建事件语法的理论基础;第三部分希望从事件角度给语言学研究中颇具争议的名词、动词的关系问题提供事件解释;第四部分为从事件角度研究工具构式的语法化提供语料基础;第五部分用实际研究诠释了如何从事件融合解释语法化。以上五个部分所关注的话题都是开放的,均可继续研究。具体内容如下。

　　第一部分"事件语法"包含第1章,该章阐述事件语法框架,探讨了事件与语言研究相交叉的十二个分支领域。

　　第二部分"事件思想史",由第2章至第6章组成。亚里士多德是最早研究事件的学者,第2章追本溯源,论述了亚氏关于事件即现实活动及运动的观点。第3章梳理了《形而上学》中亚里士多德关于现实、潜能和运动的内容,并初步讨论了这一思想对语言学家Vendler和Talmy的理论的影响。第4章介绍Kenny基于时间图式对事件进行的划分。Kenny根据事件是否能够用于进行态,把事件分为状态事件和行动事件,前者不能用于进行态,后者可以用于进行态;他又根据行动事件用于完成态的差异,把行动事件分为施为事件和活动事件。第5章的核心是Vendler的事件四分法理论以及事件名词化的手段。第6章简介Beth Levin对事件研究的核心贡献,即方式–结果互补原则。

　　第三部分"事件与词类研究",由第7章构成。该章梳理了中西方学界名词、动词词类划分的争论焦点,并提供了事件语法解决路径。

　　第四部分"事件与工具构式语法化",由第8章至第13章构成。

　　第8章从事件语法视角初步探讨工具构式的语法化。我们首先考察了国内核心文献对重要工具介词的语法化研究情况,认为:工具构式原形为AGENT+$V_{1\text{-MANNER}}$,即"施事+方式动词"。通过对汉语工具构式的历时语法化研究的讨论,我们发现,此类研究十分罕见,是语法化研究领域的空缺。

　　第9章讨论上古汉语"以/用"类工具构式语法化。本章包括如下内容:甲骨文中工具构式的雏形;金文中的工具义连动构式及相关构式;今文《尚书》的工具义连动构式及相关构式;《左传》中的工具构式及相关构式;《史记》中的工具构式及相关构式统计数据。该章从构式语法化视角阐释上古"以/用"类工具构式的语法化。

　　第10章讨论中古汉语"持/取/将/捉/把"类工具构式语法化。此类工具构式已经被现代汉语普通话淘汰,其生命期集中在东汉到元代。在本章,我们逐一介绍了含有这五个词的工具构式发展概貌。最后,我们从构式语法化角度解释它们的工具构式的语法化。

　　第11章讨论近代汉语"拿"类工具构式语法化。"拿"类工具构式由"拿"类连动构式语法化而来。唐代,"拿"类连动构式出现。元代,出现连动构式到工具构式的过渡阶段。明代,"拿"类连动构式重新分析为"拿"类工具构式。现代汉语中,"拿"类工具构式继续使用。

　　第12章从构式、认知及事件讨论工具介词语法化的机制和动因。我们认为,工具介词语法化的机制主要为重新分析和类推。另外有认知、语用层面的动因，如认知情景的投射、交际互动、语用推理、主观化与事件融合等。

第13章讨论工具构式历时语法化的欧美语言类型学研究。从连动构式可以发展出各种复杂、精密的构式，这是国际语法化学者公认的从句语法化、句法复杂化的重要路径之一。类型学学者们已经在世界语言范围内找到工具构式语法化的语言共性的证据。该章把它们与汉语工具构式的语法化进行比较。

第五部分"事件融合与语法化"，由第14章与第15章构成。

第14章讨论了Talmy两分法类型学的奥秘。Talmy两分法类型学依据核心图式的编码位置将人类语言划分为动词框架语言（verb-framed language）和卫星语框架语言（satellite-framed language），这一理论在语言学研究中产生深远影响。本章以现代汉语动趋式为研究案例，探究Talmy两分法类型学的本质。研究发现，Talmy所研究的宏事件实际上是事件融合和语法化的结果。

第15章讨论事件融合视角下"V到"构式的动补类型嬗变。语言中形式和意义匹配的多样性使得"V到"构式在动补结构的归类上存在着很多争议，主要体现在属于动趋式、动相式还是动结式上。本章基于事件融合理论，尝试对这些争议进行解释。

4 本书成书过程

语言学之外的其他学科，尤其是哲学和心理学，对事件的研究历史更为久远，成果更为丰硕。我们可以利用这些成果来解决语言学中的问题。正是基于以上信念，2017年春季，笔者在北京航空航天大学给博士研究生开设的研究性质的课程"认知语言学研究"中，便开始了对这一领域的探索。该学期笔者第一次以"事件语法研究"这个名称安排课堂内容。因此，本书可作为语言学专业硕士及博士研究生的研究性课程的教材。

在该学期的"事件语法研究"课堂教学中，我们有两个目的：一是阅读事件研究的经典文献；二是寻找这些文献和语言研究的结合点。

选修这门课程的同学也参与了文献整理及本书写作。本书的15章内容，各章初稿作者如下：李福印（第1, 2章）；沈煜[①]（第3, 4, 7, 8, 12, 13章）；李艳（第5章）；杜静等（第6, 14章）；左姗（第9章）；赵冠男（第10章）；刘娜（第11章）；俞琳（第15章）。其中第8章至第13章雏形为沈煜硕士学位论文（指导教师龙国富教授，

---

① 沈煜：北京航空航天大学外国语学院博士后，现为浙江大学国际教育学院讲师。

谨谢）。

最后笔者及沈煜对全书各章做了系统性勘误和修订工作。很多章节内容变动较大，大部分内容重新撰写。

5　未来研究

本书是我们在事件语法领域的初步尝试。我们希望在未来的研究中能在第1章提出的十二个分支领域里有所突破。我们希望最先能在事件与语法化领域获得进展。本书为我们开创事件语法研究的系列图书的第二种，第一种为《事件语义类型学》（李福印等，2019）。

李福印（教授）
邮编：100191
地址：北京市海淀区学院路37号，北京航空航天大学外国语学院
邮箱：thomasli@buaa.edu.cn；thomaslfy@gmail.com
手机：（86）13811098129（限短信）
微信：thomasli1963

第一部分

事件语法

第1章 事件语法框架

1.1 引 言

本章提出事件语法(event grammar)这一概念及其内容框架。事件语法研究事件在语言表征和语言认知中的作用。事件语法的内容框架包括十二个分支领域：事件表征、事件结构、事件中的时和体、事件关系、语法化中的事件、事件和构式类型、语言类型学中的事件、语篇中的事件、语言进化中的事件、语言发展与认知老化中的事件、心理学中的事件、事件与本体论。建立事件语法框架的重要意义在于整合各个学科对事件研究的发现，更好地揭示事件在语言表征和认知中的作用，使其成为一门独立的语言学科。

"事件"是语言学、心理学、哲学等学科领域中一个常议常新的话题。但是，据文献所及，"事件语法"，或者英文的"event grammar"尚未出现在国内外相关文献中。由此可见，事件语法尚未成为一门独立的研究学科。但是诸多学科中关于事件的研究表明建立事件语法的条件已经趋于成熟，亦有建立"事件语法"这一学科的必要性。本章尝试提出事件语法的概念及其内容框架，旨在建立"事件语法"这一语言学科，使其成为相对独立的研究领域。

建立一个学科，恐非几篇论文所能及。为什么需要建立这样一个学科？建立该学科的必要性何在？该学科的基础是什么？该学科的研究内容是什么？该学科的研究方法是什么？该学科需要解决的核心问题是什么？为什么已经有普遍接受的术语"事件语义学"，仍然需要"事件语法"这一概念？"事件语法"是否包括大家所熟知的"事件语义学"？读者会提出诸如此类林林总总的问题。但是，本章仅尝试性提出"事件语法"这一概念，提出一个大致的定义，略论事件语法大致涵盖的内容，期望引起学界的进一步关注。

本章分别在1.2至1.13节提出十二个互相支撑、各有侧重的事件语法研究的分支领域，作为事件语法的基本内容框架。1.14节为结语。

1.2 事件表征

本章认为，亚里士多德（公元前384—公元前322）是研究事件的最早的学者。亚里士多德在《形而上学》中对动词的分类，是对事件的最早论述（Tenny & Pustejovsky, 2000a, 2000b; Rosen, 1999）。亚里士多德实际上提出了如下三类事件：

（1）存在性事件（actuality），即事物的存在；
（2）运动事件（movement），未完成的过程，没有内部终结点的事件；
（3）行动事件（action），有内在/内部终结点的过程。

亚里士多德的主要贡献在于他区分了状态（state）和事件（event），对后者又进一步做了两分：有内部终结点和无内部终结点。

很显然，事件的语言表征应该是事件语法研究的基础，也是事件研究首先要解决的问题。在这一领域，Donald Davidson和Zeno Vendler的研究具有深远影响。这两位语言哲学家把事件研究引入哲学和语言学领域。关于Davidson和Vendler的事件思想的论述，详见本书2.4节。

1.3 事件的微观层面：事件结构

在本节，我们从微观层面分析事件。由于事件本身具有内部的时间结构，如事件的起始、持续、终结等，所以我们称之为事件结构。事件结构还包括事件的参与者，即论元。本节与下文的事件的宏观层面相对应。在事件的宏观层面，我们把事件当作不可继续分割的整体，研究事件之间的各种关系。

对事件结构的研究，一般认为属于事件语义学（event semantics）研究领域。事件结构理论属于句法–语义界面的理论。因此，这一研究领域既包括语义研究，也包含句法研究。一般认为，Vendler（1957）对动词意义的系统分类研究开创了事件结构研究先河。Vendler对动词的四种分类实际上对应的是四种事件类型。对事件结构的语义分析包括体模式、时间模式、空间模式、词汇分解模式等（周长银，2010）。事件结构的句法领域主要研究事件的时间结构特征和内部构成关系对谓词句法表现的影响，即研究语义论元如何向句法投射等问题。尤其是事件结构在多大程度上与句法结构具有同构性。事件结构理论的研究在生成语言学领域较成熟。

事件结构也是词汇语义学的热门话题。基于谓词分解法（predicate decomposition）（Jackendoff, 1983, 1985, 1990），目前语言学界对事件结构的探索主要聚焦于动词的词汇语义表征，关注动词的体相结构的同时关注致使结构。具体来说，Rappaport Hovav & Levin（1998b, 2010）将动词分解为两层，包括事件核心和事件结构模板（event structure template）。常量（constant）表示动词意义的独特成分，即动词的本体范畴。事件结构模板则对应动词的论元实现结构，表示事件类型。Rappaport Hovav & Levin（1998b, 2010）在Vendler（1957）动词四分法的基础上，依据动词的体相结构区分了四种事件结构，包括活动、目标、成就和状态。与此不同，Croft（1991, 1993, 1994, 1998a, 1998b, 2001, 2009, 2012, 2015）主要关注事件的致使结构，认为事件是致使网络中的一部分。事件结构中的每个成分之间具有力量传递，构成力动态关系。事件结构的语言表征由力动态关系和动词凸显共同决定。其中，力动态关系驱动动词的论元实现，决定语义角色的句法实现。凸显机制则将事件结构中的凸显部分置于前景位置，而将事件框架置于背景位置。另外，其他研究主要关注复杂事件结构中子事件（co-event）之间的融合关系，如Talmy（1991, 2000b）阐述了宏事件中框架事件和副事件的融合，而Goldberg & Jackendoff（2004）则论述了动词所表达的事件和整个构式事件的融合。

综上所述，事件结构研究分为如下两大阵营：一个阵营以动词为核心，分析单个动词的事件结构；另一阵营以小句（clause）为核心，分析小句之间的事件关系。

1.4 事件中的时和体

1.3节的事件结构关注的是句法–语义界面研究，本节关注事件的时和体，尤其是时间图式，把时和体当成单独研究对象。时间图式（time schema）是Vendler（1967）在动词研究中提出来的术语。事件结构理论是一个趋于成熟的研究领域，但是在事件中研究体貌特征与事件结构并不是一回事。本研究领域中的时和体，主要包括通过事件来研究结构式中的时和体（尚新，2009；张达球，2007）。本领域还关注语言中的各种类型的事件中时和体的表征形式及不同语言之间的时体差异（周慧先，2005），尤其是类型学差异。

时间范畴作为语言研究的重要部分,包含了丰富的语义内容。考察事件必须考虑它的时间轮廓,并结合时与体等重要时间概念来研究。时态本身是一种事件范畴,表示一个事件的存在方式在不同时域中的变化状态(陈立民,2002)。在某一特定时点或时段,一个事件有[存在]状态或[不存在]状态。Talmy(2000b)对体相事件中的"体"做出定义,"体"即动作或状态在时间系统里的运行情况。根据事件"体"特征,事件的时间类型可分为[开始][持续][停止]和[完成],事件从[开始]到[完成]是单向推进的过程。

汉语时间系统里有形态标记的语法范畴不多。在汉语中,事件的时间性质通常用表示时间的词作为语义标记,典型的时间词有"着""了""过"等动态助词。其中,"了"可以表示动作的存现(沈家煊,2016),"着"可以表示动作的持续,"过"可以表示动作的结束或曾发生过;从完成性上说,"了""过"表示事件的完成,"着"表示事件尚未完成。

1.5 作为个体的事件:事件关系

事件是时间和空间参照物的心理实体,人们根据主观意识,利用语言符号系统将对真实世界的感知切分成"事件"。语义表征以事件为单位切分,并将宏观语义通过其下层语义表征,即事件表征出来。换言之,事件是比宏观语义场景更小的微观语义单位。事件作为个体,具有时间性和空间性等基本属性,其构成要素主要包括参与者、事件发生的条件和参与者之间各种各样的关系。其中,客观世界涉及的行为、性质或关系等一般为事件的核心要素。Bohnemeyer et al.(2007)认为,一个事件作为一个个体,是语言表征和认知的对象,这一对象有时间的边界,它对内有限定的对象;对外,与其他的事件发生各种关系。

事件与事件之间存在一系列的关系,事件之间的关系被定义为某一个事件的发生与另一个事件的发生存在的关联。事件通过一定的关系相互连接,构成连贯的宏观语义结构。事件之间的关系是一个颇为复杂的问题,Talmy在他的两卷书中辟有专门一章研究事件关系(Talmy,2000a)。张明尧(2013)把事件之间的关系归纳为十种类型:并列关系、顺承关系、解说关系、选择关系、递进关系、转折关系、条件关系、假设关系、因果关系、目的关系。除此之外,还有事件共指关系,用来表示事件之间的指代关系。

对事件关系的研究,直接把事件语法与句法研究结合起来。

1.6 事件的历时层面：语法化中的事件

语法化是语言学中的热门研究话题，通常指"语言中意义实在的词转化为无实在意义、表语法功能的成分这样一种过程或现象"（沈家煊，1994）。语法化中的事件研究主要关注事件的历时层面。语法化包括共时和历时两个研究角度（胡壮麟，2003）。共时视角把语法化看作句法、语篇及语用现象。历时视角把语法化看作语言的演变。在事件研究中，研究者多关注事件的演变过程（史文磊，2011a），以及认知语言学视角下语法化的认知动因（王寅、严辰松，2005；刘辰诞，2015）。史文磊（2011a）在探讨汉语运动事件词化类型的历时转移时发现，汉语和罗曼语词化类型的历时演化和演化机制都是反向的。罗曼语主要采取强词汇化和语义要素融合，汉语则主要是语法化和语义要素分离。王寅、严辰松（2005）认为语法化的认知动因包括语言接触、创新用法、误解和误用及语用因素。刘辰诞（2015）在归纳当前语法化认知动因图式化观（Evans & Green, 2006）、隐喻扩展观、诱发推理观（Traugott & Dasher, 2002）、主观化（Langacker, 1999a, 1999b）的基础上，提出边界移动为语法化的认知动因。在这一研究领域，英文原著文献较多，例如Traugott & Trousdate (2013), Hopper & Traugott (1993, 2003) 等。但是这些研究，均可以引入事件的视角。

1.7 事件和构式类型

从构式出发探索事件的语言表征为揭示形式-意义的匹配关系提供了新的视角。在对事件构式表征的探索中，语言学研究发现事件类型和构式类型相互交叉，并呈现出一定的规律性。具体来说，基于情景（或事件）表征假设，Goldberg（1995）总结了英语中的常见构式，如双及物构式、动结式、致使运动构式以及way-构式等。在这几种构式中，双及物构式和动结式表征两种不同的状态变化事件，而致使运动构式和way-构式则表征运动事件。Goldberg & Jackendoff（2004）聚焦动结式，深入探讨了构式事件的语义论元结构对其句法论元结构的决定作用，论证了论元连接的普遍原则。他们指出在语义层面，动结式既可以表征特征，又可以表征路径；既可以表征自发性事件，又可以表征致使性事件。相应地，在句法层面动结式包括及物动结式和不及物动结式。Croft *et al.*（2010）从语义类型学视角阐释状态变化事件和运动事件在保加利亚语、冰岛语、日语、荷兰语和英语中的构式表征，提出了四种事件构式类型，包括动词框架构式、对称构式、卫星语框架构式和双框架构式。除了共时研究外，历时研究（胡敕瑞，2005；梁银峰，2001）发现事件融合对构式的形成具有驱动作用。例如，无论动结构式起源于连动结构（蒋绍愚，1994）还是可分离式动补结构（石毓智，2003），这一构式都源于两个简单事件的融合。这些研究都给事件和构式关系的研究提供了十分有利的例证（Li，2018，2019）。

1.8 语言类型学中的事件

根据语言形态方面的特征，萨丕尔将语言分为四种类型：孤立语、黏着语、融合语、象征语（杨艺，2018）。以Talmy为代表的认知事件类型学研究，从事件融合的视角出发把运动事件的路径视为核心元素来划分语言类型。Talmy（2000b）提出五类宏事件的概念，并根据运动事件的核心图式，即路径映射到词汇和句法结构的方式，把语言分为两种类型：卫星语框架语言和动词框架语言。Slobin（1996，2004）认为，一些语言并不能进行二元划分，因此提出了语言类型三分法。第三种语言类型叫作均衡框架语言（equipollently-framed language）。这一类型的语言，主要包括含有连动构式结构的语言。Slobin（1996，2004）认为，汉语属于这种类型。

目前，大多数研究是基于宏事件理论来探讨语言类型归属的。然而，相关研究的解释力尚不充分，普适性有待考证。就汉语而言，一方面对于汉语的类型归属问题存在两种观点，分别是卫星框架语言和均衡框架语言；另一方面，国内外研究者探讨汉语的类型问题，大多借用Talmy的运动事件理论，局限于运动事件的词汇化模式，而忽视汉语其他事件中表现出的不同语义类型。

在事件研究领域，Talmy开了通过事件来研究语言类型的先河。但是，他所关注的问题缺乏深度和广度。这一点也给通过事件研究类型学留下较广阔的天地。

1.9 事件的语用层面：语篇中的事件

众所周知，语篇是由句子组成的，而句子可以用来表达事件。从这个层面上来讲，语篇与事件紧密相连。也可以说，语篇依赖于事件，事件在语篇中得以更好地表征。"在语篇建构中对事件的关注，主要是在将事件作为认识对象的基础上体现出语篇对事件的选择、组织和评价，从而不但叙述了一个事件，而且通过语篇

结构把握事件的维度。只有这样才是真正地把事件作为语篇的本体。"（徐盛桓，2009）

语篇中的事件主要包括以下研究话题：语篇建构中的事件和语境（徐盛桓，2009）、叙事语篇与事件（Berman & Slobin, 1994；杨彬, 2009）、构式的语篇功能（张国宪、卢建, 2010）、语篇的事件框架（高彦梅, 2013, 2015）及基于类型学的英汉语篇中的事件对比（吴建伟, 2008）等。徐盛桓（2009）认为："从本体论来说，语篇的建构同事件的建构是同一的，在这个意义上说，语篇即事件，事件即语篇；从方法论来讲，语篇的建构同语境的建构也是同一的，语篇事件的建构和解读是在给定的语境边界条件下进行的。事件和语境相互作用，共同完成语篇的建构。"Berman & Slobin（1994）基于著名的青蛙的故事语篇分析了该语篇中的运动事件，并由此激发了更多学者对青蛙的故事这一语篇中的事件的多视角的研究。杨彬（2009）把历时事件的当下配列看作叙事的本质，在此基础上重点分析了叙事性自然语篇与逻辑语篇事件配列的手段。张国宪、卢建（2010）探讨了"在+处所+V$_{状}$"和"V$_{状}$+在+处所"两种状态构式的事件表述和语篇功能，认为构式的选择具有潜在动机，前者表述一个前景性的主体事件，后者则主要为后叙的主体事件引入事件发生的空间处所。

Halliday（1994）认为事件表达一个过程。因此，过程被视作事件。表征经验的及物系统可以分为物质过程、心理过程、关系过程、行为过程、言语过程及存在过程这六个基本过程。这六个基本过程分别对应六个事件（高彦梅, 2015）。语篇的事件结构是一个由过程事件开始，随语篇的展开逐渐构建并最终构成事件整体的一个动态过程（高彦梅, 2013）。基于语篇语义学的视角，高彦梅（2015）从事件类型、语篇中的微型事件、事件序列、事件阶段、事件框架及宏观事件结构等详细分析语篇的事件框架，认为语篇中主要事件框架和次要事件框架相互作用来表达语篇的主题。吴建伟（2008）基于Talmy类型学对英汉叙事语篇空间移动事件进行了对比研究。因此，把语篇中的事件作为研究对象，可以有很多理论视角。

1.10 语言进化中的事件

语言符号和构式随着时间推移而不断演化。人们在彼此之间使用这些语言和构式的过程中，对这些语言和构式加以改变以适应不断变化的环境。语言变化历史进程中最重要的维度是语法化和句法化，包括组织松散而冗余重复的语篇结构凝结成结构紧凑、文气连贯的句法结构（Traugott & Heine, 1991a，

1991b; Hopper & Traugott, 1993, 2003)。如事件句：(1) He pulled the door and it opened, 其松散的语篇序列可能语法化为动结式的句子：He pulled the door open; (2) 松散的语篇序列 My boyfriend...He plays piano... He plays in a band, 可能变成：My boyfriend plays piano in a band; (3) My boyfriend ... He rides horses...He bets on them 可能会变成：My boyfriend, who rides horses, bets on them; 等等。在这个过程中，独立的实词常常转化成语法语素（如不定式、介词、时态标记词、格标记词等），作为把新的构式结合在一起的黏合剂。儿童把这些构式作为象征整体进行习得，这些整体中的某些组成部分具有重要的功能（Tomasello, 2003）。在语言进化过程中，动词占据进化的核心部分。动词表达事件或存在的状态。以致使动词为例，致使意义与动词高度相关，因为动词直接影响由它描述的事件或存在的状态。但是，与动词词干结合在一起的致使义和动词词干本身描述的是不同的动作，如die和cause to die（kill）是两个不一样的活动。Bybee（1985）认为，致使义通常由派生的黏着语素表达。如redden的意思是"导致变红"。虽然可以与单独的语素区别开来，但是黏着语素和作为词根的基础词的结合增加了全新而具体的意义，或者改变语言范畴，形成其他词缀如屈折语素等可以附着的词干。如redden后面可以添加时态语素变成reddened。更为常见的情况是，因果关系由不同的词汇形式表达，即完全的融合形式，而不是屈折形式，因为至少它们具有部分特殊性。相比之下，时态、体和语气倾向于用屈折形态表达，因为它们高度概括化，能适用于大多数事件和状态类型。

本部分关注的语言进化，是比语法化更为广阔的领域。

1.11 语言发展与认知老化中的事件

有关儿童早期因果性表达的研究表明，两三岁的儿童能够表达事件与事件之间或状态之间的因果关系，并且对于包括人们行为和社会行为的因果关系尤其感兴趣（Bloom & Capatides, 1987; Hood & Bloom, 1979; Dunn & Brown, 1993）。研究这些会话可以为我们澄清幼儿对因果关系的理解的性质，以及这种理解是如何改变儿童发展的。但是这些因果关系中的核心问题，就是事件之间的关系。

根据我们所掌握的文献，关于认知老化中的事件的相关研究还比较少见。

1.12 心理学中的事件

事件是心理学研究中的核心话题。根据Shipley & Zacks（2008），心理学中的事件研究至少包括以下话题：事件的基本概念（如Shipley, 2008）、事件感知的基础（Johnson et al., 2008）、婴儿及儿童期的事件记忆（Bauer, 2008）、行为事件感知（Georgopoulos & Karageorgious, 2008）、事件切分在事件感知与理解中的作用（Shwan & Garsoffky, 2008）、事件切分的几何信息（Shipley & Maguire, 2008）、事件表征中的力动态及致使事件感知（Wolff, 2008）以及和事件记忆有关的人类理解的神经认知机制（Sitnikova et al., 2008）。Kurby & Zacks（2008）认为事件切分是人们感知的组成部分。事件切分可能是适应性机制的副产品，这个机制融合了刚刚发生过的信息以完善对将来信息的预测。

我们认为，在语言学中研究事件，必须吸收心理学中的研究成果。

1.13 事件的本体层面：事件与本体论

如前文所述，事件的思想可以追溯到亚里士多德。但是事件语义学的发展历程最早可以追溯至公元前2世纪希腊语法学家Apollonius Dyscolus对动词的分析（Luhtala & Gaskins, 2001）。早期的语法研究主要基于三个假设，即，动词描述行动或者事件，动词的论元和补语对应事件中的实体，而句子或者小句的意义则表示事件所反映的事实。然而，虽然早期研究已经涉及事件概念，但是事件的本体地位直到20世纪后期才真正确立（Bohnemeyer & Pederson, 2011）。1967年，美国哲学家和逻辑学家Davidson发表《行动句的逻辑式》一文，论证了逻辑表达式中增加事件论元的必要性（吴平，2007）。Davidson将行动句分析为一个关于事件的隐含量词，将动词或者副词看作带有事件论元的谓词。同时，Davidson还指出行动就是事件，行动动词就是事件动词。由此，事件的本体地位得以确立。Davidson的行动哲学理论对事件语义学的后续发展产生了深远的影响。承接Davidson的谓词逻辑分析，Parsons（1990）进一步对行动句进行了亚原子命题分析，采用题元角色的描述手段来表示动词之外的其他谓词，这为题元角色理论的建立奠定了基础。

1.14 结　语

以上讨论的十二个研究领域，都可以是相对独立的，甚至分属于不同的学科方向。同时，这些领域又是相辅相成的，均可以指向事件语言表征的不同方面。正是基于以上两点，我们认为事件语法能够从这些研究领域中汲取营养，来建立事件语法理论。但是，如何使事件语法成为统一的学科，来解决语言学中的具体问题，则是学者们需要进一步思考的问题。

第二部分

事件思想史

第2章 亚里士多德：事件即"现实活动"和"运动"

2.1 引言

根据文献考证，亚里士多德至少在两处讨论过事件，第一处为《诗学》，第二处为《形而上学》。亚氏在《形而上学》中对动词的分类，成为事件研究最权威、最早的文献。亚氏把实体过程分为"现实活动"和"运动"，运动又分为"完成"和"未完成"两类（Aristotle, 1984; 苗力田, 2016）。哲学家Vendler和Davidson继承了亚里士多德的思想精髓，发展了事件思想，成为近代事件研究的先驱。

本章2.2节考察《诗学》中的事件思想。2.3节详细分析《形而上学》中论述的事件。2.4节分析亚里士多德关于事件思想的内核对当今的影响，以及Vendler和Davidson对这一思想的继承和发展对现代事件研究的影响。2.5节为结语。

2.2 《诗学》中的事件

亚里士多德（1996）首次在《诗学》第六章《悲剧》中讨论了事件。

> 事件的组合是成分中最重要的，因为悲剧摹仿的不是人，而是行动和生活［人的幸福与不幸均体现在行动之中；生活的目的是某种行动，而不是品质；人的性格决定他们的品质，但他们的幸福与否却取决于自己的行动］。所以，人物不是为了表现性格才行动，而是为了行动才需要性格的配合。由此可见，事件，即情节是悲剧的目的，而目的是一切事物中最重要的。

有一点需要指出，亚氏的《诗学》是用希腊语写成的，"事件"用的是希腊文"pragamata"一词，该词有"情节"之义，在英文版的 *Poetics* 中，"pragamata"翻译成了"incident"，中文版翻译成"事件"。亚里士多德在该书后文以及其他章节中，又多次提到"事件"，并强调事件乃情节，情节乃行动。亚氏最初谈论事件就触及了事件的"行动"（action）的本质特征，这与后来学者在研究事件的语言表征时，把关注点放到了动词表征上，应该是一致的。尽管《诗学》中的事件，并未引起学者关注，但是笔者认为，《诗学》对事件的讨论已经和当今讨论的事件相关。这一点是本书在文献考证中的发现。

以下是《亚里士多德全集》（苗力田，2016）中第九卷里《论诗》中的译文：

> 事件的安排最为重要，因为悲剧不是对人的摹仿，而是对一种活动、生活和系于活动的幸福与不幸的摹仿，目的不在于摹仿人物的品质，而是人物的活动。性格决定人物的品质，活动使人物幸福或者不幸。他们不是为了刻意表现性格而活动，而是通过活动顺便展示性格。由此可见，悲剧的目的在于事件和情节，在一切事物中，目的是最重要的。没有活动悲剧就无从产生，没有性格悲剧却可以存在。

对比以上两段对同一内容的不同译本，我们不难发现，《诗学》中的事件实际上应该是"情景""情节"，甚至是"故事"。

当然，亚里士多德对事件的重要论述对当今语言学研究产生了重大影响。

2.3 《形而上学》中的事件

学术界普遍认为，亚里士多德对动词的分类，是对事件的最早论述（如Tenny & Pustejovsky, 2000a, 2000b; Rosen, 1999）。如第1章1.2节中所述，亚里士多德实际上提出了三类事件：

（1）存在性事件，即事物的存在；
（2）运动事件，即未完成的过程，没有内部终结点的事件；
（3）行动事件，有内在/内部终结点的过程。

其实这都是学者的理解，亚里士多德既没有使用"事件"这一术语，也没有使用"动词"这一术语。

根据笔者考证，亚里士多德在《形而上学》第九卷第六章讨论"现实"（actuality）的时候，区分了"现实"和"运动"。"Of these processes, then, we must call the one set movements, and the other actualities"（Aristotle, 2012）["这两者之中，一个叫作运动，一个叫作现实活动"（苗力田，2016）]。

> Of these processes, then, we must call the one set movements, and the other actualities. For every movement is incomplete—making thin, learning, walking, building; these are movements, and incomplete at that. For it is not true that at the same time a thing is walking and has walked, or is building and has built, or is coming to be and has come to be, or is being moved and has been moved, but what is being moved is different from what has been moved, and what is moving from what has moved. But it is the same thing that at the same time has seen and is seeing, or is thinking and has thought. The later sort of process, then, I call an actuality, and the former a movement.
>
> （Aristotle, 2012）

整段参考译文如下：

> 这两者之中，一个叫作运动，一个叫作现实活动。一切运动都是不完满的，减肥、学习、行走、造屋这些都是运动，并且是不完满的。行走并不同时已经走到了，造屋并不同时已经造好屋了，生成也不是已经生成了，被运动并不是已经被运动完了，运动和已经运动了是不相同的。已经看到和观看、思想和已经想过却同时都是一回事情，我就把这样的活动叫作现实，而把另外一种叫作运动。
>
> （苗力田，2016）

由此，亚里士多德把现实进行了二元区分：现实活动和运动。

在该章，亚里士多德讨论的核心就是"现实"，英文译文为"actuality"。"现实"又区分为"现实"和"运动"，这似乎不妥，我们也体会到了汉语译者的困境。因此，他们使用了两个不同的术语"现实"和"现实活动"。但是在英文译文中，二者使用的是同一个术语"actuality"，只是有单复数之别。这在另一层面，也能解释通，因为亚里士多德在后文有解释，他把运动当成一种特殊的"现实"来对待。请看下文。

我们认为，在该书第十一卷第九章，亚里士多德讨论潜能和实现的时候，又把运动分为"完成"和"未完成"两类。在这里，亚里士多德把潜能和运动对等看待。这样一来，学者认为，亚里士多德完成了对事件所做的三分："现实"对应现在学者所称的"状态"（state）；完成的运动对应"完成"（complete），未完成的运动对应"未完成"（incomplete）。

Some things exist only actually, some potentially, some potentially and actually—some as beings, some as quantities, others in the other categories. There is no movement apart from things; for change is always according to the categories of being; and there is nothing common to these and in no one category; but each of the categories belongs to all its subjects in either of two ways (e.g. 'thisness'—for one kind of it is form, and the other is privation; and as regards quality one kind is white and the other black, and as regards quantity one kind is complete and the other incomplete, and as regards spatial movement one is upwards and the other downwards, or one thing is light and another heavy) ; so that there are as many kinds of movement and change as of being. Each kind of thing being divided into the potential and the fulfilled I call the actuality of the potential as such, movement.

(Aristotle, 2012)

请看译文：

有的东西以实现方式存在，有的东西以潜能方式存在，有的东西以潜能和实现两种方式存在。有的是存在，有的是数量，有的是其他。由于在事物之外没有运动，所以，变化只能按照存在的各种范畴而变化。在这些变化中没有共同之处，对每个范畴也无共同之处。每一范畴都以两重方式依存于相应的所有事物，例如，这个，有的是它的形式，有的是缺失。在性质方面是白和黑，在数量方面是完全和不完全，在移动方面是上和下、轻和重。所以运动和变化的形式和存在的种类一样多。

每一种东西都可分为潜能和实现。我把一个潜能上是如此的东西的实现叫作运动。

（苗力田，2016）

关于后人把事件的"完成"和"未完成"与亚里士多德产生联系，笔者认为，这源于亚里士多德对运动本质的讨论，见第十一卷第九章：

And the reason why movement is thought to be indefinite is that it cannot be classed either with the potency of things or with their actuality; for neither that which is capable of being of a certain quantity, nor that which is actually of a certain quantity, is of necessity moved, and movement is thought to be an actuality, but incomplete; the reason is that the potential, whose actuality it is, is incomplete.

(Aristotle, 2012)

由于运动既不能归于为存在物的潜能,也不能归之于存在物的实现,所以,看起来它是无规定的。不论是一个可能的数量,还是一个实现的数量,都不必要运动。运动被认为是一种实现活动,不过尚未完成。其原因在于实现活动寓于其中的可能是未完成的。

(苗力田,2016)

实际上,亚里士多德的主要贡献实际上只是区分了状态和事件两大类,对后者又进一步做了两分:有内部终结点(action)和无内部终结点(movement)。

由此我们断定,亚氏是最早研究事件的学者。具体来讲,亚氏对现实的区分就是基于事件的分类。从他讨论悲剧的组成要素中谈及的事件,到对现实的讨论,都与事件的本质相关。

不过,有一点至关重要。那就是,亚里士多德从未提及"事件",他是在更高层次,从本体论视角讨论现实的时候,所讨论的内容实质与现在研究的事件在内容上有交叉对应关系,但是与现在的事件分类也不存在一一对应的关系。对此,下文将有讨论。

2.4 亚里士多德事件思想的精髓

在事件领域,Donald Davidson和Zeno Vendler的研究具有深远影响。这两位语言哲学家把事件研究引入哲学和语言学领域。Davidson(2001)集中收集了他早期发表的关于事件的核心文献。这些论文谈及事件的方方面面:事件的逻辑形式(Davidson, 1967a);事件中的核心要素,例如施事性(agency,又译为"能动性")(Davidson, 1971a);事件关系(Davidson, 1967b);事件切分(Davidson, 1969);事件类型(Davidson, 1970a, 1970b, 1971b);等等。但是,遗憾的是,国内语言学、文学、哲学、逻辑学等领域几乎都没有过多关注Davidson对于事件研究的贡献。大家对Davidson的研究所关注的热点是他的"意义理论"。

和Davidson一样,Vendler对事件的研究,也延续了亚氏对"行动"的关注,并深化了这一领域的研究。语言对"行动"的表征,自然是以动词为核心。Vendler对动词的四种分类颇具影响。他把动词分为"活动词项"(activity term)、"目标词项"(accomplishment term)、"成就词项"(achievement term)以及"状态词项"

（state term）这四类。Vendler通过对动词的分类，澄清了事件、事实、物体、状态等概念（Vendler, 1970）。Vendler 认为事件的本质特征是它的时间特性，物体的本质特征是它的空间特征。Vendler对语言研究的贡献不仅在于他提出的动词的四分观，还包括抽象名词的三分观、事件名词概念的提出、名词化的途径等诸多方面（方清明，2015）。

但是，无论如何，这两位语言哲学家开创了事件研究的两个传统。Davidson开创了事件逻辑语义研究的传统，Vendler开创了事件词汇语义研究的传统（吴国向，2012）。

2.5 结 语

在本章，我们对事件的概念追本溯源。文献显示，亚里士多德在《诗学》和《形而上学》两处均提到"事件"这一概念。但是，我们认为亚里士多德在《形而上学》中讨论的事件概念才是目前语言学研究中事件概念的本源。

第3章 "现实-潜能-运动"本体论思想对语言学的影响

3.1 引 言

本章通过考证亚里士多德《形而上学》关于"现实-潜能-运动"的本体论思想,讨论了"现实-潜能-运动"和语言研究中动词分类及事件的关系,提出:亚里士多德的这一本体论思想是西方语言学中关于动词、事件理论研究的源头。本章又分析了Vendler的动词时间图式和Talmy的"宏事件"学说来支持这一观点。

亚里士多德《形而上学》在多处讨论过有关"事件"方面的内容(参见第2章)。《形而上学》第九卷、第十一卷提出一种"现实-潜能-运动"思想,才真正是事件语言学研究的先驱。《形而上学》中,亚氏把本体的存在方式分为"现实"(energeia,可译为actuality; entelecheia,可译为complete reality)[①]和"潜能"(dynamis,可译为potency)(Aristotle, 2012; 苗力田, 2016),二者通过"运动"相关联。这套思想对语言学研究影响深远,例如语言学家Vendler、Talmy等人对动词

---

① 据陈康(1990),在与"潜能"对比时,energeia或entelecheia的语义是大体相同的,而且均有静、动两种用法。但是二者的语义可能存在微妙差异。例如,Ross的注释本(Ross, 1924)将前者理解为activity or actualization,将后者理解为resulting activity or perfection。Ross译本(Aristotle, 2012)将前者译为actuality,后者译为complete reality。汪子嵩(2014)将前者的字面意思理解为"正在行动",后者理解为"实现了目的"。综合多家意见,本书将energeia理解为"现实",将entelecheia理解为"实现(目的)""(目的的)实现"。而当二者与"潜能"相对时,都可以译为"现实"。其实,本书无意进行术语具体含义的争辩,只着重关注亚里士多德"现实-潜能-运动"整体思维方式及其对语言学中事件研究的影响。

和事件的分类分析均受其启发。

本章3.2节至3.5节梳理了《形而上学》中有关现实、潜能和运动的内容，以及笔者对这些内容的理解。3.6节及3.7节讨论了语言学家Vendler以及Talmy等人对这一思想进一步的发展。3.8节是结语。

3.2 《形而上学》对现实、潜能、运动的相关论述

亚里士多德认为，现实、潜能、运动都是本体的不同存在方式、存在状态。学界普遍认为，亚氏对本体存在状态的论述可以看成是对动词语义结构、体貌范畴和事件的最早研究，具有重要的语言学意义（Tenny & Pustejovsky, 2000a），虽然亚里士多德没有使用"事件"这一术语。具体来说，亚里士多德的存在方式、存在状态已经不自觉地涉及了好几种后来语言学家讨论到的"事件类型""事件结构"，尤其在他谈及现实、运动相关内容的时候。以下分别介绍现实、潜能、运动的两两关系。

3.3 潜能和运动的关系

《形而上学》第九卷第一、二章以及第五卷第十二章，论述了潜能和运动、行动的关系。潜能是一种能力或可能性，是通过运动变化而成为本体的能力或可能性，可见潜能也就是运动变化的根源。

潜能分主动和被动两种。主动的潜能存在于一个事物中，致使该物自身就有运动的能力，也有能力致使他物运动变化，例如，建筑技术作为一种潜能存在于建筑师心中，使得建筑师建成房屋，也使得房屋建成了。被动的潜能存在于一个事物中，使得该物能够经受某种运动变化。例如，燃烧能力作为一种潜能存在于汽油中，使得汽油能够被点燃。有时，主动的潜能和被动的潜能是同一个，因为同一个事物可以引起他物的变动，也可以被他物变动。

潜能也可以分为有理性（logos）和无理性两种。有理性的潜能对运动变化可以起促进作用，也可以起相反的作用；而无理性的潜能只能对运动变化起单向的促进作用。例如，热是无理性的潜能，只能产生热，不能造成冷。医术是有理性的潜能，既可以造成健康，也可以故意引发疾病。亚里士多德进而认为，有理性的潜能是因为有了灵魂的参与。

3.4 现实和潜能的关系

掌握潜能和运动的关系,也就容易理解现实和潜能的关系。《形而上学》第九卷第六章开头用类比法说明了现实和潜能的关系。

首先,现实和潜能是本体的两种不同的存在方式。现实之于潜能,就好比正在建造屋子之于能够建造屋子,又好比醒来之于睡着,又好比眼睛正在看见之于原本能够看见却闭着眼,还好比已经从质料成形之于还没有从质料成形。所以本书认为,现实和潜能的差异主要在于预期目的有没有通过运动变化而实现或正在实现。

其次,潜能和现实之间密切相关。现实是存在着的,而潜能只是可能存在着、潜在地存在着。但是潜能作为运动的根源,正可以通过运动来实现在现实中的存在。而潜能一旦引起了运动变化,也就已经成了现实,不管这种运动是尚未实现目的,还是已经实现了目的。可见,正是通过运动,现实和潜能成为同一个本体的不同存在方式和存在阶段。二者其实是本体之所以为本体的同一套存在条件,只不过说在前者中,这套条件已经在现实中完全具备,而在后者中,这套条件还没有具备。可见现实和潜能的内容完全一样,就是同一个东西。又如质料和形式的关系也是这样(汪子嵩,2014)。

再次,现实先于潜能。《形而上学》第九卷第八章论述了这个观点。亚里士多德认为,要认识哪个是潜能的,就必须先要确定哪个是现实的。例如,要认识什么是"能建筑的"就必须先确定什么是"已建筑的"。所以,第一,从逻辑顺序上讲,对现实的认识先于对潜能的认识。第二,从时间上讲,现实总在潜能之前就生成。不要以为潜能通过运动之后才有现实,因为潜能同样建立在别的现实基础上。例如,精子是作为现实的人的潜能,但是这个潜能仍然来自上辈的现实的人那里。第三,从本体地位上讲,现实具有的本体特征优于潜能。例如,虽然精子发展变化之后才有现实的人,但是现实的人所具有的人的形式特征仍然优于精子具有的人的形式特征。第四,从目的论上讲,潜能为了使得现实能够实现才运动变化为现实。潜能的目的在潜能之先,这个目的就是将来的现实。例如,人为了建成建筑才去发展建筑技术,而不是为了建筑技术才去建成建筑(汪子嵩,2014)。

3.5 现实和运动的关系

潜能如果已经发生运动,那就已经成为现实。那么运动是不是已经是完全的现实了呢？所以还需进一步厘清现实和运动的关系。这个问题与语言学中的动词语义结构、事件、体貌研究极为相关，所以本书摘录译文总结如下：

首先，运动是潜能为了实现为现实而要经历的过程，所以运动已经是现实，而不再是潜能。请看《形而上学》第九卷第三章结尾部分：

> 现实这个词连同完全实现，最主要来自运动，并进一步延伸到其他的事物，不过人们认为现实能力更主要的是运动。因此，人们不把运动给予不存在的东西，而可以把其他某些范畴给予它们，例如说不存在的东西是可思想、可欲求的，但不能说它们是运动的。这是由于现实上不存在的东西将要在现实上存在。在不存在的东西中有一些潜在地存在着，由于还没有完全实现，所以不存在。
>
> （苗力田，2016）

请看第十一卷第九章：

> 有的东西以实现方式存在，有的东西以潜能方式存在，有的东西以潜能和实现两种方式存在。……每一种东西都可分为潜能和实现。我把一个潜能上是如此的东西的实现叫作运动。
>
> （苗力田，2016）

以上两段引文表明：

（1）运动是属于现实的，是潜能的实现过程，但已不是潜能；

（2）潜在的事物不算运动，也不算现实地存在，但潜在的事物只要是在经历运动，就能算是现实地存在着；

（3）有些运动最终"完全实现"了运动的目的，这时也就意味着潜能通过这个运动而完全成了"现实"。

其次，由于实现目的的程度不同，所以运动的现实度不同，应该有所区分：有些运动本身就已经含有目的；有些运动本身不含目的，所以还处在实现目的的过程中。前者本身已完成，后者本身未完成。前者的现实度更高。

《形而上学》第九卷第六章在讨论"现实"的时候，区分了"现实"和"运动"：

> 这两者之中，一个叫作运动，一个叫作现实活动。一切运动都是不完满的，减肥、学习、行走、造屋这些都是运动，并且是不完满的。行走并不同时已经走到了，造屋并不同时已经造好屋了，生成也不是已经生成了，被运动并不是已经被运动完了，运动和已经运动了是不相同的。已经看到和观看、思想和已经想过了却同时都

是一回事情,我就把这样的活动叫作现实,而把另外一种叫作运动。

(苗力田,2016)

再看第十一卷第九章:

> 由于运动既不能归于为存在物的潜能,也不能归之于存在物的实现,所以,看起来它是无规定的。……运动被认为是一种实现活动,不过尚未完成。其原因在于实现活动寓于其中的可能是未完成的。……剩下来就是我们所说的了,即实现活动,是我们所说的那种实现活动,它虽然难于看到,但却可能存在。

(苗力田,2016)

总之,这两段话说明,有的运动本身就是要实现的目的,因此这种运动本身就已经是"完全实现",例如看见、想到。有的运动本身不是实现的目的,目的在运动之外,因此它只能通过继续发展变化来实现目的,将来达到"完全实现"。本书认为,亚里士多德其实把(尚未实现目的的)运动当成一种特殊的"现实"来对待。

由此可见,亚氏是语言学事件研究的先驱。具体来讲,亚氏《形而上学》对现实、潜能、运动的关系的论述其实就涉及语言学中对事件的语义分析。不过,有一点至关重要。亚里士多德从未提及"事件",他是在更高的本体论层次上讨论现实和运动的,而不是认识论、心理学层次,更不会是语言学层次。所以亚式所讨论的内容与现在语言学中的事件、动词语义结构、体貌等话题在内容上有交叉,但没有严格对应关系。对此,下文将有讨论。

结合西方现代语言学中的动词、事件的研究史来看,亚里士多德的上述本体论思想对这些动词、事件研究的影响是明显和深刻的。以下仅以Vendler和Talmy的著名研究为例就能说明这一点。

3.6 Vendler对动词时间图式的分析

Vendler对动词时间结构的研究,受到亚氏思想启发,把现实、潜能、运动本体论的思维引入现代语言学领域。Vendler(1970)根据时间图式把英语动词分为如下四类:

(1)活动词项;

(2)目标词项(达成词项);

（3）成就词项；

（4）状态词项。

英语的活动词项和目标词项都有一个运动的过程，所以都有进行时，都可以用"what are you doing"来提问。但是活动词项没有运动的终点，所以如果该运动在任何时间点停下来，该运动仍算发生过；而目标词项设定了一个终点，所以该运动一旦在中途停下来而未能到达该终点，该运动就并不存在。例如，"跑步"和"跑一千米"都是有一个时间过程的，但是在跑步的中途停下来则"跑步"仍发生过，所以"跑步"是活动词项；"跑一千米"有一个运动的终点，在运动的中途停下来则"跑一千米"仍然没有发生过，所以"跑一千米"是目标词项。

英语的成就词项和状态词项都没有一个运动过程，所以都没有进行时。但是状态词项总是可以维持一定的时间段（periods of time），可用"how long"问句来提问；成就词项只发生在一个特定的时间点（definite moment），可用"at what time/moment/when"问句来提问。例如，"爱（loving）"是状态词项，总可以维持一段时间；"到达（reaching the top）"是成就词项，只发生在某个瞬间时刻。

如果用上述亚里士多德的"现实-潜能-运动"思想来理解这种动词时间结构的分类，我们可以说：活动词项所反映的运动本身就是要实现的目的，这种运动是"实现性（运动）"。目标词项所反映的运动有一个运动之外的终点，也就是运动要实现的目的。如果这个目的实现了，则实现目的的那一刻就是"实现（目的）"，也就是成就词项；如果还没有实现，则仍然属于"（尚未完成目的的）运动"。

状态词项反映的存在状态就是已经实现了的现实，没有目的，所以它不是潜能，也没有一个运动变化的过程。但Vendler（1970）发现，状态词项前加不加"将（would）""能（can）"都是很随意的，无论加或不加其实在语义上还是同一个东西，例如，能够爱也就是爱，能够知道也就是知道。这恰在一个侧面回应了亚里士多德对于潜能和现实的关系的基本论断：它们同是本体的存在方式，二者内容完全一样，就是同一个东西。

我们试图用亚里士多德的现实-潜能-运动来理解Vendler对动词时间图式的分类，见表3.1。

表3.1 亚里士多德的"现实-潜能-运动"与Vendler(1970)的动词时间图式的对应关系

Vendler 的动词时间图式	亚里士多德的本体存在状态				例子
	潜能	运动	目的	现实	
目标词项	–	+	+（=运动的终点）	+	*running a mile, drawing a circle*
活动词项	–	+	+（=运动）	+	*running, pushing a cart*
成就词项	–	–	+	+	*reaching the top, spotting the plane*
状态词项	–/+	–	–	+	*knowing, loving, believing*

由此可见，亚里士多德的"现实-潜能-运动"思想对Vendler的动词分类具有明显的影响（对Vendler有直接影响的人是Ryle）。Vendler提出的四种动词时间图式可以看成是亚里士多德的本体存在状态在英语动词结构中的间接反映。

我们还可以推测，在肯定命题下，表3.1中越往上的词项离最终的"现实"存在状态越远，现实性越低；越往下的词项则越接近"现实"存在状态，离"潜能"状态越远，而最末的状态词项虽是"现实"状态却与"潜能"状态有某种转化关系。四个词项是循环的连续体关系，试说明这个连续体的关系如下：首先，目标词项有一个从未实现目的（未完成）到完全实现目的（完成）的运动过程。而其余三者已经完全实现目的，本身就已是完全的现实状态。因此后三者比前者更加接近亚里士多德说的现实状态，而离潜能状态更远。其次，状态词项不管加不加情态动词"能够""将"，语义都一样，而其他三者无法表达这样的意义。可见从某种意义上说，跟另外三者相比，状态词项所处的现实状态与潜能状态之间更具有某种密切的转化关系。再次，活动词项必然经历一个运动过程。虽然该运动本身已完全实现了目的，但是从更细处来说，运动时间越久就意味着越是让目的（也就是运动本身）实现得更加完全、完满。例如，跑步三十分钟的人比跑步三分钟的人更有资格说是自己已经实现了跑步这一运动，前者让跑步这一目的实现得更加完全、完满。所以，活动词项的现实状态程度其实介于目标词项和成就词项之间：与目标词项相比，活动词项的运动过程始终都实现了目的而没有未完成阶段，因而后者更加接近"现实"存在状态；与成就词项相比，活动词项毕竟留有一个从完满实现到更完满实现的运动过程，因而前者更加接近纯粹的"现实"存在状态。可见，四者可以看成是在潜能和现实之间循环的连续体关系，如表3.2所示：

表3.2　Vendler的四种动词词项在现实、潜能和运动之间的循环连续体关系

	潜能	现实
有运动	目标词项 →	活动词项
无运动	状态词项 ←	成就词项

（箭头：目标词项↓活动词项；状态词项↑成就词项）

3.7　Talmy对宏事件的分析

与Vendler相比，Talmy（2000b）的宏事件学说将"现实-潜能-运动"的思想在语言学中运用得更加灵活和充分。具体表现在至少以下三点：

（1）五类宏事件都与运动有密不可分的内在关联：它们都是某种运动或者运动的类比。事件是状态的某种变化或不变，自然就是某种运动。这与亚里士多德用运动将所有本体的现实状态和潜能状态联系起来的思路是基本一致的。

（2）Talmy非常关注在宏事件的事件融合和事件结构中，施事性（agency，带有目的性）因素的参与。而亚里士多德也同样重视"目的"在现实、潜能、运动中的作用。

（3）宏事件中的实现事件及完成义动词（fulfillment verb）的分类集中展现了本体的现实、潜能、运动三者交互关系在语言认知语义中的反映。以下具体来说明。

3.7.1　宏事件的本质是运动

一般而言，一个单句表征一个事件，一个事件由一个单句表征。宏事件是两个单一事件（unitary event）经过事件融合而概念化形成的事件复合体（event complex），可以只用一个单句表征。在宏事件中起到框架作用、决定作用的事件叫主事件或框架事件，但常常只是一个抽象的图式。另一个事件伴随、支撑（support）着这个抽象图式，叫副事件，这个事件常常是框架事件的原因、方式或构成物（或叫填充物），因此显得比较具体、丰富和形象，在认知上反而比框架事件更加吸引注意力（Talmy，2000b）。Talmy发现语言中最常见的宏事件有五类，他用一套形式化的逻辑语言描述了这五类宏事件的概念结构（conceptual structure）[①]。五类概念结构的框架事件一般都带有[MOVE]语义要素作为这整个

[①] 概念结构也是图式，概念结构即事件结构。

宏事件的"激活过程(activating process)",可见宏事件本质上都是运动或由运动引发的。如:

(1)五类宏事件的概念结构举例:

a. 运动事件:

[The bottle MOVED in to the cave] WITH-THE-MANNER-OF [it floated]

例子: The bottle floated into the cave.

[I $_A$MOVED the keg out of the storeroom] WITH-THE-MANNER-OF [I rolled it]

例子: I rolled the keg out of the storeroom.

b. 体相事件:

[I "$_A$MOVED" the letter TO COMPLETION] CONSTITUTED-BY [I was writing it]

例子: I finished writing the letter. / I wrote the letter to completion.

c. 状态变化事件:

[He "MOVED" TO DEATH] WITH-THE-CAUSE-OF [he choked on a bone]

例子: He choked to death on a bone.

[I "$_A$MOVED" him TO DEATH] WITH-THE-CAUSE-OF [I burned him]

例子: I burned him to death.

d. 行动关联事件:

[I ACTED IN-CONCERT-WITH him] CONSTITUTED-BY [I played the melody]

例子: I played the melody together with him.

说明: 一种行动与另一种行动的关联类似于一个物体与另一个物体在路径(path)上的关联。所以行动关联似乎可以类比为施事性的运动,二者的框架事件结构均可以表示为:

[Agent $_A$MOVE Figure Path Ground]

e. 实现事件:

完成义(fulfillment)的实现事件: [Agent "$_A$MOVE" TO FULFILLMENT the INTENTION (to CAUSE X)] WITH-THE-SUBSTRATE-OF [Agent ACT +

INTEND to CAUSE X THEREBY]

确认义(confirmation) 的实现事件: [Agent "$_A$MOVE" TO CONFIRMATION the IMPLICATURE of the FULFILLMENT of the INTENTION (to CAUSE X)] WITH-THE-SUBSTRATE-OF [Agent ACT + INTEND to CAUSE X THEREBY + IMPLICATURE of the FULFILLMENT of the INTENTION to CAUSE X]

(Talmy, 2000b)

以上例(1)十分复杂抽象，本书只想强调一点：Talmy认为，不管是在哪个概念域上进行图式化而来的宏事件，在深层的概念结构上都是运动，所以其框架事件的结构中都离不开深层语义要素[MOVE]作为激活过程。Talmy的这一观点显然与亚里士多德对本体存在状态的处理方式类似：看重运动的重要性。

3.7.2　事件融合、事件结构中的施事性

在宏事件的事件融合和事件结构（即概念结构）中，Talmy均十分看重施事性、目的性的重要作用。Talmy（2000b）认为施事性因果关系在宏事件的事件融合中十分常见。如运动事件的例子：

(2) 施事性因果关系在宏事件中的事件融合：

  a. The aerial toppled because I did something to it [e.g., because I threw a rock at it].

  b. I toppled the aerial.

这是个施事性因果链（causal chain），一方面可以由复句表达［例(2a) 句］，一个动词表示原因事件，另一个动词表示结果事件。但是另一方面也可以用单句表达［例(2b) 句］，这时两个事件就融合为一个宏事件。Talmy认为施事性因果链的融合是宏事件中很常见的一种事件融合模式。施事性因果链和宏事件事件融合的密切关系在五类宏事件中都普遍存在（Talmy, 2000b）。

正因为事件融合与施事性因果关系的密切关系，所以事件融合而形成的五类宏事件的事件结构中也均可以有agentive要素的参与。在例(1)中，每类宏事件的概念结构中都出现了agentive要素（表示为"MOVE"左侧的小下标A），其中体相事件、行动关联事件和实现事件的框架事件更是全部带有施事性。可见施事性在宏事件的事件结构中的重要角色。

3.7.3 实现事件和完成义动词的类

五类宏事件中,实现事件侧重强调施事通过实施运动而实现了目的(goal)。这与亚里士多德的本体思想一脉相承:潜能的本体通过实施运动实现了目的,从而完全成为现实的本体。

而具体来说,运动和目的的实现程度之间又存在各种可能的差异。Talmy(2000b)以英语(为主)、汉语、Tamil语为例,说明了这种差异在认知和语言中的细腻反映,这是亚里士多德和Vendler未曾讨论到的细节。根据动词表达的行动范围与施事者意图(intention)范围的匹配程度,也就是运动相对于目的的实现程度,Talmy将英语①实现事件中的动词分为四种:

(3) 英语四种完成义动词:(Talmy, 2000b)

 a. 固有完成义动词(intrinsic-fulfillment verb)

  动词的行动范围就是施事者的意图范围,行动本身就是目的的实现,但是行动可能造成了意图之外的额外结果。额外结果由别的句法成分指明。例如:

  I kicked the hubcap flat. /I kicked the hubcap.

  (我踢平了轮毂盖。/我踢了轮毂盖。)

  该例中,施事者的意图范围就是动词kick的行动范围,但是行动kick造成的结果flat可能是施事者意图之外的。因此,这两句话都成立。

 b. 未然完成义动词(moot-fulfillment verb)

  施事者的意图范围超出了动词的行动范围,行动本身并不含有目的的实现,只表达对目的的期望。所以目的到底实现与否在动词的意义中是未决的,有待别的句法成分指明。例如:

  The police hunted the fugitive down(* but they didn't catch him).

  [警察抓捕到了逃犯(*但是没有抓住他)。]

  该例中,施事者的意图范围是抓到(catch)逃犯,但是动词hunt本身范围只有"抓"义和期望的"抓到"义,没有目的义"抓到"的实现完全需要别的成分down来指明。

 c. 蕴含完成义动词(implied-fulfillment verb)

  施事者的意图范围超出了动词的行动范围,行动本身虽不含有目的的实现,但表达对目的的期望,也暗含了这一目的很有可能已经实现了。别的相关

---

① 英语、汉语和Tamil语的完成义动词的情况都有所不同,这里略去不论,详见Talmy(2000b)。

句法成分只是进一步确认这种实现义而已。例如：

I washed the shirt clean（* but it came out dirty）.

[我把这件衬衫洗干净了（*但它还是脏的）。]

该例中，施事者的意图范围是洗干净（clean）衣服，动词wash本身的范围虽不表达这一目的的实现，但是有期望的"干净"义，也蕴含了衣服已经洗干净了。别的成分clean只是确认了目的确实已经实现。

d. 完全完成义动词（attained-fulfillment verb）

动词的行动范围就是施事者的意图范围，行动本身就含有目的的现实实现。因此，英语不倾向于再用别的句法成分来指明或确认这种实现义。例如：

I drowned him（* but he wasn't dead）. / * I drowned him dead / to death.

[我把他淹死了（*但是他没有死）。/*我淹死了他/我淹他致死。]

该例中，施事者的意图范围（dead）就是动词drown的行动范围，drown已经明确说明目的的完全实现。因此，句中不适合再加表示目的实现的结果成分dead/to death。

（伦纳德·泰尔米著，李福印等译，2019）

Talmy进一步指出，像例（3）中的a、d类动词，施事者的意图范围就是动词本身的行动范围，动词本身就含有目的的实现，因此可以叫"完成动词（fulfilled verb）"。其中，a、d类的差别只是概念化的颗粒度粗细之别。例（3）中的b、c类动词，施事者的意图超过了动词本身的行动范围，意图的实现与否需要动词以外的成分补充表达，因此此二类动词可以叫"意动动词（conative verb）"。这种完成义动词的二分理念与亚里士多德对运动的二分法[运动分成"尚未实现目的的运动"和"实现性的运动"，见第2.3和3.5节]非常相似。

尤其值得注意的是，在论述未然完成义动词时，Talmy还直接引用了亚里士多德的"潜能""现实"等术语帮助说明这类实现事件的本体论依据，大概是因为这种实现事件的语义特征与亚里士多德关于现实-潜能-运动的思想最为契合，也就是：潜在的本体存在状态通过运动变化而最终才完全实现为现实的本体存在状态。原文如下：

这种卫星语素结构的完成义可以看作是一种特殊的状态变化，这种类型与本体论相关。由动词所表达的意图结果的本体论状态原本是潜在的（potential），但卫星语素暗示这种状态变为现实的（actual）。所以，当完成被看作一种状态变化（一种本体的变化）时，它可以等同于现实化（actualization）。事实上，动词本身可以被看作是表达期望结果的图式（schema），卫星语素则表明这个图式已被"填充"或现实化。

（伦纳德·泰尔米著，李福印等译，2019）

我们仍然试图用亚里士多德的"现实-潜能-运动"来理解Talmy对完成义动词的分类，见表3.3：

表3.3　亚里士多德的"现实-潜能-运动"与Talmy（2000b）英语实现事件中四种完成义动词的对应关系

Talmy（2000b）的完成义动词分类	实现事件			
	施事者的意图范围			
	目的	运动（行动）	目的完全实现	目的之外的结果
	= 运动（行动）	固有完成义动词	= 运动（行动）	卫星语素
	未然完成义动词		卫星语素	—
	蕴含完成义动词		卫星语素	—
	完全完成义动词			—
亚里士多德的"现实-潜能-运动"的概念	运动的目的	尚未实现目的的运动	实现性运动或目的完全实现	
	现实			

注：灰色部分是完成义动词的运动（行动）范围，以便与施事者的意图范围进行比较。

下文还是以Talmy的英语例子为例来说明表3.3中的对应关系。Talmy在分析四种完成义动词时，使用了"目的""运动（行动）""目的完全实现""目的之外的结果"等几个语义要素。这几个要素可以分别与亚里士多德的"运动的目的""尚未实现目的的运动""实现性运动或目的完全实现"（"目的之外的结果"也是"目的完全实现"的一种）本体论概念相对应。四种完成义动词的完成义差别也就是动词中的语义要素的多少差别。英语kick（踢）是固有完成义动词：kick有行动（运动）义，而且该行动本身就是目的，所以行动的出现也就是目的的完全实现，kick的行动范围与施事者的意图范围一致。至于该行动完成之后的结果flat（平），则用卫星语素表达。Hunt（搜索）是未然完成义动词，具有行动义、行动的目的两个语义要素，目的到底有没有实现（对应亚里士多德的"目的完全实现"概念）则需要完全由别的卫星语素down（抓到）来表达。Wash（洗）是蕴含完成义动词，除了表达行动义、行动的目的两个语义要素外，还暗示行动的目的clean（干净）已经实现。所以，"目的完全实现"义其实是由wash和clean共同表达的。Drown（溺）是完全完成义动词，完全可以表示"目的""运动（行动）""目的完全实现"三个语义要素，因此不需要别的卫星语素来表达任何目的实现义或目的外的结果。

由表3.3，我们可以直观感受到：

（1）未然完成义动词所在的实现事件的确是四种实现事件中与亚里士多德的"现实-运动"分类思想最为契合的。单元格的划界线重合。

（2）固有完成义动词与完全完成义动词的主要区别就是概念化的颗粒度粗细：后者包括行动、目的、目的的实现三种语义要素，前者只含有行动语义要素，因此前者的颗粒度比后者粗糙。

（3）完成动词所表示的运动相当于亚里士多德认为的实现性运动，运动本身就是（或含有）目的；意动动词所表示的运动相当于亚里士多德认为的尚未实现目的的运动。

（4）四种动词的语义中完成义（即"目的完全实现"义）的蕴含强度是不一样的，形成梯度。

（5）四种动词在行动范围与意图范围的匹配程度、完成义的蕴含强度、运动相对于目的的实现程度等方面都呈现一种循环的连续体关系。

综上所述，我们完全有理由认为Vendler和Talmy的代表性语言学学说（关于动词、事件）都明显受到了亚里士多德"现实-潜能-运动"本体论思想的启发。可见亚里士多德的形而上学思想对两千年后的现代语言科学及其事件语言学依然具有深远的影响。

3.8 结　语

本章首先介绍了亚里士多德《形而上学》中的"现实-潜能-运动"本体论思想，具体的内容就是现实、潜能、运动三者的关系。其次，从语言学角度说明亚里士多德这种本体论思想对于西方语言学理论的深远影响。本章以Vendler对动词时间图式的分类研究、Talmy对宏事件和完成义动词的分类研究为例，说明了这种影响在语言学研究中的广泛性和深刻性。

第4章　Kenny: 事件类型三分法

4.1 引　言

本章基于Anthony Kenny的著作*Action, Emotion and Will*（《行动、情感与意志》）（Kenny, 1963/2003）对行动动词的三分法及其语言检测公式的论述，探讨了状态事件、施为事件以及活动事件的本质。我们发现，这三类事件在时间维度上可以具有连续性。这一事件的划分标准和Talmy的宏事件划分标准截然不同，所覆盖的事件类型各异。4.2节介绍状态事件和行动事件的区别。4.3节讨论状态事件、施为事件和活动事件三者的区别和内在关系。4.4节介绍了Kenny的三分法和Talmy宏事件的交叉。4.5节是结语。

4.2　状态事件和行动事件

Kenny首先根据动词能否用于进行时态，区分了状态动词（static verbs）和行动动词（action verbs）（Kenny, 1963/2003）。状态动词不能用于进行时态，而行动动词可以用于进行时态。据此，我们可以区分出状态事件和行动事件两大类。这与亚里士多德对世界本体的区分是一致的，亚里士多德把世界分为状态和运动两大类。

在例(1)中，(1a)属于状态事件，(1b)和(1c)属于行动事件。前例不能用于进行时态，后两例均可以用于进行时态。从而，我们把事件分为两类，见图4.1。

(1) a. He knows how to swim. (*He is **knowing** how to swim.) （状态事件）

b. He is **building** a house. (≠ He has **built** a house.) （行动事件）

c. I am **living** in Leuven. (→ I have lived in Leuven.) （行动事件）

（符号说明：符号"*"表示此种表达不合乎语法；"≠"表示前后两句语义不相等同；"→"表示前句在语义上蕴含后句。）

图4.1　事件二分法

虽然后两例均可以用于进行时态，但是二者又不同，He is **building** a house. ≠ He has **built** a house. 但是 (1c) 却不同，如果有人说 (1c)，对方马上可以问："How long have you lived in Leuven?" 回答为："I have lived in Leuven for a week." 根据这种差异，我们把行动事件进一步区分为施为事件和活动事件。在施为事件中，必须把论述的这个行动全部完成了，才可以用完成时态来表达。但是，在活动事件中，分分秒秒进行的都是这种活动，都可以用完成时态来表达。这种差异可以通过例 (2) 阐释。

(2) a. He is **building** a house. (→ He has **not** yet built a house.) （施为事件）

b. I am **living** in Leuven. (→ I have lived in Leuven.) （活动事件）

在 (2a) 中，命题 He is **building** a house 并不能蕴含 He has built a house，而只能说 He has not yet built a house。在例 (2b) 中，命题 I am **living** in Leuven 却可以蕴含 I have lived in Leuven。因此，行动事件又可以分为施为事件和活动事件，见图 4.2。

行动事件 { 施为事件 / 活动事件 }

图4.2　行动事件分类

合并图4.1和4.2得图4.3。

图4.3 事件三分法

所以，Kenny认为，状态事件不能用于进行时态；行动事件可以用于进行时态。当进行时态用于施为事件和活动事件时，动作均为已经开始并持续到现在，在这一点上，二者相同。

施为事件：A is V-ing only if A has been V-ing

活动事件：A is V-ing only if A has been V-ing

以上两点，包括事件的基本分类和三类事件的语言检测公式，见表4.1中与（1）和（2）相对应部分。

除此之外，状态事件不能被反复性词语修饰。施为事件和活动事件均可以受反复性词语修饰，见例（3）。

(3) a. *The bottle is blue again and again.

b. He builds houses frequently.

c. He listens to the story again and again.

关于三类事件的完成时态和现在时态的关系，见例（4）的阐释。

(4) a.（状态事件）I have loved her for 7 years. (→ I still do love her.)

b.（施为事件）I have built my house. (≠ I am building my house.)

c.（活动事件）I have been acted foolishly. (≠ I am acting foolishly.)

据此可以得出结论：

状态事件：A V-s if A has V-ed

施为事件：A V-s only if A has V-ed; A has V-ed not only if A V-s

活动事件：A V-s only if A has V-ed; A has V-ed not only if A V-s

施为事件和活动事件的其他区别，可以用例（5）阐释。

(5) a.（施为事件）He is **learning** how to swim. (→He has not learned how to swim.)

A is V-ing only if A has not V-ed

b.（活动事件）He is **talking**. (→ He has talked.)

A is V-ing only if A has V-ed

例（5）表示的是现在。把时间视角放在过去，我们推导出另一类差异，见例（6）。

(6) a.（施为事件）He was **learning** how to swim. (≠He learned how to swim.)

A was V-ing only if A had not V-ed

b.（施为事件）He **learned** how to swim. (→ He was learning how to swim.)

A V-ed only if A was V-ing

c.（活动事件）He was **talking**. (→ He talked.)

A was V-ing if and only if A V-ed

我们把以上（1）至（6）总结为表4.1。

表4.1　事件的分类及语言检测公式

对应例句	非进行态	进行态	
	状态动词 static V	行动动词 action V	
		施为动词 performance V	活动动词 activity V
(1)	understand, know how, love, mean, fear, exist, be able, be blue, perceive, be taller than	discover, learn, find, kill, convince, grow up, think out, build, wash, cut, lift, decide	listen to, keep a secret, weep, laugh, talk, enjoy, live in Leuven, stroke, ponder on
(2)	*A is V-ing	A is V-ing only if A has been V-ing	A is V-ing only if A has been V-ing
(3)	A V-s not frequentative	A V-s frequentative	A V-s frequentative
(4)	A V-s if A has V-ed	A V-s only if A has V-ed; A has V-ed not only if A V-s	A V-s only if A has V-ed; A has V-ed not only if A V-s
(5)		A is V-ing only if A has not V-ed	A is V-ing only if A has V-ed
(6)		A was V-ing only if A had not V-ed; A V-ed only if A was V-ing	A was V-ing if and only if A V-ed

下面论述三类事件的内部关联。

4.3 状态事件、施为事件和活动事件

事件的本质特性为时间性，事物的本质特性为空间性。那么，状态事件、施为事件和活动事件如何和时间维度发生联系，三者之间的区别何在呢？Kenny对这三类事件对应的动词有如下重要论述：

状态**延续**一段时间，

活动**进行**一段时间；

只有施为才**花费**时间。

（States may *last for* a time, and activities *go on for* a time; only performances *take* time.

（Kenny, 1963/2003）

我们可以通过例（7）来说明以上论断。

(7) a. How long does it take to **paint** the door blue?（施为事件）

b. *How long it take the door **to be blue**?（状态事件）

c. One may **giggle for** 5 minutes.（活动事件）

d. *One takes 5 minutes **to giggle**.（活动事件）

e. We **travel** to Rome in 3 days, and **stay** there for 3 days.（travel...stay: 施为事件……活动事件）

此外，做事快（quickly）可以花费较短的时间；做事慢（slowly）花费较长的时间。因此，"quickly"和"slowly"这类时间副词，不能修饰状态事件和活动事件。反过来，凡是可以被这类时间副词修饰的事件，为施为事件，见例（8）。

(8) a. We **traveled** to Rome **quickly**.（施为事件）

b. *We **stayed** in Rome **slowly**.（活动事件）

c. *He **loves** her **quickly**.（状态事件）

d. He **fell** in love with her **quickly**.（施为事件）

施为、活动和状态这三类事件还可以在完结（complete）与未完结（incomplete）这一对变量上来进行区分。只有施为事件可以完结或者未完结。状态和活动在时间上可以永远延续或者终止。

(9) a. I have not yet finished **drying the baby**.（施为事件）
   b. *I have not yet finished **loving the baby**.（状态事件）
   c. I can go on **keeping a secret** forever.（活动事件）
   d. I have been **watching this video** for a whole day today.（活动事件）

本章讨论的事件三分法还有另外一些优势。这三类事件在时间轴上有比较清晰的接续，见图4.4。

图4.4 施为事件与状态事件的时间分布关系

图4.4表示，施为事件的终结往往进入状态事件，或者称为施为事件导致状态事件。我们用例（10a）的公式和例句（10b）（10c）进行阐释。

(10) a. "*Bringing it about that P*" (P=proposition)
   b. **Washing the dishes** is bringing it about that **the dishes are clean**.
      （施为事件……状态事件）
   c. **Walking to Leuven** is bringing it about that **I am in Leuven**.
      （施为事件……状态事件）

施为事件不仅仅可以导致状态事件，施为事件还可以导致一个活动事件，这一活动事件继而接着导致状态事件。见图4.5，例句见（11）。

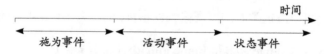

图4.5 施为事件与活动事件、状态事件的时间分布关系

(11) a. The policeman is **forcing** the prisoner to **walk** to **the police station.**
      （施为事件……活动事件……状态事件）
   b. The policeman **is bringing** it about that the prisoner **is bringing** it about that he **is in the police station.**

这种三事件之间的关系类型，具有多重语言学意义。首先，如图4.5所描述，这种三事件框架，不仅可以阐释三个事件本身的性质，还可以解释致使链中三个事件之间的前后关系；其次，这种框架把三种不同的事件置于时间维度，确定了时间维度上的前后关系，把三类不同的事件纳入统一框架来阐释；最后，这一框架在解释相关构式的形成中有重要价值。

4.4 Kenny的三分法和Talmy宏事件的交叉

Talmy首先研究了运动事件。他认为，运动事件由四个语义要素组成，运动事件=[焦点]+ [运动]+ [路径]+ [背景]。Talmy认为，具有与运动事件相类似的语义结构及句法特征的表达在语言中十分普遍。他通过研究发现了运动事件的上层概念，即宏事件。Talmy提出五类宏事件，运动事件是其中之一。

图4.6　宏事件类型

五类宏事件的例子见例（12）。

(12) a. The ball rolled **in**. （运动事件）
　　b. They talked **on**. （体相事件）
　　c. The candle blew **out**. （状态变化事件）
　　d. They sang **along**. （行动关联事件）
　　e. The police hunted the fugitive **down**. （实现事件）

综上，Kenny对事件的划分标准是时间因素，Talmy则是根据语义域对事件进行的划分。两种划分标准如何对应，尚待后续研究。

4.5　结　语

本章分析了Kenny对事件的三分法，并与Talmy的宏事件进行了初步对比。Kenny主要基于时间图式对事件进行划分。我们目前认为对事件的两种划分标准没有系统的对应关系。或者说，两种划分标准如何系统对应，需要后续研究。不同的划分标准，反映了事件不同的本质属性。

第5章　Vendler：事件四分法

5.1 引　言

Vendler（万德勒）是语言哲学领域中的重要人物。他对事件研究做出了重要贡献。本章我们只介绍和构建事件语法关联性较强的理论。5.2节介绍Vendler事件名词化的思想。5.3节论述Vendler对事件的分类，即事件四分法。5.4节讨论Vendler对事件研究的拓展。5.5节介绍理解Vendler理论需要注意的问题。

5.2 事件的名词化

Vendler对名词化的论述主要集中在《哲学中的语言学》一书中的第五章 "事实与事件"（Vendler, 1970）。对名词化的论述是这一章的重点。Vendler首先观察了以下表达式：

> I know *that John died.*
> *His death* surprised me.
> *The selection of the jury* took up the afternoon.
> I deny *ever having seen her.*
> *How he did it* is a mystery.
> *John's being able to walk* is the result of *an operation.*
> It is better *to give* than *to receive.*
> I like *John's cooking.*

（Vendler, 1970）

通过这些句子，Vendler认为：

> 名词化的手法把一个句子转换为一个名词短语，于是就可以插入另一个句子之中；我们用这种方法把一个句子打包，把它变成一个可以装进其他句子中去的包裹。从这种角度来看，名词化的语句（例句中的斜体部分）与接纳语句或"容器语句"的区别就变得一目了然了。
>
> （万德勒著，陈嘉映译，2002）

Vendler论述了以下名词化的方式：

(1) 动词派生，主要是动词-ing形式；
(2) 附加词缀法，如death, refusal, explanation, movement等，部分动词拥有多个名词化形式，如disposing, disposal, disposition，又如moving, move, movement, motion；
(3) 名词性从句，如that he arrives；
(4) 带有补足语的名词性从句，如带有时态、助动词、副词等，例如that he arrived, that he is able to arrive, that he arrives unexpectedly；
(5) -ing形式构成的名词短语，如his having arrived, his being able to arrive, his arriving unexpectedly。

Vendler使用不同的容器语句（container sentences），即测试框架，来考察各类名词化形式进入不同容器语句的限制条件。根据这些限制条件的不同，名词化表达可以分为两类：不完全动名语和完全动名语。不完全动名语中动词仍然发挥其本身的作用，具体表现为可以带有时态、助动词或副词；完全动名语中动词完全失去了其作为动词的功能，已经衍化为一个名词，具体表现为能受冠词、形容词等修饰或具有宾语所有格形式。

容器语句可以分为宽松和狭窄两类。宽松容器语句能接受不完全动名语和完全动名语，而狭窄容器语句仅能接受完全动名语。当完全动名语出现在宽松容器语句时，可以将其转换为不完全动名语。然而，完全动名语出现在狭窄容器语句时，却不能转换为不完全动名语。

Vendler从哲学角度区分了物体、事件和事实。物体处于空间之中，相对于时间的关系不同于事件、行为或过程，这是一种间接关系。事件及其相关表达本质上是时间实体，事件间接存在于空间之中。而事实既不在时间中也不在空间之中。这三类投射在名词短语上的镜像分别为物体名词、不完全动名语和完全动名语。

Vendler有关名词化的论述给我们诸多启示：

(1) 推动事件名词相关研究,在"动词-不完全动名语-完全动名语-物体名词"这一连续统中考察名词对事件研究的贡献。

(2) 作为一个特殊的类型或语法化阶段,不完全动名语一方面体现出名词性,另一方面又体现出动词性功能,用Vendler的话说"这类名词短语尚停留于未定型的状态"(万德勒著,陈嘉映译,2002),打个比方,"就是把动词打包以便装入容器语句的工序尚未完成,动词在动名语中仍然踢腾着不肯安稳"(万德勒著,陈嘉映译,2002)。因此,将这类名词与语法化相结合也是一个值得研究的思路。

(3) 动名词短语中有时省略主语有时省略宾语,在论元不明的情况下会造成歧义,如the shooting of soldiers,造成这类歧义的详细结构类型及其特点、论元类型等都可以进一步深入探讨。

Vendler对因果关系的考察基于对事实和事件的相关论述,因果关系是事实和事件的融合。首先,跨类型的语言事实表明了原因(cause)和结果(effect)之间的关系类型具有显著的规律性,原因通常体现为事实而非物体,一只猫、一张桌子等表述不能成为某事的原因或结果,而事实所导致的结果体现为事态或事件。其次,原因和结果在语义上并非同质关系。普遍哲学原理通常将原因和结果视为一组对应的概念,但Vendler用自己的分析方法证明了事实并非如此。结果链条(事件+事件)和result链条(事实+事实)均体现为同质关系,而原因链条(事实+事件)则体现为异质关系。

5.3 Vendler的事件四分法

正如第2章所述,"事件"这一概念最早可以追溯到亚里士多德。哲学家Ryle、Kenny等人都有对事件的相关论述,而Vendler有关事件的观点是其中最具影响力的。Vendler(1957)在《动词与时间》一文中首先指出动词的用法与时间概念紧密相关。在Vendler看来,所谓时间概念与通常所说的过去、现在、将来时态不同,它是指动词可以以某种特殊而精妙的方式默认和关涉时间概念。学界通常将前一种时间相关概念称为语法时态,而将Vendler所论述的这类情况称为词汇时态。通过对英语动词的分析,Vendler发现了英语动词暗含了如下四类最普通的时间图式:

(1) 活动词项;
(2) 目标词项(达成词项);

（3）成就词项；
（4）状态词项。

(Vender, 1970)

活动动词：A在t时跑步，表明时刻t包含在A跑步的整个时间范围内。（For activities: *A was running at a time t* means that time instant *t* is on a time stretch throughout which *A was runnning*.）例如：

(1) a. 他从早到晚一直在读书。
　　b. 演员们在后台愉快地聊天。

目标动词（达成动词）：A在t时在画一个圆，表明时刻t包含在A画这个圆的时间范围内。（For accomplishments: *A was drawing a circle at t* means that *t* is on the time stretch *in* which *A drew that circle*.）例如：

(2) a. 他看了一本小说。
　　b. 他跑了三千米。

成就动词：A在时间t_1—t_2期间赢了一场比赛，表明A获胜的时刻位于t_1时和t_2时之间。（For achievements: *A won a race between t_1 and t_2* means that the time instant *at* which *A won that race* is between t_1 and t_2.）例如：

(3) a. 队员们到达了山顶。
　　b. 他意识到自己说错了话。

状态动词：A在时间t_1—t_2期间爱某人，表明在t_1时和t_2时之间的任何一个时刻，A都爱着那个人。（For states: *A loved somebody from t_1 to t_2* means that at any instant between t_1 and t_2 *A loved that person*.）例如：

(4) a. 这座房子坐北朝南。
　　b. 衣服挂在墙上。

换一个视角，上述四个类型的划分，是依据另外三组概念而界定的，它们是：有终（telic）与无终（atelic）、持续（durative）与非持续（non-durative）、静态（static）与动态（dynamic）（Kearns, 2011）。有终与无终合称"终结性"（telicity）。有些行为具有自然的终结点，有的则没有。例如"吃一个苹果""喝一杯咖啡""写一封信"等存在行为的自然终点，而"看书"（"他在图书馆看书"）则没有。持续与非持续统称"持续性"(duration)：有些行为占据了一定的时段，而还有一些行为是在特定时间点瞬时发生。持续性行为例如"睡觉""建造房屋"；非持续性行为如"发现目标"。静态与动态统称为"动态性"(dynamicity)：部分事件的内部是同质的，没有自然的起点和终点，也没有明显的运动和发展，这是具有静态形式的行为；与之相反，内部异质，存在起点和终点的差异和明显的运动或发展则是动态行为。

根据以上三组概念重新审视Vendler的事件四分法，我们可以得出各个事件所具有的语义特征(Kearns, 2011)：

状态事件：[无终] [持续] [静态]。状态在时间跨度中是持续不变的，没有自然终结点，也没有事件发展的顶点，因此是内部同质的。例如：我知道那件事。

活动事件：[无终] [持续] [动态]。"活动"类行为占据一定的时间跨度，但行为本身没有自然终结点，它的内部可能是异质的。例如：他在图书馆学习。这一事件所发生的范围是一个时间段，事件本身没有自然的终结点，他可能一直在学习，也可能中间有休息，学习的内容在不同时间点上可能是不同的。

达成事件：[有终] [持续] [动态]。"达成"行为占据一定的时间跨度，并有事件发展的顶点或高潮，事件本身存在自然终结点，事件内部存在不同的发展阶段，所以是动态的和异质的。例如：他看了一本杂志。"看杂志"是典型的行为动词短语，但是由于加上了定量的宾语"一本杂志"，事件本身由"无终"的活动变成了"有终"的"达成"型行为。由此可见，定量宾语对于行动的限定非常重要，它为行为设置了自然的终结点。

实现事件：[有终] [非持续] [动态]。"实现"是一种瞬时完成的行为，体现了行为的动态变化性，即从一个行为或状态瞬间转变为另一行为或状态，这个发生变化的瞬间是事件内部转变的临界点。与达成事件一样，实现事件也有自然的终结点，但是这个终结是指前一行为或状态的终结，这个终结点就是行为本身，是它完成后进入的新状态的起始，因此实现事件既是转折的终点，又是新阶段的起点。例如：他们到达了华山顶峰。"到达"体现了事件的状态变化，"到达"的那一刻意味着"攀登"事件的发展和终结，事件由行动转变为状态。

Vendler是系统区分动词不同时体类别的第一人，而他的这种分类建立在时间作为基本概念的认识之上，动词（短语）四分法来源于时间图式。他认为状态事件和实现事件属于一类，它们也被合称为非过程动词，具体表现为没有进行时态，动词内部缺乏表达时间的成分；而活动事件和达成事件属于另一类，即过程动词，它们可以用进行时态表达，动词内部也可以被区分为更小的不同阶段。此外，达成和实现可以带in类的时间状语，如in five minutes；而活动和状态只能用for类的状语，如for an hour。

Vendler关于动词时间类型之间关系的思考对于事件研究同样具有重要意义。例如，他认为从时间图式的角度看，表示属性的动词和状态动词极为接近，例如"已婚、在场、缺席、健康、生病"等动词表达一段时间中的状况而非过程，类似于属性，因此应该被视为一种状态。习惯（广义上包括职业、性向、能力等）也应归属为状态，如"Are you smoking"是问一种活动，而"Do you smoke"询问的是状态。"He is thinking about Jones"是活动，而"He thinks that Jones is a rascal"是状态。

5.4 Vendler对事件研究的拓展

Vendler的动词时间图式类型在事件研究学术史中具有承前启后的作用。一方面，它是对亚里士多德、Ryle、Kenny等动词（及词组）分类的延伸和拓展；另一方面，它为许多后继者的深入探讨及拓展奠定了基础。如Mourelatos（1978）发现名词和动词具有相同的理论基础，即存在对事件进行个体化的过程，如在多个个体之中识别某个特定个体。他发现事件谓项和可数名词具有一致性，而过程谓项、状态和物质名词具有一致性，由此区分出三类情境：状态、过程和事件。Vendler的四分法以施事及施事的掌控程度为分类依据，而Mourelatos的分类则基于不同的情境。还有一些学者对Vendler的分类提出了质疑，如Dowty（1986）、Moens & Steedman（1988）就指出实现类动词的内部并不一致，并非所有表达实现的动词（短语）都是非持续的。例如：盟军在十点钟打败了德军。"打败"表达了由一个状态向另一个状态的转变，但这个行动显然是持续性量变所产生的结果。Verkuyl（1989）对四分法用于解决语言中时体现象的解释力持怀疑态度。Pulman（1997）提出了事件性应从状态、点和过程三个角度进行区分，其中状态和过程都具有时间性，因此Vendler分类中的实现事件可以在内部进一步区分为[点，状态]和[过程，状态]两类。Smith（1991）和Bertinetto（1986）则在Vendler四分法的基础上将点状事件（semelfactive，又译为"单次体"）也纳入动词的分类体系，这类事件的语义特征体现为[动态][非持续][无终]。除此之外，部分学者在Vendler动词四分法的影响下尝试从动词本身走出来，从更宽广的视野考察动词分类和动词语义。例如Pustejovsky（1995）基于生成词库理论提出了四种语义生成机制，其中的类型强迫就是事件本身对动词语义的要求。Krifka（1989）在事件-论元同构理论（eventargument homomorphism）基础上提出了事件结构的梯阶模式（scale model），即事件在时间轴上的进展与受影响客体在空间轴上的变化同步，其中，客体的变化幅度即为阶（scale）。而Beavers（2009）也提出了事件梯阶模式，这个模式与Vendler的四个事件类型结合起来可以清晰地区分事件的有界性与无界性。

5.5 结　语

Vendler是事件研究史上最重要的学者之一，他所提出的动词分类对今天的动词相关研究仍具有积极的意义。然而，在研读Vendler的过程中也要注意以下几个问题：

（1）关于Vendler的以上分类，学界有"行为类型""事件类型""动词四分法""词类次范畴"等不同说法，各种观点所指对象不尽一致，但Vendler原文中使用"时间图式"这一概念，研究者在阅读过程中需要澄清各种说法的使用语境及关联。

（2）Vendler所说的"动词"是广义上的，既包括光杆动词，也包括各类动词词组，因此有学者指出在本质上Vendler的分类对象是谓项（predicate）。

（3）Vendler的分类并非全范畴的。正如Vendler本人所言："说到这些图式，我并不是说这些图式就动词的时间方面的规定性来说囊括了各种动词的全部正确用法，也不是说如果有一个时间图式能够相当完备地说明某一动词的一种用法，这个动词就不会另有宜于借其他时间图式来描述的一些分支用法。"（万德勒著，陈嘉映译，2002）

第6章　Levin: 方式-结果互补

6.1 引　言

　　Beth Levin（莱文）的研究方向聚焦于句法-词汇语义界面（syntax-lexical semantic interface），主张句法结构可以依据动词意义进行推测，提出且致力于论证"词汇语义限制句法结构"这一研究假设。一方面，Levin指出动词语义角色表征的有限性，动词谓词分解表征的必要性，并通过同一动词的不同句法结构论证了动词语义成分对其句法行为的限制。Levin对不同动词类型的深入和广泛探讨为其后续的理论探索奠定了基础。另一方面，Levin指出动词的词汇语义表征模板同Vendler的动词四分法相对应，表征四种事件类型。基于这一点，Levin进一步探究了动词所表征的事件结构，以及事件结构所包含的事件结构模板和常量。6.2节介绍Levin的词汇语义分析及因素交替。6.3节讨论Levin的核心贡献，即方式-结果互补原则。6.4节介绍事件结构。6.5节为结语。

6.2　Levin的词汇语义分析及因素交替

　　Bloomfield（1933）主张"词汇实际是语法的附属，是基本不规则的清单"，并且认为有必要记录每个词项的特殊语义。Levin（1985）从说话者词汇知识的角度指出Bloomfield的词汇观并不全面，因为词汇所包含的信息远不止于有限的特殊语义。Levin（1985）通过母语者对动词不同因素交替[①]（diathesis alternation）、新

[①] 因素交替指不同的动词交替形式，包括致使交替（causative alternation）、中动交替（middle alternation）、意动交替（conative alternation）以及方位交替（locative alternation）等。

的句法表达式以及表达式具体语义区别所掌握的精准程度证实了这一点。Hale & Keyser(1987)进一步指出母语者之所以能够准确判断动词的不同句法表达式，是因为动词的句法行为由词汇语义限制，而母语者恰好掌握了充分的词汇知识（词汇语义是词汇知识的一部分）。进一步而言，动词的句法行为由动词语义和普遍的语法规则互动决定，母语者的词汇知识恰好包括了单个动词的语义、决定动词行为的语义成分以及相应的普遍规则。基于此，Levin的词汇语义研究致力于探索母语者的词汇知识，即动词的语义成分以及动词语义–句法匹配的普遍规则。

　　动词的不同因素交替反映了动词语义成分及其句法行为的联系以及同一动词分类所共享的语义成分，因此Levin的研究大都以动词的因素交替为语料，分析和探讨动词语义对其句法行为的约束和限制。以英语动词break（打破）、cut（切）、hit（击打）和touch（触摸）为例，这四个动词虽然都是及物动词，但是所包含的语义成分却不尽相同，可以通过四个动词的因素交替进行判断［例(1)至例(3)］（Levin, 1993）。如在例(1)至例(3)中，动词cut和break允许中动交替［见例(1)］，cut和hit允许意动交替［例(2)］，而cut, touch和hit与身体部位所有者提升交替（body-part possessor ascension alternation）共现［例(3)］。

(1) a. The bread **cuts** easily.

　　b. Crystal vases **break** easily.

　　c. *Cats **touch** easily.

　　d. *Door frames **hit** easily.

(2) a. Margaret **cut** at the bread.

　　b. *Janet **broke** at the vase.

　　c. *Terry **touched** at the cat.

　　d. Carla **hit** at the door.

(3) a. Margaret **cut** Bill's finger.

　　b. Margaret **cut** Bill on the finger.

　　c. Janet **broke** Bill's finger.

　　d. *Janet **broke** Bill on the finger.

　　e. Terry **touched** Bill's shoulder.

　　f. Terry **touched** Bill on the shoulder.

　　g. Carla **hit** Bill's back.

　　h. Carla **hit** Bill on the back.

通过分析动词的语义成分发现，cut和break与中动交替相容是因为两个动词都包含[状态变化]成分，cut和hit都出现在意动交替中是因为两者都包含[运动]和[接触]两个语义成分，而cut, touch和hit与身体部位所有者提升交替共现是因为三个动词共享接触成分。由此可见，动词的句法结构受动词语义成分限制，因此动词的语义表征不再仅限于语义角色，而是需要通过谓词分解形式进行表征（Grimshaw, 1990; Rappaport Hovav & Levin, 1988）。基于此，对动词语义成分和动词词汇表征模式的探索成为Levin后续研究的重点。

6.3 方式-结果互补

方式-结果互补是Levin对动词语义深入探讨过程中发现的重要研究成果，指方式成分和结果成分呈互补分布，即一个动词仅编码两者中的一个成分，不存在同时编码两个成分的动词（Levin & Rappaport Hovav, 1991, 2006）。以动词clear（清除）和wipe（擦）的案例分析为例（Levin & Rappaport Hovav, 1991），依据常识，动词clear和wipe都表征"清除"（removal）语义，且两个动词与动词remove相同，都与locatum-as-object构式相容[如例(4)]。但是，进一步研究发现，清除义来自日常知识，并不是两个动词的语言学词汇义。一方面，remove不允许地点宾语构式，但是clear和wipe允许该构式[如例(5)]，这说明clear和wipe并不完全表征清除。另一方面，clear和wipe的语义也并不完全相同，因为wipe有时与地点宾语搭配时不允许介词短语论元[如例(6)]。重要的是，这三个动词代表了三类动词。通过观察每一类动词发现，clear类动词（clear, clean, empty）均表征行为动作所导致的结果状态，wipe类动词（wipe, buff, brush, erase, file, mop, pluck）则表征动作的执行方式或者工具，而remove类动词（dislodge, draw, evict, extract, pry, remove）既不表征动作方式，也不表征动作导致的结果。基于词汇延伸（lexical extension）原则，Levin & Rappaport Hovav (1991) 认为结果义是clear类动词的基本义，方式义是wipe类动词的基本义，而清除义则为两类动词的延伸义。在此基础上，依据对clear类动词和wipe类动词的对比，Levin & Rappaport Hovav (1991) 得出方式-结果互补这一研究结论，即方式和结果成分具有互补性，不能同时编码在同一个动词中。

(4) a. Kay **wiped** the fingerprints from the counter.
  b. Doug **cleared** dishes from the table.
  c. Monica **removed** the groceries from the bag.

(5) a. Kay **wiped** the counter.

　　b. Doug **cleared** the table (of dishes).

　　c. *Monica **removed** the bag.

(6) a. Doug **cleared** the table of dishes.

　　b. *Kay **wiped** the counter of fingerprint.

　　Levin 和 Rappaport Hovav通过进一步研究验证和阐释方式-结果互补这一结论（Rappaport Hovav & Levin, 2010; Levin & Rappaport Hovav, 2006, 2013），主要体现在以下层面。首先，Rappaport Hovav & Levin（1998a）通过对比方式动词和结果动词的句法结构发现，方式动词的句法结构灵活多样，而结果动词则相对局限。例如，方式动词允许省略直接宾语，但是结果动词则不行，如（7a）和（7b）；方式动词允许次范畴化宾语，而结果动词则不允许，如（7c）和（7d）；方式动词除表征方式外还可以表征地点变化、状态变化，但是结果动词只能表示状态变化，如（7e）和（7f）。究其原因，基于Vendler（1957）的体特征四分法，Rappaport Hovav & Levin（1998a）认为方式-结果互补同动词的界性（telicity）相关。方式动词属于活动动词，如（8），而结果动词为达成动词或成就动词，如（9）。基于语义建构的单一性原则（monotonicity of verb meaning construction），活动动词的词汇语义表征模板可以扩展为达成动词表征模板，表示状态变化或者地点变化等。反之，许多结果动词对应达成动词语义表征模板，不能删减任何语义成分，因此相对局限。

(7) a. Leslie swept.

　　b. *Kelly broke.

　　c. Cinderella scrubbed her fingers to the bone.

　　d. *The clumsy child broke his knuckles to the bone.

　　e. Kelly swept the leaves off the sidewalk.

　　f. *Kelly broke the dishes off the table.

(8) [x ACT]

(9) [[x ACT] CAUSE [BECOME [y<*STATE*>]]]

　　在后续研究中，Rappaport Hovav & Levin（2010）发现某些结果动词的用法并不一定属于有界（telic）动词（如The chemist ***cooled*** the solution for three minutes.），因此界性作为区分方式动词和结果动词的参数失去了有效性。鉴于此，Levin & Rappaport Hovav（2006）进一步明确了方式和结果两个成分的语义范围及本质区别。就范围而言，Levin & Rappaport Hovav（2006）主张结果囊括了Talmy（1975，1985b）提出的路径成分，既包括完成性结果又包括递增性（incremental）结果。就本质区别来说，基于对变化的广泛研究（Tenny，1994；Krifka，1998；Hay *et al.*，1999；Kennedy & McNally，2005；Rappaport Hovav，2006），Levin & Rappaport Hovav（2006）指出方式和结果的互补实质体现了非级差变化（nonscalar change）和级差变化（scalar change）的互补。方式是导致某种结果产生的手段，是非级差性的变化。相反，级差变化是产生某种结果的基础，结果呈现级差性。

深入分析方式-结果互补的动因，Levin & Rappaport Hovav（2013）认为这体现了词汇化限制（lexicalization constraint）：一个词根只同事件图式中的一个基元谓词相联，作为论元或修饰语。关于事件图式，我们在下一节详细探讨，该限制表明动词不能同时编码方式和结果，因为在事件结构中方式和结果分别作为修饰语和论元来与不同的基元谓词相联。进一步而言，动词的词汇化语义（lexicalized meaning）只包含方式或者结果成分，而其他成分为语境推测意义（context directed meaning）。以cut（切）和climb（爬）为例，虽然既往研究认为cut同时编码了物质分离的方式和结果（Guerssel *et al.*，1985；Levin，1993），climb同时编码了爬行的方式和方向（Fillmore，1982；Jackendoff，1985），但是Levin基于两个动词的不同用法进一步证实了方式-结果互补以及词汇化限制这两个结论：cut仅编码结果成分，但是隐含约定俗成的方式成分（10a），climb仅编码方式成分，但是隐含约定俗成的方向成分（10b）；当cut的引申义仅编码方式时，其结果成分脱落（10c），当climb的引申义仅编码方向时，其方式成分脱落（10d）。

(10) a. ...the rope **cut** on the rock releasing Rod on down the mountain. (http://www.avalanche-center.org/Incidents/1997-98/19980103a-Montana.php)

b. Once the bus **climbed** down the ghat, we all were in the Kokan region and few kilometres away is Chiplun. (cablog.rediffiland.com/blogs/2006/08/23/Guhagar-.html)

c. Flint virtually forgot the two whales as he **cut** at the net with increasing fury. (M. Harris, "Gray Whale Cove", *Orange Coast Magazine*, March, 1990, p.148; http://books.google.com/)

d. The prices/cost **climbed**.

另外，Levin将动词语义成分的限制扩展到动词短语的语义成分限制，发现英语、日语和韩语等语言将方式编码在动词中，而结果编码在动词之后的介词或小品词短语中。与此不同,罗曼语不允许动结式,将结果编码在动词中,而方式则通过非限定成分表征(Levin & Rappaport Hovav, 2006; Rappaport Hovav & Levin, 2010)。由此可见,动词短语所编码的语义成分具有跨语言区别。

6.4 事件结构

正如上文所述,Levin主张动词的句法实现由动词语义决定,并深入探讨决定句法实现的具体动词语义成分以及词汇语义-句法层面的普遍原则。在这一理论主张的基础上,Rappaport Hovav & Levin(1998a)进一步指出,动词语义由结构部分(structural part)和特殊部分(idiosyncratic part)构成。其中,结构部分决定某类动词的句法结构,而特殊部分则区分同类动词的具体语义。同时,大多数事件结构理论(Hale & Keyser, 1987)支持结构成分决定了不同的事件本体论类型这一观点,而且事件类型和Vendler(1957)的动词体特征分类相一致。基于这一点,动词的词汇语义表征通常称作事件结构表征(event structure representation)。动词的词汇语义结构通常采用谓词分解形式表征,包含基元谓词(primitive predicate)和常量两部分。不同的基元谓词构成词汇语义模板(lexical semantic template),表征动词语义的结构部分,常量则表征动词语义的特殊部分。由此,动词语义由常量和词汇语义模板组合表征。以动词sweep(打扫)为例,该动词的不同语义由常量 <SWEEP>和不同的词汇语义模板表征,如例(11)。Rappaport Hovav & Levin (1998a)指出普遍语法提供了词汇语义模板清单,由不同的基元谓词构成,并且与不同的事件类型相一致。因此,词汇语义模板又称为事件结构模板,如例(12)。

(11) a. [x ACT]　　　Terry **swept**.
　　　b. [[x ACT] CAUSE [BECOME [y <*STATE*>]]]　　Terry **swept** the floor clean.
　　　c. [[x ACT] CAUSE [BECOME [y <*PLACE*>]]]　　Terry **swept** the leaves into a pile.

(12) [x ACT _{<*MANNER*>}] (活动)

[x<*STATE*>] (状态)

[BECOME [x<*STATE*>]] (成就)

[[x ACT_{<*MANNER*>}] CAUSE [BECOME[y<*STATE*>]]] (达成)

[x CAUSE [BECOME [y <*STATE*>]]] (达成)

就常量和事件结构模板的关系来说,常量与事件结构模板的整合遵循标准实现规则（canonical realization rule）。具体来说，常量通过谓词修饰语（modifier）或参与者（participant）的论元填充结构模板的论元槽位，从而与事件结构模板相整合。如例（12），常量<*MANNER*>修饰基元谓词ACT，而常量<*STATE*>则作为参与者填充基元谓词BECOME的论元槽位。常量和事件结构模板的匹配称为事件结构。另外，关于词汇语义及其句法实现的匹配，Rappaport Hovav & Levin（1998a）还提出模板扩展（template augmentation）规则、子事件辨识条件（subevent identification condition）和论元实现条件（argument realization condition），如下。

template augmentation:
Event structure templates may be freely augmented up to other possible templates in the basic inventory of event structure templates.

subevent identification condition:
Each subevents in the event structure must be identified by a lexical head (e.g., a V, an A, or a P) in the syntax.

argument realization condition:
a. There must be an argument XP in the syntax for each structural participant in the event structure.
b. Each argument XP in the syntax must be associated with an identified subevent in the event structure.

在后续研究中，Rappaport Hovav & Levin（2010）更新了事件结构理论的具体术语，上文中的常量和事件结构模板分别更新为词根（root）和事件图式（event schema）。每个词根对应固定的本体范畴，包括状态、结果状态、事情、事物、容器、方式和工具等。如6.3节中词汇化限制所述，词根仅同事件图式中的一个基元谓词联系，充当修饰语或者参与者论元。正是由于这一点，方式和结果具有互补性，动词词根编码方式或者结果，但是不能同时编码两个语义成分。

Manner ➔ [x ACT_{<*MANNER*>}]
(e.g. jog, run, creak, whistle, ...)
Instrument ➔ [x ACT_{<*INSTRUMENT*>}]
(e.g. brush, chisel, saw, shovel, ...)
Container ➔ [x CAUSE[y BECOME AT <*CONTAINER*>]]
(e.g. bag, box, cage, crate, garage, pocket, ...)

Internally caused state →[x<*STATE*>]

(e.g. bloom, blossom, decay, flower, rot, rust, sprout, …)

Externally caused, i.e. result, state→ [[x ACT] CAUSE [y BECOME <*RESULT-STATE*>]]

(e.g. break, dry, harden, melt, open, …)

本节简要追溯了Levin的学术研究脉络，阐述了Levin关于动词语义、方式-结果互补以及事件结构理论的相关主张。简要归纳来说，Levin通过动词不同的因素交替提出动词语义对其句法实现具有限制的假设。同时，根据母语者对同一动词不同句法表征的灵活辨别指出母语者掌握一定的词汇知识。正是这些词汇知识决定了动词的句法实现。在后续研究中，Levin致力于发展词汇知识理论，方式-结果互补是该理论发展初级阶段的主要成果，而事件结构理论是词汇知识理论在当前阶段的主要成果。事件结构理论区分了动词语义中的事件图式和词根，总结了动词句法实现所遵循的模板扩展规则、子事件辨识条件和论元实现条件。总体而言，Levin对母语者词汇知识的探索实质是对一种普遍语法的探索，事件结构理论就是该普遍语法的具体体现。

最后值得一提的是，Fillmore对动词、事件、构式以及框架语义学的研究贯穿他的整个学术生涯，最终促成了现今流行的构式语法的诞生。因此，学界普遍认为Fillmore是构式语法的鼻祖，其核心文献如Fillmore（1963，1965，1966a，1966b，1968a，1968b，1969，1970，1971，1972，1975，1976，1977a，1977b，1978a，1978b，1985，2003），Fillmore, Kay & O'Connor（1988），Fillmore *et al.*（2003a，2003b）等。

6.5 结　语

本章介绍了Levin对事件研究的核心贡献。她的方式-结果互补这一研究是最引人瞩目的。我们认为Levin研究取向既融合了Chomsky的生成语言学思想，又支持了目前盛行的认知语言学的思想。她的研究基于广泛的词汇语义分析，所提出的理论具有一定的普遍意义。

第三部分

事件与词类研究

第7章 名动词类争论焦点及事件本体论的解决路径

7.1 引言

本章第一次将中西的词类研究史统一起来综述。本章发现,中西语言学史上关于名动词类的争论问题大体是相似的,可以概括为两个焦点和五方面论据。两个焦点:一是名词、动词是不是跨语言中普遍存在的两个对立、独立的词类;二是名动词类的划分标准。第一个问题的争论双方明显存在着时代背景、语言材料、理论方法等五方面的论据差别。接着,本章从时空本体论和事件本体论上提出解决目前名动关系问题的一种新思路。本章认为,时间与空间、事件与事物既互相对立又互相联系,有时界限难以划清。所以,作为这些概念表征的名词和动词自然都既有对立的一面,同时又有非对立的一面。目前大多名动对立和反对名动对立的说法都只看到了名动关系的一面,因此是片面的。

词类问题是汉语语法学一百多年的老大难问题。自沈家煊(2007)提出"名动包含",汉语界又兴起名动词类讨论的热潮,至今讨论不息。其实,词类问题同样也是西方语法学的老大难问题,争论长达两千多年。所以本章认为有必要统一梳理一下中西方名动词类研究的争论脉络,之后试从本体论角度对此争论提出一个新的理解方式。

本章7.2节介绍名动对立观。7.3节讨论名动统一观(名动对立观的反对者)。7.4节介绍名动划分标准之争。7.5节讨论本体论的解决路径,从本体论角度阐释名词、动词的概念语义关系。一些哲学家认为空间与时间、事物与事件有区别又有联系,密不可分,所以学者争论名词、动词是对立还是不对立都不算绝对错,但都只看到了名动关系的一面,因此大多是片面的。7.6节是结语。

7.2 名动对立观

名动词类的争论,首先面临的问题是:名词、动词是不是(跨)语言中两个对立、独立的词类?学者大致可分成支持和反对两种观点。本节介绍支持名动对立的观点和理由。名动对立论者认为:一般而言,名词、动词是(跨)语言中的两个对立的语言范畴。

该论点最早可以追溯到古希腊词类范畴的建立。当时建立名、动范畴时就默认了名、动是两个不同的语言范畴。据柏拉图《克拉底鲁篇》(*Cratylus*)、《智者篇》等可知,句子可切分为onoma部分和rhēma部分。Onoma大致相当于句子中要说明的对象名称,可译为名称、名词。Rhēma大致相当于句子中对该对象的说明,也可译为动词(亚里士多德著,陈中梅译,1996;柏拉图著,王晓朝译,2018)。亚里士多德《解释篇》《诗学》《修辞学》进一步从时间性、语义、形态、语序、语音、语体等方面区分onoma和rhēma,影响很大(刘润清,2013)。后来,古希腊的斯多噶学派、Dionysius Thrax、古罗马的Marcus Terentius Varro、中世纪的Petrus Hispanus、Modistae学派、文艺复兴的Petrus Ramus等不断完善了古希腊语、拉丁语这种名动对立的词类体系和词类定义。可见,名动对立观甚至名动概念本身都是古希腊语、拉丁语语法学的直接产物。

文艺复兴以来,随着疆域扩张、文化传播、地理大发现和全球化趋势,西方人逐渐认识到世界语言(如希伯来语、阿拉伯语等,尤其汉语)并不严格对应古希腊语、拉丁语那样的名动对立格局。所以,名词、动词在(跨)语言中是否仍然对立存在就成为一个亟待澄清的挑战问题。名动对立论者坚持名动对立是跨语言共性,核心代表作为《普遍唯理语法》(阿尔诺、朗斯洛著,张学斌译,2001)。持这种观点的至少包括如下学者:Chomsky(1970)、Lyons(1966, 1977)、Langacker(1987)、Hopper & Thompson(1984, 1985)、Croft(1991, 2001)、Givón(2001)、Dixon(2010)等。

许多名动对立论者都没有给出自己明确的观点、证据或理由,只做了区分名动的实践。其实实践行为及结果未尝不可以看成是对观点的一种宣布或证明。所以可将这些理由总结为如下五个方面:

1) 形式和语义多重标准的一致性

一些学者认为,利用多重标准区分名动时,结果常常都是一致的,因为一种语言名动对立的事实只有一个。这些判定标准常常兼有形式和语义。

上述亚里士多德就从语义、形态、语法、语序等多方面分析古希腊语名词、动词的区别,且其中又以语义为主。《解释篇》开头就定义:"名词是因约定俗成而具有某种意义的与时间无关的声音","动词是不仅具有某种特殊意义而且还与时间有关的词"(苗力田,2016)。这种词类观对后世影响很大,尤其是通过时间范畴来区分名动。像古代欧洲的斯多噶学派、Dionysius Thrax、Varro 等不仅将动词的时态以及名词的格当作区别古希腊语、拉丁语的名词、动词的主要证据,而且还兼顾词汇语义来区别词类。例如,Dionysius Thrax 认为古希腊语名词有格的屈折变化,且表示人或物;动词没有格的屈折变化,但是有时态、人称、数的屈折变化,且表示执行或经历的一项活动或一段过程(Robins,1967)。

许多现代语言学家也是如此。例如,Givón (2001) 总结前人观点,认为名词、动词的对立是跨语言共性,在理论上应重视它们的语义(尤其是时间稳定性)、句法功能、形态这三方面的区别。又如 Schachter & Shopen (2007)、Dixon (2010)、Velupillai (2012)、Lehmann (2013) 等。汉语界吕叔湘 (1982)、王力 (1955) 也主张用意义、功能等多重标准划分出名动词类。

2) 单一标准也可以是对立的

退一步讲,即使多重标准对某一语言的名词、动词区分可能不够一致或不够理想,也至少存在一种判定标准可以将名词、动词区分开来。这种判定标准可以是语义、语用等语义方面,也可以是语法、形态等形式方面。名词、动词都有词汇义,所以它们最直观的差异就是概念语义。语义又可以从本体论和认识论两方面看。本体论上,上述亚里士多德就发现名词的时间性不明显,动词的时间性明显。西方哲学转向认识论后,学者发现名、动在语言使用者的认知心理上也有明显差异。例如,17 世纪《普遍唯理语法》受思辨语法(speculative grammars)和唯理论影响,认为名、动是跨语言的普遍共性。它定义名词表示"思想的对象",属于"想象"类精神活动;而动词表示"思想的形式和方式""思想的运动",是对思想的对象的"联结",属于"判断""断言"类精神活动(阿尔诺、朗斯洛著,张学斌译,2001)。上述词类观对后世影响很大。例如,Langacker (1987) 受《普遍唯理语法》和上述亚里士多德启发,认为名词指向事物(thing),是非时间性的,认知心理上是指出了某个认知域的一个区域;动词指向过程(process),是时间性的,认知心理上是指出了在被识解时间段里展开的一种关系配置。所以名词、动词在认知识解上总能相互区别,具有跨语言共性,纵使有的语言只有既可当名词又可当动词的词根。Croft (1991, 2001) 认为名词表示客体,具有指称功能,动词表示行动,具有陈述功能。认知心理的差异在语篇上可以表现为语言使用者对话语功能的分工,例如,Hopper & Thompson (1984, 1985) 认为名词是用来引入话语参与者的，而动词是用来报道事件的。汉语界马建忠（1983）、黎锦熙（1924）、王力（1944）等也试图主要从概念语义上界定汉语名、动为对立范畴。

语法功能（句法分布）方面，有学者认为名、动的句法分布是对立的：名词常在用作主语、宾语的名词短语中做核心，动词常在用作谓语的动词短语中做核心。上述柏拉图《克拉底鲁篇》最早将句子划分为名词部分和动词部分，这已指明了名、动的句法分布是不同的，二者是对立的句法成分（Robins, 1967）。这种观念影响很大。例如，生成语法将一个句子首先切分为名词短语和动词短语两部分，并主要根据句法分布将名、动通过一组区别特征清晰地区别开来。名词的区别特征的值是[+N, –V]，动词是[–N, +V]（Chomsky, 1970）。房德里耶斯（2012）认为，名、动的区别在一种语言中孤立看是看不出来的，可放在句子中就看出来了："这不是形式的问题，而是用法的问题。"汉语界在中华人民共和国成立后偏重用语法功能、句法分布区别名词、动词，例如Chao（1968）、吕叔湘（1979）、朱德熙（1982）、方光焘（1997）等。

形态方面，文艺复兴时期Petrus Ramus最早仅仅利用屈折形态来区分古希腊语、拉丁语的名词和动词（Robins, 1967）。但是形态作为名动对立的证据易受质疑，因为显然并不是所有语言都有和印欧语一样的形态。但现代学者也有所提及。例如，生成语法的格理论认为名词的"格"是人类语言的普遍现象，只不过有的语言的格没有语音形式而已（吴刚，2006）。Dixon（2010）也认为格和时态可以在一种语言中区别名词、动词。汉语界过去也有学者主张仅用形态来区分汉语的名词、动词。例如，陆宗达（1953）认为名词、动词的重叠方式是不同的，此外汉语的名词、动词也有性、数、态、体等形态区别。

3）类型学证据

类型学的研究表明，目前发现的绝大多数语言都是名动对立。例如，Schachter & Shopen（2007）认为，尽管词类是带语言个性（language-particular）的，但名词、动词的区别应该说还是跨语言的共性。Dixon（2010）认为任何语言都有一个大型的名词类和一个独立的动词类。Velupillai（2012）认为，即使一种语言中的名词、动词有很大重叠，二者还是不可能完全重合或覆盖，所以名词、动词的对立几乎就是绝对共性（near-absolute universal）。

4）实验证据

近年来神经语言学、心理语言学的许多实验表明，包括汉语在内的许多语言的名词、动词具有分离的神经表征和加工方式（刘涛等，2008）。

5）理性主义

在哲学基础上，学者中很大一批人带理性主义思想。他们相信语言共性只能来自人类的先验天赋，而不能来自后天经验。研究方法上，他们认为，仅分析少数语言作为样本，就可以发现名词、动词的对立在语言中具有普遍共性。

例如，普遍唯理语法受理性主义哲学影响（Robins，1967），他们认为，语言的表达以人类的理性、思维为基础和原则，所以语法也应该和理性、思维一样具有人类的普遍共性。所以通过思维过程而分析出的古希腊语、拉丁语、希伯来语、现代欧洲语言的名动对立结果应该带有语言共性。乔姆斯基受笛卡尔哲学、普遍唯理语法的启发，认为名词、动词是人类词库里先天（innate）的语法范畴，是人类的天赋，所以是跨语言普遍存在的（如Chomsky，1965，1981；Lyons，1977等）。马建忠（1983）也受到了普遍唯理语法理性主义的影响（陈国华，1997）。Lyons（1966）、Langacker（1987）、Hopper & Thompson（1984）等仅以英语为基础语言就提出了名动对立的跨语言普遍性理论，也带有理性主义色彩。

总之，名动对立论在词类研究史中最为古老，其理论和材料的出发点都比较陈旧，在崇尚跨语言调查和经验科学的时代里就难免受质疑。所以，在西方人接触到与印欧语类型不同的语言之后，不少语言学家开始反对名动对立论。

7.3 名动统一观

上文提到，文艺复兴以来，名词、动词在跨语言中是否存在对立这一问题开始困扰西方语言学家。有学者仍然坚持名动对立论。而不少学者明确反对，如：洪堡特（1999，2001）、索绪尔（1980）、叶斯柏森（1988）、布龙菲尔德（1980）、Hengeveld（1992）、Broschart（1997）、Rijkhoff（2001）、沈家煊（2007，2016）等。他们反对名动对立论的理由也可以归纳为如下五个方面：

1）形式语义标准不具有普遍性

如果采用形式、语义的多重判定标准来区分名词、动词，它们的区分结果很难做到一致，也不一定很理想，因为名词、动词在每一种判定标准上表现出来的对立特征不一定一样，甚至不一定能表现出来。再说，语言的形式和意义也不是一一对应关系。

叶斯柏森（1988）认为类似Varro那种名动区分标准并不适用于古希腊语、拉丁语之外的其他语言，过去对词类的意义、形式、功能定义"没有一个是周密的或无懈可击的"。布龙菲尔德（1980）反对同时根据意义和语法功能来划分形类（一般所谓"词类"），因为意义是"笼统含混"的，不够"科学"，而且形类和类义之间无法严格对应。所以，形类"只能根据语言的（也就是词汇的或语法的）特征来加以规定"。

2）任何标准都无法涵盖所有语言

实际上，任何判定标准都不一定可以有效区别一种语言的名词、动词。不管用何种标准，有的语言就是区分不出对立的名词、动词。

学者经常举的例子是汉语的名词和动词。洪堡特（2001）认为汉语没有西方语言学意义上的名动语法范畴，汉语的词仅"表达意义的概念"。在汉语中，"名词和动词不能完全分开"，有时语助词还"使得动词概念和名词概念混同了起来"。洪堡特（1999）认为这样的语言还有缅甸语、满语、蒙古语等，可称为"带语助词的语言"，"它们自然不会去区分名词和动词"。马伯乐、高本汉、高名凯等也主张汉语的实词没有名动分别，因为汉语没有形态（陆俭明，2015）。沈家煊（2007，2016等）大胆提出从语法功能看，汉语的名词和动词不是对立的两个词类，动词是名词的一个次类。他还举了伊朗语言、他加禄语等名动不对立的语言作为旁证。洪堡特（2001）和沈家煊（2012，2016）还将汉语名动不对立的原因归为汉语特殊的句子形式。

3）类型学证据

类型学研究表明语言间的名动对立格局不一定相同，更何况有的语言还没有明显对立的名动词类。

Hengeveld（1992）发现，有的语言只有一个词类，要么相当于动词（如Tuscarora语），要么相当于全体实词（如Tongan语），而且即使一种语言只有两个独立词类，这两个词类也不一定相当于名词和动词。该文区别出词类系统中的"刚性系统"和"柔性系统"，"刚性系统"语言的词的句法功能已经专门化，"柔性系统"没有。Hengeveld et al.（2004）对结论略有修正，认为还没有发现纯粹只有动词而没有名词的语言，但是仍然存在只有一种词类的语言（如Samoan语）。Broschart（1997）发现南岛语系中的Tongan语并不注重印欧语那样的名动区分。Rijkhoff（2001）也指出，名词、动词的独立和区分常常是柔性的，一些语言不太明显；名词、动词在一些语言中并不算主要词类，不像印欧语。

另外，生成语法学者Larson（2009）发现，根据生成语法的"格"理论，汉语和一些伊朗语一样，名词、动词不是两个独立的词类，动词是"大名词"的一个次类。Kaufman（2009）从生成语法视角证明Tongan语的动词和动词性词根都应该分析为名词和名词性词根，即，这种语言的动词和名词没有区分出来（沈家煊，2016）。

4）实验证据

另一些神经语言学、心理语言学的实验表明，有的语言的名词、动词没有分离的神经表征。杨静、董燕萍（2014）发现，所谓的汉语名动，在脑部激活的区域是大面积重合的。何清强、王文斌（2016）对比了更多英汉名动的神经语言学研究支持这一观点。

5）经验主义

哲学基础上，他们一般是经验主义者。他们认为语言共性只能在各种语言的实证研究后归纳，而不能草率地假设语言共性是以语言使用者先天的思维、理性和生理为基础。研究方法上，要分析多样化的语言作为研究材料，才可以判断名动对立是否是语言共性。他们认为，名动对立、名动范畴本就是印欧语语法学的产物，如果仅以印欧语为样本来验证语言共性，其结论肯定是片面的。

布龙菲尔德（1980）不点名地批评某些理性主义的词类研究者"错误地把他本族语的范畴当作普遍的言语形式，或者当作'人类的思维形式'，甚或是宇宙本身的形式"。他呼吁词类研究要采取经验主义的研究方式：先跨语言比较，再归纳词类共性。Rijkhoff（2001）指出，语言研究中的名词、动词区分只是欧洲中心论，名词、动词只是以欧洲语言为基础而设定的主要词类，不一定适用于全球语言。Goddard（2016）也认为跨语言的语义类型学要反对概念的"盎格鲁中心主义"（Anglocentrism）。沈家煊（2016）、袁毓林（2010）、陆俭明（2015）、史有为（2014）、李葆嘉（2014）等虽然在汉语名动关系问题上存在根本分歧，但是都赞同朱德熙（1985）所呼吁的，要摆脱印欧语眼光的名动学说，从汉语自身的实际出发研究汉语的名动关系。

总之，名动关系之争贯穿整个语言学史，并因材料和理论方法的不同而不休。Robins（1967）对此有较好的总结：

> 古代语言学界只对古希腊语和拉丁语感兴趣，几乎完全忽视语言共性问题。经院派把拉丁语的基础结构当成了所有语言的共性。文艺复兴后，语言多样性被普遍接受，语言共性问题就必须面对。经验主义者强调具体语言的个体差异并力图调整过去那种语言范畴分类，而理性主义者却依然在寻找所有语言表面差异之下的共性。

7.4 名动划分标准之争

名动对立的跨语言普遍性问题被明确提出来后，词类的划分标准也渐渐成为一个被明确提出的问题。不管名动对立是不是语言共性，用怎样的标准才能有效区分一种语言的名词和动词，学者也有不少争议，大致可以分为多重标准论和单一标准论两种。

1) 名动划分的多重标准

多重标准论认为一种语言的名动区分总能够在形式和意义的许多方面表现出来。这些方面都可以作为区分名动的标准。

文艺复兴前，学者对古希腊语、拉丁语的名动区分实践大多都采取多重标准，而且尤其注意形态和语义两方面，例如，上述亚里士多德、斯多噶学派、Dionysius Thrax、古罗马的Marcus Terentius Varro、中世纪的Petrus Hispanus等。

现代许多具有类型学眼光的学者认为，语义、语用、形态、句法等层面应综合起来作为词类划分标准，这样才能尽可能广泛地寻找到名词、动词在任何语言层面可能具有的跨语言对立性。例如，上述Givón（2001）、Schachter & Shopen（2007）、Dixon（2010）、Velupillai（2012）、Lehmann（2013）。汉语界吕叔湘（1982）、王力（1955）等早期词类研究也是如此。

有些反对名动对立的学者也认为，如果一种语言存在名动对立，那么划分标准应该也是多重的。高名凯（1986）虽然不支持汉语名动对立，但是认为印欧语词类的划分标准应该是意义、形态和功能"三位一体"的，尤其是形态。

2) 名动划分的单一标准

单一标准论认为，词类是根据词在某一方面的特征而划分出来的类别，况且有些划分标准并不适用于印欧语之外的语言。

有学者认为，词类划分标准主要是形态、语法功能（句法分布），因为形态、语法功能作为语言形式具有客观性、可操作性。传统语法、结构主义、生成语法的学者多持这种立场。上述柏拉图对名、动的区分就是基于二者句法位置的不同。文艺复兴时期Petrus Ramus仅用形态区分名、动。又如，Jespersen（1924）、布龙菲尔德（1980）、房德里耶斯（2012）、Hocket（1958）、Chomsky（1970）、Chao（1968）、吕叔湘（1979）、朱德熙（1982）、方光焘（1997）等。正如方光焘（1997）所说，区分词类难以做到意义、形态、功能并重，"多标准等于无标准"，他主张只用"广义形态"（即一般所谓词语搭配、句法分布）区分汉语的名词、动词。反对名动对立的沈家煊也一贯主张名动的划分标准只能是语法功能。

另一些学者认为，词类划分标准主要是语义、语用，这样才能最大程度地保证名动的跨语言普遍性，因为每种语言的形态、句法手段并不一致，也并不一定像印欧语那样明显、规整。语义、语用是形态、语法的基础。上述Modistae学派等就如此。又如，Lyons（1977）只把语义看成词类的本体论基础。Hopper & Thompson（1984,1985）认为话语功能才是名词、动词的形态、句法特征的基础。Langacker（1987）主张只通过概念语义和认知识解过程给各种语言的名词、动词定义，并认为这种定义方式不仅能准许名词、动词的跨语言独立性,而且还能解释名词、动词的各种语法现象。该文强调名词、动词的语法行为只是语义的体现而已,不是词类定义的唯一或基本方式。王力(1944)认为,印欧语词类的划分标准"相当杂乱",他认为汉语名、动实词的划分标准自然是概念。又如,Croft(1991, 2001)、Anderson(1997)、Wierzbicka(2000)、马建忠(1983)、黎锦熙(1924)等。

3) 其他观点

最近,汉语学者的新观点值得注意,他们认识到无论语义、语用还是形态、语法,作为客观标准都是不足的。他们主张采用除此以外的主观维度来划分汉语词类。例如,张韧(2009)认为词类的本质是具体词目和抽象构式之间相互范畴化的"网络关系",应该基于使用来关注词类的心理地位。沈家煊(2011, 2015, 2016等)认为在汉语中,单双音节、主观性的区分比根据语法功能划分出的名动词类的区分还重要。肖娅曼(2013)、邵霭吉(2015, 2016)认为词类是语言学家建立的,因此词类本身就带有语言研究者的主观性。

本章认为,名动关系之争的实质是问名动范畴是不是处于所有语言的共同本质之中,而词类的判定标准之争其实是争论词类的本质是什么。因此,这两个问题是密切联系在一起的。名动词类有没有本质,本质是什么,能否作为语言的本质的一部分,这些问题都会继续争论下去。

7.5 本体论的解决路径

从上文综述中可以知道,名动词类最早的含义其实是指句子切分出的句法成分,见于柏拉图。所以"词类"的英文原文可以叫"part of speech"(Robins, 1967)。这个叫法突出了词类含义中的组合关系、语法功能。从亚里士多德开始,对每种词类的语义、形态等方面的单独描写越来越多,词类的再分类也越来越细,这时词类含义中的组合关系淡化了,聚合关系(联想关系)、语义特征突出了,所以"词类"又可以叫"word class"。这两种含义的名动范畴观对后世有极其深远的影响。至于这些含义下的名动对立是否是语言共性,那是文艺复兴后出现的论题。

回到当前的汉语名动关系之争,沈家煊(2007)认为汉语句子的谓语有指称性、体词性,指称语包含述谓语,所以从语法功能看,汉语的动词也有名词性,名词包含动词,动词是名词的一个次类,动词可以叫"动态名词"(沈家煊, 2016)。汉语的名动关系既有对立的一面,同时也有非对立的一面。所以本章认为,"名动包含"说实际上是在根本上批判了柏拉图含义下的名动对立的跨语言普遍性,并超越了本章7.2节和7.3节两派的观点。这是一种合理的解决名动关系问题的思路。

本章认为，同样从根本上，名动对立的跨语言普遍性问题也可以针对亚里士多德的含义作类似批判，并实现对名动统一观、名动对立观两派的超越。本章试从名词、动词概念语义的本体论角度提出自己对名动关系问题的解决思路。

如7.2节所述，亚里士多德认为名词具有非时间性，动词具有时间性。后代语言学家发展为：名词表示人或事物，具有空间性；动词表示动作、事件，具有时间性。本章的观点是：从时空本体论和事件本体论看，时间和空间既有分别，同时又有同源性、统一性；事物和事件也是既有分别，同时又有同源性、统一性；事件既有空间性，同时又有时间性。因此，从词类的概念语义基础看，名词和动词既都有对立的一面，同时又都有非对立的一面。

1）时空同源

从时空本体论看，时间和空间有分别同时又紧密联系。时空的分别有许多论述，这里仅略提二者的联系。理论物理学中，爱因斯坦相对论认为，时间、空间二者不可分离，互相影响，构成一个统一体。亚里士多德和康德等古典哲学家在定义时间、空间时，发现它们都只能依赖对方才能定义，它们互为前提，难以明辨。空间是"在同一时间中描述多样化存在的可能性的先验条件"，时间是"在同一空间中描述多样化存在的可能性的先验条件"。在现象学那里，时间、空间同样具有密不可分的联系（爱莲心著，高永旺、李孟国译，2015）。

其实，认知语言学也早已利用了这种时空统一的本体论思想来阐发自己的认知语言学理论。Talmy（2000a）发现人类语言中普遍存在"时空同源"（spatiotemporal homology）这种认知现象，时间概念（活动、动作）和空间概念（物量、物体）之间可以互相转换，时空概念可以合称为"域"（domain）。这种时空同源性的语言表征之一就是名词、动词的相互转换。例如，英语"call"可以做名词也可以做动词，而动名词形式同时有动词性和名词性。此外，相对而言，时间概念转换为名词表征比空间概念转换为动词表征更加容易。所以，Talmy的"时空同源"虽是从印欧语现象出发，但在某种程度上也解释了沈家煊提出的"名动包含""名动不对称"现象的一部分认知理据。Talmy还根据时空概念词汇化方式的不同把语言分为两种类型：倾向于用名词指代空间实体物的语言叫"事物主导型语言"，倾向于用动词指代的语言叫"行动主导型语言"，二者均在不同程度上体现时空概念的相互转换。

2）事物与事件

从事件本体论看，事物和事件有分别同时又紧密联系。事物和事件的分别有许多论述，这里仅略提二者的联系。受相对论的"事件"概念的启发，英国哲学家怀特海提出"事件"理论，认为事件而不是实体才是宇宙的终极存在物，但是物质、时间和空间三者统一于事件之中并互相联系（郑敏希，2011）。英国哲学家 Strawson（1959）则认为，事件与对象相互依存，但是对象比事件更基本（韩林合，2013）。Goodman（1951）则把事物与事件等同看待：事物是单调的事件，事件是不稳定的事物。Quine（1970）有类似观点。中国哲学也提出过"事""物"密不可分。沈家煊（2016）指出郑玄、朱熹、王阳明均有过"物犹事也"这样的论断，以作为"名动包含"学说的哲学基础。杨国荣（2016）以这种论断为证，提出现实世界的"事"比"物"呈现更本源的意义，现实世界中的人与"物"的关系以人与"事"的关系为中介。

事物和事件密不可分，事件兼有时间性和空间性，这可以帮助我们理解名动关系问题上表事词的词性问题。事件兼有时间性和空间性，所以，事件在跨语言中可以表达为专职动词，也可以表达为专职名词，还可以表达为兼有名词性和动词性的词。所以表事词可以体现出名、动这种既对立又非对立的关系特性是跨语言普遍存在的。陆丙甫（2012）比较了英汉的事件名词，认为汉语中简单事件多表达为动词，而复杂事件多为名动兼类词，英语则更多地把复杂事件也表达为名词。吴长安（2012）认为汉语名、动对立性越来越不明显就是汉语表事词越来越多的缘故。本章认为，实际上，我们还可以将一次事件理解为被压缩成一个整体、一个点。点是一维世界的存在物，不明显体现时间也不明显体现空间，但是既可以构成三维空间，也可以构成四维时间。这样，认知加工后被压缩为一个点的事件既可以编码为表示空间的名词，也可以编码为表示时间的动词，还可以编码为时空模糊的名动兼类词或动名词。

总之，从本体论看，动词和名词的概念语义（空间/时间、事物/事件）既有分别又有联系，名词和动词都有对立的一面，同时又都有非对立的一面。目前大多名动对立和反对名动对立的说法只看到了名动关系中的一面。

7.6 结　语

首先，本章第一次发现，中西语言学史上关于词类问题的争论焦点大体是相似的。本章梳理出中西语言学史上关于名动词类争论的两个焦点：一是名词、动词是不是语言中普遍存在的两个对立、独立词类，二是名动词类的划分标准。第一个问题的争论双方明显存在着时代背景、语言材料、理论方法等五方面的论据差别。

其次，本章从现代本体论上提出解决目前名动关系问题的一种新启示。本章认为，从现代本体论上看，目前大多名动对立和反对名动对立的说法都有道理，但都只看到了名动关系的一面而已,因此是片面的。名词表示事物,有空间性,动词表示事件、动作,有时间性。现代理论物理学、本体论的研究表明,时间与空间、事件与事物既都互相对立又都互相联系,不可分离,有时界限难以划清。所以,作为这些概念表征的名词和动词既都有对立的一面,同时也都有非对立的一面。本章仅是提出一种思路、路径,有待更多实证研究来证实。

第四部分

事件与工具构式语法化

第8章 工具构式语法化的事件语法视角

8.1 引　言

本章从事件语法视角初步探讨工具构式的语法化。在8.2节，我们考察了国内核心文献关于重要工具介词语法化的研究情况，我们认为，工具构式语法化原形为AGENT+$V_{1\text{-MANNER}}$，即"施事+方式动词"。8.3节介绍汉语工具构式的历时语法化研究情况，我们发现，工具构式语法化可以是连动构式语法化链中的一个环节。8.4节综述工具介词语法化的机制和动因研究。8.5节从欧美语法学角度界定汉语中主要的工具构式。8.6节为结语。

8.2 工具构式语法化原形: AGENT+$V_{1\text{-MANNER}}$

通过考察核心文献对重要工具介词的研究，我们初步得出结论：工具构式最早的原形（这里非"原型"，而是表示最初的语言形式）为AGENT+$V_{1\text{-MANNER}}$，即"施事+方式动词"。也就是说，工具介词语法化自宏事件中表示第一个子事件的方式事件。以下仅列举8例主要工具介词情况。

（1）"以"的语法化

王力（1980，1989）对上古"以"由动词虚化为介词的情况作了简明的叙述。郭锡良（1998）对"以"的来源和发展做了研究。马贝加（2002）进一步仔细观察了作为工具介词的"以"的发展。于智荣（2000，2002）认为，上古汉语的"率领"义的"以"不是介词而是动词。而赵大明（2005）认为上古《左传》中"率领"义的"以"已经语法化为介词。罗端（2009）梳理了动词"以"从商朝到战国的语法化过程。魏兆惠（2008）认为，"以"的处置用法后来被"将"替换；"以"的工具用法后来被

"用"替换。通过梳理"以"动词虚化为介词的核心文献,我们可以得出工具构式语法化假设:"以"的语义原形为AGENT+$V_{1\text{-MANNER}}$,即"施事+方式动词"。这样一来,我们很容易把工具构式的语法化和事件语法理论结合起来。

(2)"用"

冯春田(2000)认为,"用""使"来自"使用"义的动词。"用"介词例最早在上古。马贝加(2002)认为它初期以带器物名词为多。到汉代,"用"的宾语又扩大为抽象事物。唐代"用"后已经出现表示语言的词语,也出现了动词性宾语。唐代之后,"用+N"发展出"用某器物贮存物"的语义结构。陈红燕(2008)从"介词框架"的视角考察了现代汉语"用""拿"等工具介词的语法化。因此,这类动词的虚化,也可以基本支持上文提出的工具构式语法化假设。

(3)"持"

朱冠明(2002)认为,"持"引介工具和受事的用法最早见于东汉佛经。陈红燕(2008)认为,"持"的介词用法是从表示"手持"义的动词"持"发展而来,东汉已经出现引进工具类的介词"持"。南宋时期,已不见"持"的介词用例。该例支持工具构式语法化假设。

(4)"取"

曹广顺、龙国富(2005)认为,"取"由"获得"义发展为"拿"义,再由动词发展为介词;最早发展为介词是在两晋时期,它同时发展出介引工具和介引受事的用法。该例支持工具构式语法化假设。

(5)"将"

祝敏彻(1957)研究了"将"由动词向介词的演变过程。冯春田(2000)认为"将"在中古汉语中已经有介词用法。马贝加(2002)认为"将"的工具介词用例保守估计出现在南北朝。蒋绍愚(2005)认为,"将"的工具用法直到六朝晚期才出现。郑宏(2008)从表处置、表工具、表伴随三个方面阐述介词"将"的产生,分析了其产生的动因。该例支持工具构式语法化假设。

(6)"捉"

冯春田(2000)认为,工具介词"捉"来源于"执、握"义动词,它的形成期大约在唐代。马贝加(2002)认为"捉+N(工具)+V"格式最早出现于六朝。蒋冀骋(2003)论述了明代吴方言介词"捉"的使用情况。徐宇红(2007)认为,隋末唐初"捉"完成了由动词向介词的虚化。徐宇红(2008)在"捉"语法化研究的基础上,进一步讨论"捉"字句的演变发展。该例支持工具构式语法化假设。

(7)"把"

冯春田(2000)认为,介词"把"新兴于近代汉语,用例始于中唐。马贝加

（2002）认为它来自"执、持、拿"义动词；南北朝时期有类似介词的用法，一直沿用到明代。蒋绍愚（2005）认为，"把"的工具用法最早出现于中唐。林运运（2007）认为，魏晋六朝"把+NP$_1$+V+NP$_2$（NP$_1$≠NP$_2$）"结构虚化，"把"表示介引作用。该例支持工具构式语法化假设。

（8）"拿"

冯春田（2000）认为，"拿"由"执持"义动词虚化而来，介词可能在元代形成。马贝加（2002）说明《金瓶梅》工具介词"拿"的语法化程度。何洪峰、苏俊波（2005）分析了"拿"字表示被动、处置、使役三种功能义的关系。陶振伟（2006）认为，"拿"从动词到"五四"以后虚化为处置介词经历了四个阶段。石毓智（2006a）同样只是讨论了动词"拿"向处置介词"拿"语法化的情况。陈红燕（2008）认为，在"五四"以后，"拿"才真正确立了介词的语法功能。可见，陶振伟、石毓智和陈红燕都认为，引介工具的"拿"不是介词，"拿"虚化的结果只是处置介词。该例支持工具构式语法化假设。

8.3 汉语工具构式的历时语法化研究

根据文献考察，我们发现以工具构式历时语法化为研究对象的研究很少。涉及汉语工具构式历时语法化的论文中，学者大都以连动构式第一动词向介词的语法化为中介来探讨连动构式与工具构式的关系。

吴福祥（2003）认为，汉语处置构式的产生与演变经历了"连动构式>工具构式>广义处置构式>狭义处置构式>致使义处置构式"这样的一个连续的发展过程。

魏兆惠（2005a，2008）研究了上古汉语中的连动构式及其发展变化，并在魏兆惠（2008）第四章第三节中，探讨了连动构式与后代的介词结构的关系。她主要总结了七类语法化方式，其中包括支配动词发展为依凭关系的介词。介词的产生对连动构式也有影响。她并不直接表述连动构式与介词结构的关系，而是以依凭介词语法化这一桥梁来表述的。

高增霞（2003，2006）探讨了连动构式中第一动词位置的处所动词"着""在"语法化为处所介词，再到未完成体标记的过程，从而证明了作者的观点：连动构式是一种句法化程度较低的、很不稳定的结构，它处于话语组织到句法结构的中间环节（高增霞，2006）。

其他构式历时语法化的个案研究也比较少。早期经典文献主要有：李讷、石毓智《汉语动补结构的发展与句法结构的嬗变》（1999）、吴福祥《汉语能性述补结构"V得/不C"的语法化》(2002)、洪波《使动形态的消亡与动结式的语法化》(2003)、江蓝生《"VP的好"句式的两个来源——兼谈结构的语法化》(2005)、石毓智《处置构式产生和发展的历史条件》(2006b)、江蓝生《概念叠加与构式整合——肯定否定不对称的解释》(2008)、刘红妮《"则已"的词汇化和构式语法化》(2009)、张伯江《"出现句"在近、现代汉语中的语法化》(2009)、曹秀玲《从主谓结构到话语标记——"我/你V"的语法化及相关问题》(2010)。

8.4 工具介词语法化的机制和动因研究

国外研究介词虚化机制较早的有Li & Thompson(1974),他们认为汉语动词虚化为介词发生于连动构式中。这一假说被当前的研究充分证实。

20世纪80年代开始,我国学者开始自主探索介词虚化的内在规律和机制。梅祖麟(1981)总结出"词汇兴替"和"结构变化"两种机制。本章认为,这两种只是语法发展中的表面现象,还不能称之为推动语法发展的具有本体性的机制。解惠全(1987)关注虚化机制,明确提出:"实词的虚化,要以意义为依据,以句法地位为途径。"石毓智(1995,2001)运用时间一维性理论对汉语介词语法化过程进行了解释(麻彩霞,2009)。

自沈家煊(1994)和孙朝奋(1994)介绍了西方语法化理论之后,汉语介词的虚化机制和动因的探讨就与语法化理论密切结合起来了。金昌吉(1996)认为,结构上的不平衡诱使虚化产生。他提出了认识虚化现象时应该注意的几个原则性问题,介绍了西方语法化理论。刘坚等(1995)认为介词虚化因素主要有四点:句法位置的改变、词义演变和虚化、语境影响、重新分析。沈家煊(1998)提出虚化机制有五种:隐喻、推理、泛化、和谐、吸收。刘丹青(2001,2004)认为动词虚化为介词的途径主要有:赋元动词、连动句的句法环境。介词语法化具有单向性、渐进性和叠加性(麻彩霞,2009)。陈昌来(2002)认为,句法结构位置是诱发动词虚化为介词的基本前提。他认为实现这种虚化还需要动词词义泛化以至弱化、虚化。马清华(2003)提出汉语语法化的动因主要是现实作用力、心理力量、语言接触、语言内部力量,指出介词语法化的原因是经济性。齐春红、邱渊(2003)认为为了表达新信息,就必然创造一些介词,这是汉语中介词大量产生的认知基础。张旺熹(2004)认为,"汉语介词可能是一部分非终结动词在连动结构或兼语结构中由语义降级而产生的句法后果"。刑志群(2003)认为汉语动词语法化经历三个重新分析阶段:连动化>动词主次化>语法化/虚化。重新分析的因素主要有五个:动词的自然顺序、中心词的确立、简练性、模糊性、类推。说话人和听话人的主观推理在语法演变中的作用很强。吴金花(2003，2005)总结了汉语介词语法化的动因，主要有：句法地位的变化、词义变化因素、认知因素以及语用因素等。史冬青(2009)认为，汉语动词到介词的语法化演变都是在连动构式结构中发生的；动词的介词化是多方面因素共同作用的结果。

综上，相关文献对工具构式语法化的个案研究较多，上升到理论的较少。我们尚未发现从事件语法视角进行工具构式语法化的研究。

8.5 汉语工具构式的欧美语法学界定

本章定义的汉语工具构式是指含有工具构式义并至少带有一个工具介词的构式。工具构式义包括狭义工具义和广义工具义。狭义工具义指"使用……（作为具体实物的狭义工具）做……事"。广义工具义指"凭借、依据……（抽象物体、精神概念、行为方式等广义工具）做……事"。工具介词主要包括"以""用""持""取""将""捉""把""拿"等。

8.5.1 工具构式的典型句法结构

首先，"以/用"类工具构式的典型句法结构（句法结构中P表示工具介词，S表示主语，O表示宾语，V表示谓语动词，下同）为：

S（施事）+P（以/用）+O_1（工具）+V+O_2（受事）
S（施事）+V+O_2（受事）+P（以/用）+O_1（工具）

其次，"持/取/将/捉/把/拿"类工具构式的典型句法结构为：

S（施事）+P（持/取/将/捉/把/拿）+O_1（工具）+V+O_2（受事）

P在工具构式中至少出现一个，是显性的工具构式标记，主要包括"以""用""持""取""将""捉""把""拿"等。

8.5.2 工具构式与连动构式的区别

区别主要体现在引导工具宾语的词的词性上。连动构式中，工具宾语用动词引导；工具构式中，工具宾语用介词引导。动词语义较具体，含动作性，介词语义较为抽象，不含具体词汇意义；动词后的宾语可以省略，也可以提前，介词的宾语通常不能省略或提前；动词后可以加动态助词或补语，介词后不能加；连动构式的动词间可以加连词、助词、语气词等小品词，工具构式的介词与动词间一般不能添加；介宾结构不能独立使用，也不能成句，动宾结构可以独立使用和成句；连动构式修饰第二动词的状语可以加在谓语动词之间，工具构式修饰动词的成分一般加在工具介词前或谓语之后。

区别还体现在句法结构上。连动构式是双核结构，工具构式是单核结构。

区别还体现在语义突显上。连动构式明显是强调了前后相继发生的两个动作；工具构式强调的是只发生一个动作，介宾短语是对动作的方式的说明。

区别还体现在频率上。既能分析为连动构式、又能分析为工具构式的连动构式，使用频率较低，语料范围较窄；工具构式则使用频率较高，语料范围较宽。

8.5.3　工具构式与处置构式的区别

蒋绍愚（2009）很清晰地区别了两者。在工具构式"$P_{工具}+O_1+V+O_2$"中，必定是"$O_1 \neq O_2$"；在处置构式"$P_{处置}+O_1+V+O_2$"中，必定是"$O_1=O_2$"（仅指狭义处置式）；在工具构式"以+O_1+V"中，V的受事一定不是O_1；而在处置构式"以+O_1+V"中，V的受事一定是O_1。

殷国光、龙国富、赵彤（2011）认为，处置构式的受事宾语放在动词前，不能放在动词后；而工具构式的受事宾语可以放在句首，也可以放在动词后。

8.5.4　宾语O_1的范围

宾语O_1一般由以名词、代词为中心的体词性成分充当，引申、扩展（彭睿，2009）的O_1也可以由谓词性成分充当。

具体来说，随着隐喻扩展，宾语O_1可以引申出各种典型的狭义工具和不典型的广义工具。宾语O_1最常见的是作为狭义工具的具体物品，如容器、兵器、农具、炊具、车辆等。宾语O_1还可以引申扩展为作为凭借（广义工具）的抽象物品，如国家、土地、人物等。宾语O_1还可以进一步引申扩展为作为凭借、依据（广义工具）的精神、概念，如仁、善、恶、德、礼、信、孝、刑法、身份、名义等。宾语O_1还可以进一步扩展到谓语动作的行为方式（广义工具），常由谓词性成分充当，少数也可以由指称代词充当。但是，宾语O_1一般不会扩展到表示时间的体词性成分，因为时间成分很难作为工具。

8.5.5　工具构式的分类

工具构式的分类有许多指标。本章对工具构式的分类标准基于这些指标的叠加整合。

从句法表层结构上看，可分为两类。如8.5.1所示，"以/用"类工具构式的句法表层形式有两种：工具成分位于核心谓语前和位于核心谓语后。"持/取/将/捉/把/拿"类工具构式的句法表层形式只有一种：工具成分位于核心谓语前。

从构式语法化程度上看，可分为三类。"以/用"类工具构式的语法化程度最高。因为：（1）构式扩展的抽象度高。"以/用"类工具义连动构式已经完全发展为典型工具构式（工具宾语是具体实物），又从典型工具构式扩展到更抽象的广义工具构式（工具宾语扩展到抽象物体、精神等，构式义抽象到"凭借、依据"），又进一步扩展到更抽象的原因构式（工具宾语扩展到事件，构式义抽象到"因为"）；（2）使用频率很高（从上古到现代汉语都很高）。"持/取/将/捉/把"类工具构式的语法化程度次之。因为：（1）虽已从工具义连动构式完全发展为工具构式，但是一般只限于典型工具构式，不继续扩展出原因构式；（2）使用频率较高。"拿"类工具构式语法化程度最低。因为："拿"类连动构式尚未完全发展为"拿"类工具构式或"拿"类处置构式，而且一直与"拿"类工具构式广泛并存。"拿"类工具构式主要用为典型工具构式，少量扩展出更抽象的广义工具构式，不继续扩展出原因构式。

从工具介词的语法化程度上看，可分为三类。"以/用"是典型的工具介词，并且还在工具构式的继续语法化过程中附带语法化为语法化程度更高的处置介词、时间介词、原因连词。"持/取/将/捉/把"仍然主要充当工具介词，没有继续语法化为时间介词、原因连词。"拿"除工具介词、处置介词用法外，仍然主要充当典型的及物动词。所以，从语法化程度上看，"以/用"最高，"持/取/将/捉/把"次之，"拿"最低。

从工具构式在现代汉语（如不特加说明，本书中"现代汉语"均指普通话）共时剖面上的分布看，可分为两类："以/用/拿"类工具构式是现代汉语中最主要的工具构式类型，"持/取/将/捉/把"类工具构式在现代汉语中消失。

所以，综合考量各种分类标准，把汉语史主要的工具构式划分为三类进行研究比较合理：上古产生的"以/用"类工具构式、中古产生的"持/取/将/捉/把"类工具构式和近代产生的"拿"类工具构式。

8.6 结 语

本章综述了工具构式语法化的基本研究状况，界定了汉语中主要的工具构式，提出从事件语法视角研究工具构式的语法化是当前研究的重大空缺，也可能是发展事件语法理论的最佳视角。本章是全书第四部分的第一章，也是后续几章的铺垫。

第9章 上古汉语"以/用"类工具构式语法化

9.1 引言

甲骨文中,已经出现"以"类连动兼语构式和同主语并列简单句,它们是"以/用"类工具构式语法化的源头。金文和今文《尚书》中,"以/用"类工具义连动构式既可以分析为连动构式,又可以分析为工具构式,处在连动构式向工具构式演变的过渡阶段。"用"类构式占据优势。《左传》中,"以/用"类连动构式重新分析为工具构式,"以/用"类工具构式产生,并由此产生"以/用"类原因构式以及"以"类广义处置构式。"以"类构式占据绝对优势。"以/用"类工具构式一直是汉语使用最广泛的工具构式,直至今日。

本章9.2节介绍上古工具构式的甲骨文来源。9.3节讨论金文中的非典型工具义连动构式及相关构式。9.4节讨论金文中典型形态的工具义连动构式及相关扩展、引申构式。9.5节介绍今文《尚书》中的工具义连动构式及相关构式。9.6节讨论《左传》中的工具构式及相关构式。9.7节呈现了《史记》中的工具构式及相关构式统计数据。9.8节从构式语法化视角阐释上古"以/用"类工具构式的语法化。9.9节为结语。

9.2 上古工具构式的甲骨文来源

甲骨文中,工具构式尚未产生。但是,出现了带有[+方式]语义的"以"类连动兼语构式,以及暗含方式、凭借关系的两个并列的简单句结构。工具构式语法化主要来源于以"以"为核心谓语之一的方式义连动兼语构式和同主语并列简单句。

9.2.1 方式义连动兼语构式

方式义连动兼语构式为: **[命令动词]+S（人、族）+V$_1$（"以"等）+O$_1$（人）+V$_2$（征伐、祭祀动词）+[O$_2$]+[补语]**[①]。下文简称"甲骨文连动兼语构式"。

这一连动构式主要出现在军事、祭祀语境中。其中，S和O$_1$都是地位平等的人，O$_1$是V$_1$的宾语，S和O$_1$也是V$_2$的主语。这种连动构式不仅带有时间先后的构式义，V$_1$事件还是V$_2$事件得以实施的方式和前提。可见，这种构式比一般的连动构式更加紧密。这种构式可以称为带有"方式-目的"句式义的"连动和兼语融合构式"（郑继峨，1996）。今检索到姚孝遂（1989）《殷墟甲骨刻辞类纂》（以下简称《类纂》）"以"类[+方式]义"连动和兼语融合构式"42例，占《类纂》"以"字构式总数（536个）的7.8%。如（郭锡良，1998）:

(1) 丁未卜，争贞：勿令羍以众伐邛。（《甲骨文合集》26）
(2) 丁未卜，贞：惟亚以众人步？二月。（《甲骨文合集》35）
(3) 丁卯卜，令执以人田于𡙗？十一月。（《甲骨文合集》1022乙）
(4) 辛酉贞：王令夫以子方奠于并？（《甲骨文合集》32832）
(5) 卤以众皿伐召方。（《甲骨文合集》31976）

V$_1$还可以是动词"共""比"等。如：

(6) 贞：我共人伐巴方？（《甲骨文合集》6467）
(7) 今早勿比或伐土方？（《甲骨文合集》6424）

以例（1）为例说明。例（1）意为：不要命令羍率领众国人征伐邛地。其中，"以""伐"是动词。"以"是率领、偕同义动词。"羍"是商朝大将，是"以""伐"的主语，"众"是"以"的宾语又是"伐"的主语。"邛"是"伐"的宾语。"以众"这一事件是"伐邛"这一事件的方式和前提。连动构式带有时间先后义，暗含"方式-目的"义。

9.2.2 方式、凭借关系同主语并列简单句

表示方式、凭借关系的同主语并列简单句为：**S（人、族）+以+O$_1$（"羌""牛"等），V$_2$（祭祀动词）+[补语]**。下文简称"甲骨文同主语并列句"。

这一并列句结构用于祭祀场合。构式中，S是"以"的主语，O$_1$是"以"的宾语。V$_2$是祭祀动词，一般不带主语或直接宾语。这两个并列句不仅有时间先后关系，

---
① [ ]表示可以省略，( )表示注释，下文同。

还暗含逻辑关系:"以"句的简单事件结构(simple event structure)是后面的祭祀句简单事件得以实施的方式、凭借。可见,这种并列句比一般的并列简单句有更加紧密的语义联系,是意合的一个整体。这种同主语并列句可称为意合"方式-目的"语义的递进关系并列句。今检索到《类纂》中,该"以"类结构16例,占《类纂》"以"字构式总数的3.0%。如:

(8)乙巳卜,何贞:亚旁以羌,其御用?(《甲骨文合集》26953)

(9)壬寅卜,㱿贞:兴方以羌,用自上甲至下乙?(《甲骨文合集》270正)

(10)庚子卜,贞:牧以羌,延于丁?(《甲骨文合集》281)

(11)癸亥,贞:危方以牛,其蒸于来甲申?(《甲骨文合集》33191)

(12)乙酉,贞:皋以牛,其用自上甲三牢汎?(《小屯南地甲骨》9)

"亚旁""兴方""危方"为族名,"牧"为官名,"皋"为人名。"以"为"携带"义动词。"羌"是羌族人,用为祭祀的祭品。"其"是语气副词,表示疑问。"御用""延""蒸"等是祭祀动词,通常不带主语。"自""于"引导介词短语。前一简单事件是后一简单事件的方式、凭借。

9.2.3 同主语并列简单句的语用变形

上文中的同主语并列简单句可以有语用变换形式,即:$(S) + V_2, 以+O_1$。以下简称甲骨文同主语并列简单句的语用变形句。

这一并列句结构用于军事、祭祀场合。"以+O_1"是发生在前的动作,V_2是发生在后的动作。这种复句的两个从句不仅有时间先后关系,"以+O_1"句事件还是V_2句事件得以实施的方式、凭借,这种语用变换形式具有强调功能。今检索到《类纂》中该"以"类并列句4例,占《类纂》"以"字构式总数的0.7%。如:

(13)丙午卜,即贞:又,以羌,翌丁未其用?(《甲骨文合集》22542)

(14)乙未卜,旅贞:又,以牛,其用于妣?惟今日?(《甲骨文合集》23403)

(15)王其田,以万,湄日亡灾?(《甲骨文合集》29397)

(16)王其田,以万,不雨?(《英国所藏甲骨集》2309)

"又(侑)"是祭祀动词,"田"用为"畋",打猎,动词(崔恒升,2001)。"万",指跳万舞的人。"以羌""以牛""以万"是"又(侑)""田"的方式和凭借。9.2.2和9.2.3中的构式意义基本相同,句法表现不同,语用效果也不一样(Goldberg, 1995)。这种并列句能实现语用变换,也说明其整体性(integration)比一般偶然出现的并列结构高。

9.3 金文中的非典型工具义连动构式及相关构式

本节讨论金文的工具义连动构式及相关构式。在金文中，工具构式还没有形成，但是，已经出现大量"以/用"类工具义连动构式。工具义连动构式有省略工具宾语和不省略工具宾语之分。此外，金文中存在与工具义连动构式相关的其他构式，包括方式义连动构式、连词构式等。武振玉（2005，2008a，2008b，2009）很好地归纳了金文中"以""用"构式的共时概况。

9.3.1 方式义连动兼语构式

金文方式义连动兼语构式为：[命令动词]+S（人、族）+V_1（"以"）+O_1（人、族）+V_2+[O_2]+[补语]。

这一连动兼语构式与甲骨文中的几乎完全相同，主要见于军事领域，仍然带有"方式-目的"义，但不是本书定义的工具构式。武振玉（2005）共检索到13例，占《殷周金文集成引得》（张亚初，2001）"以"类构式总数（337个）的3.9%，占《殷周金文集成引得》释文总字数（121,082字）的0.011%。可见，相比甲骨文中的方式义连动兼语构式，这种[+方式]义连动兼语构式的使用频率下降了。如：

（17）伯懋父以殷八师征东夷。（《小臣𧢦簋》）
（18）唯伯犀父以成师即东。（《竞卣》）
（19）汝其以成周师氏戍于古师（次）。（《彔𢧢卣》）

这种连动兼语构式的[+方式]带有[+偕同]特征，于是，这种连动构式可以发展为[+偕同]义连动兼语构式，主要见于祭祀领域。它与方式义连动兼语构式的主要区别是"以"类事件更加抽象，动作性更加不明显，或者不构成V_2事件的方式、前提。武振玉（2005）共检索到16例，占《殷周金文集成引得》"以"类构式总数的4.7%，占《殷周金文集成引得》释文总字数的0.013%。如：

（20）王以侯内（入）于寝。（《麦方尊》）
（21）奄以乃弟用；夙夕䉼享。（《雁公鼎》）
（22）走父以其子子孙孙宝用。（《食仲走父盨》）

由于该类[+偕同]义连动兼语构式的语义与工具构式相差较大，我们不认为它们是工具构式语法化的来源。

9.3.2 省略O_1的工具义连动构式

金文省略O_1的工具义连动构式为：……，S+以/用+ V_2+O_2。

这种工具义连动构式在甲骨文中暂未发现，是在金文中最常见的"以/用"构式。动词"以/用"的宾语由于是上文已经出现的旧信息，所以出现零形回指，董秀芳（2009）认为这些"以/用"是带有明显动词特征的介词。我们认为，这些构式是省略宾语的非典型工具义连动构式，是处于同主语并列简单句和工具构式之间的过渡形式。和同主语并列简单句相比，工具义连动构式更加紧密和紧凑，表示的是两个暗含抽象的逻辑先后关系的事件，而不是两个明确含有时间先后关系的具体事件，意为"使用器物做某事"，动词"以/用"为V_2事件提供工具；工具义连动构式已经比同主语并列简单句的泛化程度高（Hopper & Traugott, 2003），结构语义更加抽象，同构项（host-class）（彭睿，2009）更加扩展；动词"以/用"的语义也更加抽象、泛化，失去明显的动作性，意为"使用"。和典型工具构式相比，这一工具义连动构式虽然已经具有工具义，表示抽象的逻辑先后关系，但形式上还不是典型的介宾结构；使用虽然频繁，但是语境比较狭窄，多见于作器、军事场合；"以/用"可以省略工具宾语，说明动词性还十分明显。按照武振玉（2008a）的研究，这种工具义连动构式程式化突出，主要有两种句式（9.3.3式及9.3.4式）。另外，省略的工具宾语已经进一步抽象、扩展，导致该工具义连动构式出现一定的扩展、引申式（9.3.5式）。

9.3.3 作/铸+器名，……，以/用+ V_2（"孝/享/征/行"等）+O_2

这种构式中，动词"以/用"后的器物宾语省略了。因为从语用上讲，器物宾语上文已经出现。该构式的语义不含有时间顺序义，表示的是一个事件，含有工具、凭借义，可以解释为"使用……来做某事"。

据武振玉（2008a）的调查，这种工具义连动构式共597例，占《殷周金文集成引得》"以""用"类构式总数（3514个）的17.0%，占《殷周金文集成引得》释文总字数的0.49%。其中，"以"式有76例，占《殷周金文集成引得》"以"类构式总数的22.6%，占《殷周金文集成引得》释文总字数的0.06%。出现时间为西周1例、春秋55例、战国20例。"用"式521例，占《殷周金文集成引得》"用"类构式总数（3177个）的16.4%，占《殷周金文集成引得》释文总字数的0.43%。出现时间为西周早57例、西周中72例、西周晚175例、春秋208例、战国9例。如：

(23) 卫妣作鬲，以从永征。（《卫妣鬲》）

(24) 铸其龢钟,台(以)恤其祭祀盟祀,台(以)乐大夫,台(以)宴士庶子。(《龖公华钟》)

(25) 师器父作尊鼎,用享考(孝)于宗室,用祈眉寿、黄耇、吉康。(《师器父鼎》)

(26) 自作䣄彝肴鼎,用享以孝于我皇祖文考,用旂(祈)眉寿。(《王子午鼎》)

9.3.4 择/铸/赐/赠+吉金,以/用+作……

该构式的语义是：用优质青铜材料作为工具来铸造青铜器。"以/用"为"作"的状语,它们的宾语由于是上文已提及的信息,或是不言而喻的事实,所以省略。

这种工具义连动构式的使用频率很低,且到西周晚期才出现。所以它很有可能是9.3.3中的创新形式。据武振玉(2008a)的调查,这种工具义连动构式共22例,占《殷周金文集成引得》"以""用"类构式总数的0.63%,占《殷周金文集成引得》释文总字数的0.02%。其中,"以"式有12例,占《殷周金文集成引得》"以"类构式总数的3.56%,占《殷周金文集成引得》释文总字数的0.010%。出现时间为春秋10例、战国2例。"用"式10例,占《殷周金文集成引得》"用"类构式总数的0.31%,占《殷周金文集成引得》释文总字数的0.008%。出现时间为西周晚1例、春秋8例、战国1例。如：

(27) 余择其吉金黄镭,余用自作旅簠。(《曾伯霥簠》)

(28) 择厥吉金,台(以)作厥元配季姜之祥器。(《陈逆簠》)

9.3.5 扩展、引申构式——广义工具义连动构式

该类工具义连动构式由于频繁使用,已经隐喻扩展了"以/用"的宾语,也引申了构式义。具体为：宾语不限于工具器物,扩展到抽象物体,常见为货币、赐物。赐物可以为一组事物集合。构式含有"凭借"义。由此,9.3.4式得以扩展。如：

(29) 王锡叔德臣十人、贝十朋、羊百,用作宝尊彝。(《叔德簋》)

例(29)的"用"的宾语是前句的所赐之物"臣十人、贝十朋、羊百"。

抽象物体与工具义连动构式之间又可以插入其他特定成分,如"对扬……休/宁",形成工具义连动构式的"赐……,对扬……休/宁,用作+器物"句式,如：

(30) 赐贝百朋,伯姜对扬天子休,用作宝尊彝。(《伯姜鼎》)

该句式一般先说赐物，再说"对扬……休/宁"，最后说"用作"。"对扬……休/宁"可以看成插入语，动词"用"的宾语仍然是赐物。

此外，前句还可以看成是作器的背景、原因；或不出现赐物，只有"对扬……休/宁"的作器目的。后句说"用作"。那么，"用"就处在了两个因果关系的谓语的连接位置，在特定的语境中，可能由此虚化为因果连词、目的连词。工具义连动构式发展为因果复句构式。如：

(31) 大扬皇天尹大保宁，用作祖丁宝尊彝。(《作册大方鼎》)
(32) 盂用对王休，用作祖南公宝鼎。(《大盂鼎》)

据武振玉(2009)考察，"对扬……休，用作……"在金文中共有67例，其中西周早期10例，中期25例，晚期32例。

V_2可扩展为抽象动词，如"事、嗣（司）、辟、楚（胥）"等。这就又形成"赐……以/用+V_2"的特殊句式。如：

(33) 余赐汝马车、戎兵、釐仆三百又五十家，汝台（以）戒戎作。(《叔夷钟》)
(34) 赐汝弓一、矢束、臣五家、田十田，用从乃事。(《不其簋》)

例(33)中，"台（以）"的宾语是"马车、戎兵、釐仆三百又五十家"，是"戒戎作"的凭借。例(34)中，"用"的宾语是"弓一、矢束、臣五家、田十田"，是"从乃事"的凭借。武振玉(2009)调查金文中有该广义工具义连动构式53例，西周早期6例，西周中期20例，西周晚期27例。该构式也是该工具义连动构式的隐喻扩展形式。

构式中的宾语（主要是"用"式）还扩展到精神名词，常为"心""德""义"。构式含有"凭据"义。如：

(35) 穆穆克盟（明）厥心，慎厥德，用辟于先王。(《师望鼎》)
(36) 肇帅井（型）先文祖，共（恭）明德，秉威义，用申圂（恪）、奠保我邦我家。(《叔向父禹簋》)
(37) 翼受明德，以康奠协朕或（国）。(《秦公钟》)

例(35)的"用"的宾语是"厥心""厥德"，"用辟于先王"意为"凭这心、这德效法于先王"。例(36)的"用"的宾语是"明德""威义"，动词成分是"申""圂（恪）""奠保"。例(37)的"以"的宾语是"明德"，动词成分是"奠协"。

连动构式的宾语还继续抽象扩展到动作的行为方式。行为方式多由指示代词

"是（也作'氏'）"指代。指示代词一般放在"以/用"的前面，"以/用"后仍然直接接动词。构式含有"因果"或"方式-目的"义。"以/用"意为"因而"。如：

（38）折首五百，执讯五十，是以先行。(《虢季子白盘》)
（39）氏（是）以寡人委任之邦，而去之游……氏（是）以赐之厥命……氏（是）以寡人许之。(《中山王鼎》)
（40）是用寿考。(《毛公旅方鼎》)

行为方式也可以由状态动词谓语或强调结果的行为动词谓语来表达。构式含有"因果"或"方式-目的"义。在这种情况下，工具义连动构式为其被重新分析为主从复合句打下了抽象、泛化、凝固、多义的语义基础。"以/用"在这种因果语境下被分析为两个动词核心间的因果连词、目的连词，意为"因此""为了"。工具义连动构式发展为因果复句构式。该构式在金文中所占比例很小。如：

（41）呜呼，王唯念䟭辟烈考甲公，王用肇事（使）乃子䟭率虎臣御淮戎。(《䟭方鼎》)

例（41）的"用"连接"念䟭辟烈考甲公"和"肇事（使）乃子䟭率虎臣御淮戎"两个谓语核心，标识了它们的因果关系。但是，"用"处于主语和谓语之间（而不是主语之前），其介引省略的作为行为方式的宾语（"念䟭辟烈考甲公"）的功能还保留。状态动词谓语或强调结果的行为动词谓语扩展到典型的行为动词谓语。"以/用"在这种因果语境下被分析为更典型、彻底的因果连词、目的连词。工具义连动构式发展为典型的因果复句构式。如：

（42）含（今）吾老賙亲率参（三）军之众，以征不义之邦。(《中山王鼎》)
（43）受册，佩以出。(《善夫山鼎》)
（44）唯女（汝）率我友以事。(《㝬父鼎》)

"以/用"因果复句构式不是本章讨论的重点，所以略去。由于金文的特殊语体风格和语用环境，这些扩展、引申的过渡形式在金文中总体少见，频率相对较低。

9.4 金文典型形态的工具义连动构式及相关扩展、引申构式

金文典型形态的工具义连动构式1为：$S+以/用+O_1+V_2+O_2$。
金文典型形态的工具义连动构式2为：$S+V_2+O_2+以/用+O_1$。

在句法表层、构式语义、语用含义、连动谓语的次序、词性等方面,该类工具义连动构式与上古典型的工具构式相似,但是频率低。根据语用和句法的特征,可分为以下几类。另外,该类工具义连动构式也有少量扩展、引申构式。

9.4.1 "以/用……金+作……"或"V+以/用……金"

该工具义连动构式的语义是:"以……材料为工具来铸造青铜器"。该种构式常见于作器场合。在这种语境中,材料是铸造青铜器的工具。该构式投射的是一个事件,即"作"事件。该种构式最早出现于西周中期。9.3.4中的形式可以看成它的变换形式。据武振玉(2008a)考察,这种工具义连动构式共15例,占《殷周金文集成引得》"以""用"类构式总数(3514个)的0.43%,占《殷周金文集成引得》释文总字数的0.012%。其中,"以"式约有3例,占《殷周金文集成引得》"以"类构式总数的0.89%,占《殷周金文集成引得》释文总字数的0.002%。出现时间为春秋1例、战国2例。"用"式12例,占《殷周金文集成引得》"用"类构式总数的0.38%,占《殷周金文集成引得》释文总字数的0.010%。出现时间为西周中1例、西周晚4例、春秋7例。如:

(45) 陈侯午台(以)群者(诸)侯献金作皇妣孝大妃祭器锛敦。(《十四年陈侯午敦》)
(46) 智用兹金作朕文考弃白囊牛鼎。(《智鼎》)
(47) 唯黄朱桤用吉金乍(作)鬲。(《黄朱桤鬲》)

这种工具义连动构式也有工具状语在谓语动词后的情况。用例更少。如:

(48) 者(诸)侯享(献)台(以)吉金,用作平寿造器敦。(《十年陈侯午敦》)

例(48)的前一分句中,"享(献)"是谓语动词,"台(以)吉金"是谓语后的工具状语。

9.4.2 "S+以/用+器物+V_2+O_2"或"S+V_2+O_2+以/用+器物"

在句法表层、构式语义、语用含义、连动谓语的次序、词性等方面,该类工具义连动构式与上古典型的工具构式相同,但是频率十分低。该工具义连动构式的语义是:"用器物做某事"。"以/用+器物"是V_2事件得以实施的工具。在已见的材料中,工具成分全都前置。这种工具义连动构式共13例,占《殷周金文集成引得》"以""用"类构式总数的0.37%,占《殷周金文集成引得》释文总字数的0.011%。其中,"以"式约有5例,占《殷周金文集成引得》"以"类构式总数的1.48%,占《殷周金文集成引得》释文总字数的0.004%。用例很少。"用"式约8例，占《殷周金文集成引得》"用"类构式总数的0.25%，占《殷周金文集成引得》释文总字数的0.007%。筛去重复，穷举如下：

(49) 王乎□□令盂以区入。(《小盂鼎》)
(50) 凡以公车折首二百又□又五人。(《多友鼎》)
(51) 汝以我车宕伐狎狁于高陵。(《不其簋盖》)
(52) 盂以多旂佩。(《小盂鼎》)
(53) 用牲禘周王、武王、成王。(《小盂鼎》)
(54) 用盘饮酉(酒)。(《沇儿钟》)
(55) 用璃光瘝身。(《瘝钟》)
(56) 用兹彝对令。(《大保簋》)
(57) 用尊事于皇宗。(《作册矢令簋》)

"区""公车""我车""多旂""牲""盘""璃""兹彝""尊"是工具，由动词"以""用"引导。

"以"式还可以表示处置，不表工具。如：

(58) 余献妇氏以壶。(《五年召伯虎簋》)
(59) 女(汝)休，弗以我车函(陷)于艰。(《不其簋盖》)
(60) 俗(欲)女(汝)弗以乃辟函(陷)于艰。(《毛公鼎》)

例(58)是双宾语句，"壶"和"妇氏"是"献"的对象，由动词"献"后的动词"以"标识处置对象"壶"。例(59)、(60)的"我车""乃辟"(辟，天子、诸侯的通称)是动词"函"的处置对象。这里不详细论述。

9.4.3 扩展、引申式：广义工具义连动构式

相比于9.3.5式，9.4.3式频率更低、扩展更狭窄。宾语不限于工具器物，而是扩展到抽象物体，常见为赐物。工具义连动构式的意义抽象为[+凭借]。如：

(61) 侯易(赐)者姒臣二百家，剂(赍)用王乘车马、金勒、冂衣、市、舄……(《麦方尊》)
(62) 遽伯还作宝尊彝用贝十朋又四朋。(《遽伯簋》)

例(61)的后一分句中，"剂"读作"赍"，表赠送。"用"引导的是"侯"用来"剂"给"者姒臣"的物品，即引导广义工具——凭借。例(62)中，"用"引导"作"

的凭借"贝十朋又四朋"。

工具宾语扩展到抽象的精神,工具义连动构式的构式义继续抽象化,表示"按照、依据、凭据"。如:

(63)以王令曰:"余令女(汝)史(使)小大邦。"(《中甗》)
(64)以君氏令曰。(《五年召伯虎簋》)
(65)虢仲以王南征,伐南淮尸(夷)。(《虢仲盨盖》)
(66)凡区(毆)以品。(《小盂鼎》)

例(63)中,"王令"是指王的命令,由"以"引导,"曰"是动词。工具义连动构式表示"以……为凭据做某事"。例(64)的"以"同样引导"君氏令",意为"君氏的命令"。例(65)中,"王"不是王本人,而是指王的命令,是虢仲"南征"的凭据。有史证在此。《后汉书·东夷传》:"厉王无道,淮夷入寇,王命虢仲征之,不克。"《今本竹书纪年》:"厉王……三年,淮夷侵洛,王命虢公长父伐之,不克。"例(66)的"区"通"毆",俘获,这里指俘获之物。"品"是类别、品种。例(66)为谓语省略句,意为"凡是俘获物依据品种进行分类"。

工具义连动构式的工具宾语进一步扩展到抽象的空间。构式义仍然是空灵的"凭借、依据、依照"。如:

(67)武王则令周公舍(捨)寓以五十颂处。(《瘐钟》)

唐兰认为"颂"通"通"(杨宽,1999)。《司马法》"井十为通","五十颂"为面积指标。此句意为:"武王命令周公依照五十颂土地的管辖规模修建宫室"。

工具义连动构式的工具宾语还扩展到行为方式。如果行为方式由句子表达,那么工具义连动构式可能发展为因果复句构式,构式义由"凭借、依据……做某事"进一步抽象引申为"因为……做某事"。如:

(68)王用弗謹(忘)圣人之后,多蔑历赐休。(《师望鼎》)

武振玉(2009)检索到该种因果复句构式5例,其中西周中期1例,西周晚期4例。

总之,金文工具义连动构式语法化已达到相当程度。金文中已经产生工具义连动构式,并且零星出现比工具义连动构式更虚的扩展构式。西周工具义连动构式多为省略工具宾语的特殊形式,典型的工具义连动构式并不多见,频率很低。典型的工具义连动构式具有工具结构前置和后置两种变换形式。"以""用"是工具义连动构式中的动词,有多种用法并存。

9.5 今文《尚书》中的工具义连动构式及相关构式

今文《尚书》中工具构式尚未出现重新分析,即没有完全"显现"(emerge)。工具构式正在语法化过程中。今文《尚书》的工具义连动构式已经抽象到很高的程度。扩展、引申、抽象的广义工具义连动构式占了全部工具义连动构式用例的大多数。但是使用频率仍然低。据钱宗武(2004)和周民(1993)考证,今文《尚书》中共有"以""用"构式251例。其中"以"类构式125例,"用"类构式126例。"以/用"工具义连动构式总数为57例,占今文《尚书》"以""用"构式总数的22.7%,占今文《尚书》总字数(16,935字)的0.34%。其中"以"类工具义连动构式29例,"用"类工具义连动构式28例。除了工具义连动构式的使用频率变化外,其内部构成和语法化程度、扩展到连词构式的情况也与金文中不同。

9.5.1 方式义连动兼语构式

方式义连动兼语构式为:S(人、族)+V_1("以"等)+O_1(人、族)+ V_2+[O_2]+[补语]。

与甲骨文、金文类似,该构式主要用于军事、征伐语境,带有"方式-目的"义。今文《尚书》共有该类构式8例,占今文《尚书》全部"以"类构式(125例)的6.4%,占今文《尚书》总字数的0.047%。如:

(69)惟涉河以民迁。(《尚书·商书·盘庚中》)
(70)肆朕诞以尔东征。(《尚书·周书·大诰》)
(71)惟以在周工往新邑。(《尚书·周书·洛诰》)

构式中的"以"均为"率领"义动词,"以"事件是后一动词事件的方式、条件、前提。

9.5.2 省略O_1的工具义连动构式及其扩展构式

省略O_1的工具义连动构式及其扩展构式为:……,S+以/用+V_2+O_2。

这是在金文中最常见的工具义连动构式,而在《尚书》中相对较少。这种"以/用"类工具义连动构式共有12例,占今文《尚书》"以""用"构式总数(251例)的4.78%,占今文《尚书》总字数的0.071%。其中"以"式8例,"用"式4例。该工具义连动构式的"工具"义抽象程度非常高,扩展到"凭借""依据""因为"等。由实到虚,表述如下。

表示具体实物工具,1例。如:

(72) 我非敢勤,惟恭奉币,用供王能祈天永命。(《尚书·周书·召诰》)

"用"的工具宾语省略,当为"币"。"币"是"供王能祈天永命"的工具、凭借。

表示抽象物体工具,2例。"用"式1例,"以"式1例。如:

(73) 惟兹惟德称,用乂厥辟。(《尚书·周书·君奭》)
(74) 周公曰:"未可以戚我先王。"(《尚书·周书·金縢》)

例(73)前一"惟"是发语词,后一"惟"用法同工具介词。"兹"指上文的"商实百姓王人""小臣屏侯甸"。由于工具宾语"兹"要放在句首加以修饰和强调,动词"用"后省略了它。称,举。乂,治理。厥,指"兹"。辟,君王。全句意思是:"那些商朝的要员、贵族、官员、诸侯依据品德举荐,用他们来辅佐君王治理国家"。例(74)的"以"后省略宾语"死"。

表示精神,3例。"用"式2例,"以"式1例。如:

(75) 敛时五福,用敷锡厥庶民。(《尚书·周书·洪范》)
(76) 惟三月,周公初于新邑洛,用告商王士。(《尚书·周书·多士》)
(77) 汝亦罔不克敬典,乃由裕民,惟文王之敬忌。乃裕民曰:"我惟有及。"则予一人以怿。(《尚书·周书·康诰》)

例(75)的"用"后省略了宾语"五福"。敷,普遍。锡,赏赐。此句意为:"采取这五福,用这五福普遍地赏赐臣民"。例(76)的"用"的宾语是"成王的命令","用告商王士"的意思是:"用成王的命令训诫商朝的旧官员"。例(77)的"以"后省略了宾语。宾语为"惟文王之敬忌"之行为及"我惟有及"之言语。工具义连动构式义含有"依据、因为"的意思。"予一人以怿"的意思是:"我因为你们的这些言行而高兴"。

表示状态、事件,6例。均为"以"式。如:

(78) 日中,星鸟,以殷仲春。(《尚书·虞夏书·尧典》)
(79) 以觐文王之耿光,以扬武王之大烈。(《尚书·周书·立政》)

例(78)的动词"以"后省略宾语"日中""星鸟"这些自然事件。例(79)的"以"的宾语是上文的"方行天下,至于海表,罔有不服"的地位、状态。

9.5.3 典型的工具义连动构式及其扩展构式

今文《尚书》中占主导地位的工具义连动构式为：

a. S+以/用+O_1+V+O_2（包括S+O_1+以/用+V+O_2）
b. S+V+O_2+以/用+O_1

今文《尚书》共有该类工具义连动构式45例，占该书"以""用"构式总数（251例）的17.93%，占今文《尚书》总字数的0.27%。其中"以"式21例，"用"式24例。该工具义连动构式的"工具"义抽象程度非常高，扩展到"凭借""依据""因为"等。由实到虚，表述如下：

表示具体实物工具：a式"以"式1例，"用"式3例。如：

（80）以异同秉璋以酢。(《尚书·周书·顾命》)
（81）书用识哉。(《尚书·虞夏书·皋陶谟》)

"异同秉璋"为不同于天子的另一种酒器，"书"为"刑书"。
b式"以"式1例，"用"式0例。如：

（82）乃命宁予以秬鬯二卣。(《尚书·周书·洛诰》)

"秬鬯二卣"意为"两卣黍米香酒"。"予"为动词。
表示抽象物体工具：a式"以"式2例，"用"式1例。如：

（83）若尔三王是有丕子之责于天，以旦代某之身。(《尚书·周书·金滕》)
（84）其惟吉士用劢相我国家。(《尚书·周书·立政》)

"旦"为姬旦。"吉士"为"用"的宾语，提前以强调。无b式。
表示精神，26例。a式"以"式4例，"用"式4例。如：

（85）以敬事上帝，立民长伯。(《尚书·周书·立政》)
（86）无有远迩，用罪伐厥死，用德彰厥善。(《尚书·商书·盘庚上》)

b式"以"式9例，"用"式9例。如：

（87）象以典刑。(《尚书·虞夏书·舜典》)
（88）天其申命用休。(《尚书·虞夏书·皋陶谟》)

表示行为方式，10例。a式"以"式2例，用"式6例。如：

(89) 以孝烝烝，乂不格奸。(《尚书·虞夏书·尧典》)
(90) 乃惟成汤克以尔多方简，代夏作民主。(《尚书·周书·多方》)
(91) 别求闻由古先哲王用康保民。(《尚书·周书·康诰》)

例(89)中，"孝烝烝"这一状态是"以"的宾语。"乂不格奸"是另一个谓语，意为"治安而不至于邪恶"。例(90)中，"尔多方简"是抽象的工具宾语，"简"指"选择"。"代夏作民主"是另一个谓语。例(91)中，"康"是工具宾语。

b式 "以" 式1例，"用" 式1例。如：

(92) 惟天不畀纯，乃惟以尔多方之义民不克永于多享。(《尚书·周书·多方》)
(93) 明用稽疑。(《尚书·周书·洪范》)

例(92)中，"尔多方之义民不克永于多享"是"天不畀纯"的依据、原因。例(93)中，"明"是谓语之一，"稽疑"是动词"明"的方式、依据。

9.6 《左传》中的工具构式及相关构式

随着工具义连动构式在上古前期因频繁使用而不断泛化、抽象，《左传》中，工具义连动构式已经重新分析为工具构式。这种重新分析是突变，是此前缓慢的、逐步的量变引起的迅速的、突然的质变。最明确的工具构式形成的标志是使用频率和使用数量的同步上升。

9.6.1 方式义连动兼语构式

《左传》方式义连动兼语构式为：S（人、族）+V_1（"以"等）+O_1（人、族、师）+V_2+[O_2]+[补语]。

据赵大明(2005)考证，这种方式义连动兼语构式在《左传》中共有254例，占《左传》全部"以"类构式(3,387个)的7.50%，占《左传》总字数[178,621个，见张猛(2003)]的0.14%。如：

(94) 齐人以卫师助之，故不称侵伐。(《左传·桓公十年》)
(95) 冬，楚子伐萧，宋华椒以蔡人救萧。(《左传·宣公十二年》)
(96) 里克、丕郑欲纳文公，故以三公子之徒作乱。(《左传·僖公九年》)
(97) 随以汉东诸侯叛楚。(《左传·僖公二十年》)

9.6.2 省略工具宾语的工具构式

《左传》省略工具宾语的工具构式为：……，S+以+V+O_2。

据赵大明（2007）考证，这种工具构式在《左传》中共有91例，占《左传》全部"以""用"构式（3,671个）的2.48%，占《左传》总字数的0.05%。如：

(98) 寡人之使吾子处此，不唯许国之为，亦聊以固吾圉也。（《左传·隐公十一年》）

(99) 屈荡尸之，曰："君以此始，亦必以终。"（《左传·宣公十二年》）

(100) 遂谮诸郑伯，曰："美城其赐邑，将以叛也。"（《左传·僖公五年》）

(101) 吾焉用此，其以贾害也？（《左传·桓公十年》）

(102) 及生，有文在其手曰"友"，遂以命之。（《左传·闵公二年》）

(103) 若亡郑而有益于君，敢以烦执事。（《左传·僖公三十年》）

(104) 余不能治余县，又焉用州，以其徼祸也？（《左传·昭公三年》）

(105) 世胙大师，以表东海。（《左传·襄公十四年》）

(106) 吾子何爱于一环，其以取憎于大国也？（《左传·昭公十六年》）

(107) 胜自厉剑，子期之子平见之，曰："王孙何自厉也？"曰："胜以直闻，不告女，庸为直乎？将以杀尔父。"（《左传·哀公十六年》）

这种省略O_1的工具构式与表原因的"以"字构式的区别标准是语义。前者的O_1可以依据上下文还原出来。

9.6.3 典型工具构式

《左传》中的典型工具构式为：

a. S+以/用+O_1+V+O_2（包括S+O_1+以/用+V+O_2）

b. S+V+O_2+以/用+O_1

这种类型的工具构式在《左传》中最为常见。"以"式占据了主导地位。"用"式在被"以"式排挤后，主要引申用作表示更抽象的原因义。

据赵大明（2007）的研究，《左传》共有此类典型工具构式727例，占《左传》全部"以""用"构式的19.8%，占《左传》总字数的0.41%。其中"以"式723例，"用"式4例；a式561例，b式166例。

工具宾语典型表示具体实物工具，兵器较为常见。

a式有的表示兵器。如：

(108) 醒，以戈逐子犯。(《左传·僖公二十三年》)

(109) 战之明日，晋襄公缚秦囚，使莱驹以戈斩之。(《左传·文公二年》)

(110) 二人浴于池，歜以朴抶职。(《左传·文公十八年》)

(111) 三郤将谋于榭，矫以戈杀驹伯、苦成叔于其位。(《左传·成公十七年》)

(112) 子荡怒，以弓梏华弱于朝。(《左传·襄公六年》)

(113) 以杙抶其伤而死。(《左传·襄公十七年》)

(114) 或以戟钩之，断肘而死。(《左传·襄公二十三年》)

(115) 林楚御桓子，虞人以铍、盾夹之，阳越殿。(《左传·定公八年》)

有的表示物品。如：

(116) 泉丘人有女，梦以其帷幕孟氏之庙，遂奔僖子，其僚从之。(《左传·昭公十一年》)

(117) 陈人使妇人饮之酒，而以犀革裹之。(《左传·庄公十二年》)

(118) 晋人执季孙意如，以幕蒙之，使狄人守之。(《左传·昭公十三年》)

(119) 子西以袂掩面而死。(《左传·哀公十六年》)

(120) 南宫万奔陈，以乘车辇其母，一日而至。(《左传·庄公十二年》)

"用"式较少。如：

(121) 及闳中，齐氏用戈击公孟，宗鲁以背蔽之，断肱，以中公孟之肩。(《左传·昭公二十年》)

(122) 鞅用剑以帅卒，栾氏退，摄车从之。(《左传·襄公二十三年》)

b式有的表示兵器。如：

(123) 鬻拳曰："吾惧君以兵，罪莫大焉。"(《左传·庄公十九年》)

(124) 富父终甥椿其喉以戈，杀之。(《左传·文公十一年》)

(125) 十二月，齐侯田于沛，招虞人以弓，不进。(《左传·昭公二十年》)

(126) 使子皮承宜僚以剑而讯之。(《左传·昭公二十一年》)

有的表示物品。如：

(127) 宣子私觐于子产以玉与马，曰：……(《左传·昭公十六年》)

工具宾语也可以表示抽象的、广义的实物工具，如动物、土地、财物、邦国、人等。人很常见。

a式有的表示国家、土地。如：

(128) 而晋，盟主也；若以晋辞吴，若何？（《左传·哀公元年》）

(129) 郑伯请释泰山之祀而祀周公，以泰山之枋易许田。（《左传·隐公八年》）

有的表示财物。如：

(130) 楚人以重赂求郑，郑伯会楚公子成于邓。（《左传·成公九年》）

有的表示人物。如：

(131) 孟明稽首曰："君之惠，不以累臣衅鼓，使归就戮于秦，寡君之以为戮，死且不朽。"（《左传·僖公三十三年》）

(132) 申亥以其二女殉而葬之。（《左传·昭公十三年》）

(133) 孔达曰："苟利社稷，请以我说，罪我之由。"（《左传·宣公十三年》）

(134) 齐人以庄公说，使隰鉏请成，庆封如师。（《左传·襄公二十五年》）

(135) 来劝我战，我克则来，不克遂往，以我卜也！（《左传·宣公十二年》）

(136) 与公谋而聘于晋，欲以晋人去之。（《左传·宣公十八年》）

b式如：

(137) 公膳日双鸡，饔人窃更之以鹜。（《左传·襄公二十八年》）

(138) 夫有勋而不废，有绩而载，奉之以土田，抚之以彝器，旌之以车服，明之以文章，子孙不忘，所谓福也。（《左传·昭公十五年》）

(139) 王使周公召郑伯，曰："吾抚女以从楚，辅之以晋，可以少安。"（《左传·僖公五年》）

(140) 乃奉蔡公，召二子而盟于邓，依陈、蔡人以国。（《左传·昭公十三年》）

(141) 使韩起将上军，辞以赵武。（《左传·襄公十三年》）

(142) 若大盗礼焉以君之姑姊与其大邑，其次皁牧舆马，其小者衣裳剑带，是赏盗也。（《左传·襄公二十一年》）

工具宾语还可以是抽象的精神概念，如德、礼、信、刑、孝、恶、身份、名义等。

a式如：

(143) 对曰："君若以德绥诸侯，谁敢不服？君若以力，楚国方城以为城，汉水以为池，虽众，无所用之。"(《左传·僖公四年》)

(144) 管仲曰："君以礼与信属诸侯，而以奸终之，无乃不可乎？"(《左传·僖公七年》)

(145) 晋侯以魏绛为能以刑佐民矣，反役，与之礼食，使佐新军。(《左传·襄公三年》)

(146) 以诬道蔽诸侯，罪莫大焉。(《左传·襄公二十七年》)

(147) 若以二文之法取之，盗有所在矣。(《左传·昭公七年》)

(148) 夫以信召人，而以僭济之，必莫之与也，安能害我？(《左传·襄公二十七年》)

(149) 乞曰："有楚国而治其民，以敬事神，可以得祥，且有聚矣，何患？"(《左传·哀公十六年》)

(150) 若以恶来，有备不败。(《左传·宣公十二年》)

(151) 巫臣自晋遗二子书，曰："尔以谗慝贪惏事君，而多杀不辜，余必使尔罢于奔命以死。"(《左传·成公七年》)

(152) 若以不孝令于诸侯，其无乃非德类也乎？(《左传·成公二年》)

b式如：

(153) 若敬行其礼，道之以文辞，以靖诸侯，兵可以弭。(《左传·襄公二十五年》)

(154) 夏四月戊午，晋侯使吕相绝秦，曰："昔逮我献公及穆公相好，勠力同心，申之以盟誓，重之以婚姻。"(《左传·成公十三年》)

(155) 管仲言于齐侯曰："臣闻之：招携以礼，怀远以德。"(《左传·僖公七年》)

(156) 过君以义，犹自抑也，况以恶乎？(《左传·襄公二十三年》)

(157) 御奸以德，御轨以刑。(《左传·成公十七年》)

(158) 知武子谓献子曰："我实不德，而要人以盟，岂礼也哉？"(《左传·襄公九年》)

(159) 有令名矣，而终之以耻，午也是惧，吾子其不可以不戒。(《左传·昭公元年》)

(160) 道以淫虐，弗可久已矣。(《左传·昭公元年》)

(161) 二十八年春,齐侯伐卫,战,败卫师,数之以王命,取赂而还。(《左传·庄公二十八年》)

(162) 明恕而行,要之以礼,虽无有质,谁能间之?(《左传·隐公三年》)

(163) 立穆公,其子飨之,命以义夫!(《左传·隐公三年》)

(164) 君违,不忘谏之以德。(《左传·桓公二年》)

(165) 吾君贿,左右谄谀,作大事不以信,未尝可也。(《左传·昭公六年》)

(166) 宾之以上卿,礼也。(《左传·桓公九年》)

(167) 许穆公卒于师,葬之以侯,礼也。(《左传·僖公四年》)

工具宾语还能进一步抽象化,表示行为方式。

a式如:

(168) 对曰:"臣以死奉殷。"(《左传·庄公三十二年》)

(169) 今自王叔之相也,政以贿成,而刑放于宠。(《左传·襄公十年》)

(170) 以讨召诸侯,而以贪归之,无乃不可乎?(《左传·宣公十一年》)

(171) 宋、卫既入郑,而以伐戴召蔡人,蔡人怒,故不和而败。(《左传·隐公十年》)

(172) 奢之子材,若在吴,必忧楚国,盍以免其父召之。(《左传·昭公二十年》)

(173) 鲁以相忍为国也。(《左传·昭公元年》)

(174) 魏戍谓阎没、女宽曰:"主以不贿闻于诸侯,若受梗阳人,贿莫甚焉。"(《左传·昭公二十八年》)

(175) 吾以勇求右,无勇而黜,亦其所也。(《左传·文公二年》)

b式如:

(176) 司马握节以死,故书以官。(《左传·文公八年》)

(177) 知武子谓献子曰:"我实不德,而要人以盟,岂礼也哉?"(《左传·襄公九年》)

9.6.4 《左传》中与工具构式相联接的构式

工具构式产生后构式义变得更加抽象、泛化,图式化程度越来越高。工具构式的语境适用范围也就更加广泛,能产性提高。在不同的语境中被赋予了不同的引申义。于是,在句法形式没有显著变化的情况下,工具义产生原因、处置等新的构式义。根据构式语法"形式与意义严格相配"的原则,可以将它们区分为不同而相关的、联接成网络的构式。

1) 原因构式：

a. $S+以/用+[O_1]+V+O_2$（包括$S+O_1+以/用+V+O_2$）
b. $S+V+O_2+以/用+O_1$

原因构式是在表示抽象工具的构式（广义工具构式）在句法表层不变的基础上进一步抽象、引申"依据"义而出现的。金文、今文《尚书》中已经出现，但是数量偏少。《左传》中更加频繁使用；并且"以"式的出现频率明显大于"用"式，a式的出现频率又远大于b式；"用"式的工具用法由于受到"以"式的强势竞争、打压，主要用来表示这种原因义。

据赵大明（2007）统计，《左传》中共有"以/用"类原因构式182例，占《左传》中全部"以""用"构式的4.96%，占《左传》总字数的0.10%。在这种原因构式中，共有"以"类a式136个，"用"类a式15个；"以"类b式30个，"用"类b式1个。

a式如：

(178) 晋以僖侯废司徒，宋以武公废司空，先君献、武废二山，是以大物不可以命。(《左传·桓公六年》)

(179) 楚子以蔡侯灭息，遂伐蔡。(《左传·庄公十四年》)

(180) 夫冰以风壮，而以风出。(《左传·昭公四年》)

(181) 且吾以玉贾罪，不亦锐乎？(《左传·昭公十六年》)

(182) 若之何其以病败君之大事也？(《左传·成公二年》)

(183) 楚人以是咎子重。(《左传·襄公三年》)

(184) 以此不和。(《左传·僖公十五年》)

(185) 以逸人入，其名曰牛，卒以馁死。(《左传·昭公五年》)

(186) 谓贾辛、司马乌为有力于王室，故举之；谓知徐吾、赵朝、韩固、魏戊，余子之不失职、能守业者也；其四人者，皆受县而后见于魏子，以贤举也。(《左传·昭公二十八年》)

(187) 而毛得以济侈于王都，不亡，何待？(《左传·昭公十八年》)

(188) 晋原轸曰："秦违蹇叔，而以贪勤民，天奉我也。"(《左传·僖公三十三年》)

(189) 范鞅以其亡也，怨栾氏，故与栾盈为公族大夫而不相能。(《左传·襄公二十一年》)

(190) 以陈、蔡之密迩于楚，而不敢贰焉，则敝邑之故也。(《左传·文公十七年》)

(191) 使楚公子茷告公曰："此战也，郤至实召寡君，以东师之未至也，与军帅之不具也，曰：'此必败，吾因奉孙周以事君。'"(《左传·成公十七年》)

(192) 以大国政令之无常，国家罢病，不虞荐至，无日不惕，岂敢忘职？(《左传·襄公二十二年》)

(193)《诗》云："君子屡盟，乱是用长"，无信也。(《左传·桓公十二年》)

(194) 子驷曰："《诗》云：'谋夫孔多，是用不集。发言盈庭，谁敢执其咎？如匪行迈谋，是用不得于道。'请从楚，騑也受其咎。"(《左传·襄公八年》)

(195) 诸侯备闻此言，斯是用痛心疾首，暱就寡人，寡人帅以听命，唯好是求。(《左传·成公十三年》)

(196) 用乱之故，民卒流亡。(《左传·昭公二十六年》)

工具宾语有时是一个从句。在这种情况下，这种原因构式可以看成是因果复句构式，"以""用"可以看成表示因果关系从句的连词。这种情况不在本章的讨论范围内，故不赘述。

b式如：

(197) 郑人相惊以伯有，曰："伯有至矣！"(《左传·昭公七年》)

(198) 今王乐忧，若卒以忧，不可谓终。(《左传·昭公十五年》)

(199) 辞以无山，与之莱、柞。(《左传·昭公七年》)

(200) 三年春，庄叔会诸侯之师伐沈，以其服于楚也。(《左传·文公三年》)

(201) 执莒公子务娄，以其通楚使也。(《左传·襄公十四年》)

(202) 鄫季姬来宁，公怒，止之，以鄫子之不朝也。(《左传·僖公十四年》)

"以""用"两种原因构式并用。如：

(203) 夏，郑杀申侯以说于齐，且用陈辕涛涂之谮也。(《左传·僖公七年》)

2) 广义处置构式：

    a. S+以+[O_1]+V+O_2
    b. S+V+O_2+以+O_1

在工具构式语法化的基础上，"以"式工具构式由于图式性、能产性的扩大，扩展到处置义语境。于是，它在语义上产生处置义，句法上发生重新分析，在频繁使用中产生"以"类广义处置构式。工具介词"以"则在此进一步虚化为处置标记（殷国光、龙国富、赵彤，2011）。

根据赵大明（2007）的研究，《左传》共有"以"类广义处置构式216例，占《左传》全部"以""用"构式数的5.88%，占《左传》全部字数的0.12%。其中"以"类a式157例，b式59例。

这种广义处置构式的受事宾语O_1可以是典型的具体实物，也可以是广义的抽象事物，如土地、人、国家等。这类广义处置构式有132例。

其中a式82例，如：

（204）郑伯之享王也，王以后之鞶鉴予之。（《左传·庄公二十一年》）

（205）及河，子犯以璧授公子。（《左传·僖公二十四年》）

（206）以郜大鼎赂公，齐、陈、郑皆有赂，故遂相宋公。（《左传·桓公二年》）

（207）以其田与祁奚。（《左传·成公八年》）

（208）夷吾无礼，余得请于帝矣，将以晋畀秦，秦将祀余。（《左传·僖公十年》）

（209）卫侯以国让父兄子弟及朝众，曰："苟能治之，燬请从焉。"（《左传·僖公十八年》）

（210）王命诸侯，名位不同，礼亦异数，不以礼假人。（《左传·庄公十八年》）

（211）我先王赖其利器用也，与其神明之后也，庸以元女大姬配胡公，而封诸陈，以备三恪。（《左传·襄公二十五年》）

（212）司城子罕以堵女父、尉翩、司齐与之。良司臣而逸之，托诸季武子，武子寘诸卞。（《左传·襄公十五年》）

（213）对曰："小人有母，皆尝小人之食矣；未尝君之羹，请以遗之。"（《左传·隐公元年》）

（214）季公若之姊为小邾夫人，生宋元夫人，生子，以妻季平子。（《左传·昭公二十五年》）

有的构成"以……为""以为"特殊句式,共161例。但不在此次研究范围之内,一律作为固定句式处理。如:

(215) 十四年春,西狩于大野,叔孙氏之车子鉏商获麟,以为不祥,以赐虞人。(《左传·哀公十四年》)

b式50例。如:

(216) 及宋,宋襄公赠之以马二十乘。(《左传·僖公二十三年》)
(217) 既,卫人赏之以邑,辞,请曲县、繁缨以朝。(《左传·成公二年》)
(218) 虞思于是妻之以二姚,而邑诸纶,有田一成,有众一旅。(《左传·哀公元年》)
(219) 郑人以子西、伯有、子产之故,纳赂于宋,以马四十乘与师茷、师慧。(《左传·襄公十五年》)

还有一类广义处置构式以更抽象的事物——言语为处置对象。谓语动词一般是言语动词,如"告、语、言、教、训"等。这种处置构式在"以"字处置构式中占相当的比例,共84例。

其中a式75例。如:

(220) 伯州犁以公卒告王;苗贲皇在晋侯之侧,亦以王卒告。(《左传·成公十六年》)
(221) 大夫问故,公以晋诟语之,且曰:"寡人辱社稷,其改卜嗣,寡人从焉。"(《左传·定公八年》)
(222) 子鲜不获命于敬姒,以公命与甯喜言,曰:"苟反,政由甯氏,祭则寡人。"(《左传·襄公二十六年》)
(223) 王使单平公对,曰:"肸以嘉命来告余一人,往谓叔父:余嘉乃成世,复尔禄次。"(《左传·哀公十六年》)
(224) 归而以告曰:"管夷吾治于高傒,使相可也。"(《左传·庄公九年》)
(225) 刘子归,以语王曰:"谚所谓老将知而耄及之者,其赵孟之谓乎!"(《左传·昭公元年》)
(226) 其子弗敢有,不敢以闻于君,私致诸子。(《左传·昭公七年》)
(227) 子羽不能对,归以语然明。(《左传·襄公二十四年》)

b式9例。如:

(228) 对曰:"告之以临民,教之以军旅,不共是惧,何故废乎?"(《左传·闵公二年》)

(229) 在军,无日不讨军实而申儆之于胜之不可保、纣之百克而卒无后,训之以若敖、蚡冒筚路蓝缕以启山林。(《左传·宣公十二年》)

(230) 秋七月,郑罕虎如晋,贺夫人,且告曰:"楚人日征敝邑,以不朝立王之故。"(《左传·昭公三年》)

(231) 三月丙午,入曹,数之以其不用僖负羁而乘轩者三百人也。(《左传·僖公二十八年》)

9.7 《史记》中的工具构式及相关构式统计数据

9.7.1 方式义连动兼语构式

方式义连动兼语构式为:$S(人、族)+V_1("以")+O_1(人、族)+V_2+[O_2]+[补语]$。

据张福德(1997)的研究,《史记》中共有这类方式义连动兼语构式112例,占《史记》全部"以"类构式总数(8,113个)的1.38%,占《史记》全部字数[572,864字,见李波(2006)]的0.02%。如:

(232) 越衍侯吴阳以其邑七百人反。(《史记·东越列传》)

(233) 十六年,文公以兵伐戎,戎败走。(《史记·秦本纪》)

(234) 十六年,堑河旁。以兵二万伐大荔,取其王城。(《史记·秦本纪》)

9.7.2 工具构式

《史记》中的工具构式为:

a. $S+以/用+[O_1]+V+O_2$(包括$S+O_1+以/用+V+O_2$)

b. $S+V+O_2+以+O_1$

"以/用"类工具构式在《史记》中的使用频率进一步提高。"以"式进一步占据优势;a式的频率进一步占据优势;工具构式的句法形式、语序更加固定;处置义的工具构式联接形式由"以"式扩展、类推到"用"式。

据张福德(1997)、张赪(2002)的研究,《史记》共有"以/用"类工具构式约2,693例,占《史记》全部"以""用"构式(8,730个)的30.85%,占《史记》全部字数的0.47%。其中,a式"以"式2,383例,"用"式40例;b式270例左右。

9.7.3　与工具构式相联接的构式

《史记》中,"以/用"类工具构式进一步巩固上古前期新的语境的扩展,呈现多义化的现象。但是,从频率上看,这些扩展的构式的使用频率在下降。

据张福德(1997)、张赪(2002)的研究,《史记》中"以"类原因构式共328例,占《史记》全部"以"类构式总数的4.04%,占《史记》全部字数的0.06%。

据张福德(1997)、张赪(2002)的研究,《史记》中"以/用"类广义处置构式共258例,占《史记》全部"以""用"构式总数的2.96%,占《史记》总字数的0.05%。其中"以"式257例,"用"式1例。

9.8　上古"以/用"类工具构式的语法化:构式语法化视角的阐释

9.8.1　词汇语法化研究角度的简要回顾

以往学者主要从动词自身语法化为介词的关注点来论述汉语工具范畴的形成和发展。

动词"以"语法化为工具介词"以"。甲骨文中,"以"是动词,意义为"率领""携带"。后来,动词"以"的语义泛化,表示"使用",支配的宾语也扩展到物品、抽象事物等。由此,动词"以"语法化为表示工具义的介词,并进一步语法化为各种连词(王力,1980,1989;郭锡良,1998;马贝加,2002;罗端,2009等)。

动词"用"语法化为工具介词"用"。"用"最早是"使用"义动词,后来在金文中出现两可分析,既可以分析为动词,又可以分析为介词。随后,语义泛化的动词"用"语法化为工具介词"用"。后来,介词"用"在与工具介词"以"的竞争中占优,并使用至今(赵诚,1993;冯春田,2000;马贝加,2002;武振玉,2009;陈红燕,2008等)。

而本章从构式语法化理论角度解释"以/用"类工具构式语法化。从整个构式及其实际语言使用环境的角度看,上古"以/用"类工具构式的语法化过程是一个"扩展""强化"的过程。

9.8.2　句法表层紧密度的强化

我们认为,上古"以/用"类工具构式的语法化过程遵循从句语法化的基本路径(Hopper & Traugott, 2003)。上古"以/用"类工具构式的语法化过程形成了小句结合的单向连续统斜坡(a cline of clause combining),可以初步分为三个阶段。如:

表9.1　上古汉语"以/用"类工具构式的微观构式的语法化斜坡

时间	甲骨文	金文、今文《尚书》	《左传》
句法演变过程	方式义连动兼语构式、同主语并列简单句	工具义连动构式/工具构式（两可分析）	工具构式
语法化阶段	并列结构	更紧密的并列结构	从属结构

在甲骨文中，工具构式尚未建立。但是存在作为工具构式之源的并列结构——方式义连动兼语构式（9.2.1）和具有工具义语用关联的几个意合的简单句（9.2.2和9.2.3）。例如："亚旁以羌"和"其御用"［见例（8）］分别是两个独立的谓语结构，分别表征有时间先后、暗含逻辑先后关系的两个事件。其语法化程度主要表现在六个方面：

（1）它们具有相对的独立性，互不隶属。

（2）它们都是核心成分，都能独立运用。

（3）它们具有最小的整体性，一般看成两个独立的句法结构，只是暗含隐约的工具、依据、凭借义——"以羌"似乎是"御用"的前提、凭借，"羌"似乎是"御"的工具。

（4）它们句法结构松散，具有9.2.2、9.2.3两种句法变换形式。这两种平行形式的分布概率大体相当，句法结构很不稳定。

（5）由于整体性差，句法结构松散，它们具有最大的显性连接（overt linking），即句法结构中常常需要添加副词、连词、助词、语气词等，以使语用意义和句子的意合关系得以充分表达。9.2.2和9.2.3节中的甲骨文中的构式，常常有这类小品词，如语气副词"其"。"其"可以用来表达将来时，指示前后谓语的递进的时间先后关系。

（6）它们的使用频率很低。

金文、今文《尚书》中发展出语法化程度更高的工具义连动构式。工具义连动构式是比甲骨文方式义连动兼语构式和同主语并列简单句的语法化程度更高的并列结构。严格地说，它们既可以分析为工具义连动构式，又可以分析为工具构式。也就是说，既可以分析为并列结构，又可以分析为从属结构，处于从句语法化阶段递进之临界过渡。保守起见，仍然作为连动构式处理。例如：例（46）"舀用兹金作朕文考弃白鯊牛鼎。""用兹金"和"作朕文考弃白鯊牛鼎"分别是连动构式的两个谓语结构，代表具有模糊的时间先后关系、较为明显的逻辑先后关系的两个事件。语法化程度主要表现在六个方面：

（1）它们具有相对的独立性，互不隶属，但是比甲骨文的同主语并列简单句更加有相互依赖性。

(2) 它们都是核心成分，都能独立运用。

(3) 它们具有一定的整体性，一般看成两个独立的句法结构，但是含有较为明显的工具、依据、凭借的构式义——"用兹金"是"作朕文考弃白齍牛鼎"的前提、凭借，"兹金"是"作朕文考弃白齍牛鼎"的材料和工具。

(4) 它们的句法结构相对甲骨文而言更加紧密，具有9.3.2/9.5.2、9.4/9.5.3两种句法变换形式。这两种平行形式的分布概率大体相当，句法结构很不稳定。9.4/9.5.3式还具有工具成分前置和后置、工具宾语前置和后置等多种语用变换形式。工具义连动构式的工具成分中的引导动词为"用""以"，交替不定，且"用"占优势，句法结构灵活。

(5) 由于整体性较强，句法结构较为紧密，工具构式义较为明显，它们具有较小的显性连接，句法结构上一般不需要添加副词、连词、助词、语气词等，也能使语用意义和句子的意合关系得以充分表达。

(6) 它们的使用频率较高。

至《左传》中，工具义连动构式通过重新分析发展为工具构式。之所以判断《左传》的工具义连动构式进入重新分析阶段，主要是基于两个显性标志。一是《左传》工具义连动构式的使用频率在绝对数量和概率分布上相比前代都有了大幅提高。二是在句法结构上，大量工具宾语扩展到人物，使得句法表层发生不可逆转的重新解读。在《左传》之前的甲骨文、金文、今文《尚书》的同主语并列简单句或连动构式中，一般是动词"以"后带人物类宾语。这些构式是有工具语用义的同主语并列简单句(9.2.2、9.2.3)，或是方式义连动兼语构式(9.2.1、9.3.1、9.5.1、9.6.1、9.7.1，下文简称"五类方式义连动兼语构式")，或是偕同义连动兼语构式[例(20)至例(22)]。工具义连动构式主要由同主语并列简单句类推扩展而来，工具宾语已从生命范畴类推到非生命范畴，所以，甲骨文、金文、今文《尚书》中，极少见到由人物充当工具宾语。如果由人物充当"以"的宾语，一般该构式属于"五类方式义连动兼语构式"；"以"为"率领"义动词，表示独立的事件。然而，《左传》"以"类工具构式中出现了大量人物名词做工具宾语。如例(131)至例(136)。依据语境和语义，这些"以"不表示"率领"义，不能构成单独的事件。所以，它们只能分析成状语成分，再也不能同时分析为前代的工具义连动构式。也即，这类《左传》"以"类构式已经重新分析为工具构式。《左传》的工具构式是从属结构，处于从句语法化连续统的最右端，从句语法化程度最高。例如：例(108)"以戈逐子犯"，"以戈"是工具状语、工具成分，"逐子犯"是谓语核心成分。"以戈逐子犯"是简单句，只表示一个需要借助工具来完成动作的事件，不表示两个事件。语法化程度主要表现在六方面：

(1) 工具成分具有完全依赖性，完全不能独立使用。

(2) 谓语核心成分是核心成分，工具成分是边缘成分。边缘成分不能独立运用，只能依附于核心成分而存在。

(3) 它们具有最大的整体性，是一个独立的句法结构，含有凝固、抽象的工具、依据、凭借的构式义——"以戈"肯定是"逐子犯"的前提、凭借，"戈"肯定是"逐子犯"的材料和工具。

(4) 它们句法结构紧密。虽然具有9.6.2、9.6.3两种句法变换形式，9.6.3式还具有工具成分前置和后置、工具宾语前置和后置等多种语用变换形式，但是，9.6.3式的工具成分前置类工具构式已经开始占据主要的分布类型。句法组合结构更加稳定。这种主要分布类型在上古后期的《史记》阶段扩大了更大优势，占据"以/用"类工具构式架构中的主导地位。它也成为汉语工具构式的最典型成员，影响到中古、近代、现代汉语的工具构式的语法化。另外，"以"作为引导工具宾语的工具构式成分比"用"明显更占据竞争优势，成为比较固定的工具构式句法成分。"用"的工具介词用法在当时几乎被淘汰。句法聚合结构更加稳定。

(5) 由于整体性强，句法结构紧密而不可分解，工具构式义独特、明显、凝固。它们具有最小的显性连接，句法结构上不允许添加副词、连词、助词、语气词等小品词，以申明前后成分没有时间先后关系，以避免破坏形式与意义的严格对应关系，以使工具构式义通过特定凝固的结构得以显著表达。

(6) 它们的使用频率很高。

到了《史记》，"以/用"构式的语法化程度更高了，突出表现为句法结构进一步紧密以及频率进一步提高。这里不再详述。

以上对上古工具构式的语法化过程进行了简略概述。概括起来，主要有三个阶段。甲骨文为第一阶段，带有工具、方式语境意义和句间关系的并列结构简单句和连动兼语构式出现。金文、今文《尚书》为第二阶段，并列结构简单句更加紧密，构式义更加明确和抽象、泛化，出现工具义连动构式，既有并列结构特征，又有从属结构的性质。《左传》为第三阶段，工具义连动构式重新分析为工具构式，完全具有从属结构的特征。《左传》之后，工具构式又进一步紧密、凝固和频繁使用，巩固了语法化成果。然而，上古汉语工具构式的语法化（不直接涉及本章中的因果复句构式）并没有经历语法化阶段模式中"主从结构"（hypotaxis）这一阶段。

9.8.3 构式语法化视角

下面结合构式语法化理论，简单归纳上古工具构式语法化过程中的若干重要扩展、强化特征。

特劳格特（2009）从语法化角度观察了英语NP_1 of NP_2语法化的过程，概括出其语法化的若干重要特征。我们借鉴这一成果来观察上古汉语工具构式的语法化过程，以下几条比较明显：

从可以自由选择谓语动词到在动词选择上有很大限制。在甲骨文的9.2.1式中，方式义连动兼语构式的第一谓语动词可以是"以"，也可以是"共""比"等动词，这些动词可以自由替换，不受句法约束。但是，在语法化程度更高的工具义连动构式和工具构式中，充当工具、方式、凭借、依据的成分的引导词只能是"以"或"用"两个，可选成分有极大限制。

连动构式和并列句都有两个核心，工具构式中，工具成分丧失独立地位，成为状语。以"以"式为例，即（[ ]表示核心谓语）：

（235）$[以+O_1][V+O_2]$ > $以+O_1+[V+O_2]$ 或
$[V+O_2][以+O_1]$ > $[V+O_2]+以+O_1$

形式上更加缩减、紧凑。连动构式和同主语并列简单句在两个谓语动词间可以插入其他小品词，工具构式一般不在工具状语和核心谓语间添加其他成分。另外，张赪（2002）认为，中心成分较为简单（如O_2是单音节名词或代词）时，"以+工具"常常放在谓语之后。中心成分较为复杂和冗长时，"以+工具"常常放在谓语之前。换句话说，引导成分"以"和谓语核心有一种靠近、吸引的趋势。这也可以解释为在语法化过程中，形式更为缩减、紧凑。

可分解性逐渐消失。工具构式中，"以/用"不能再被分析为动词，而只能分析为介词。工具构式不能再被分解为两个独立的谓语。工具成分语义相当不完整，不能通过工具成分预测它完整的语义。

功能发生改变。连动构式中，工具成分的功能是做谓语核心。工具构式中，工具成分的功能是做状语，用来修饰谓语核心。

作为主体词的工具宾语从由具体的、实物的体词充当，扩展到由表示精神、时间、空间的体词或者是表示动作、事件、状态的谓词充当。与此同时，构式意义的语法程度也同步加深，也就是"泛化"（generalization）或"漂白"（bleaching）。例如，在金文9.4.3式中，工具义连动构式的工具宾语可以是具体实物，这时构式义为"拿着工具"，较为具体。工具宾语还扩展到抽象名词、精神、空间，这时构式意义泛化为较为抽象的"凭借、靠着、依据"，当工具宾语扩展到时间名词时，构式义进一步抽象为"按照、遵循、在"。当工具宾语扩展到表示事件、状态的动词、形容词时，工具义连动构式的构式义虚化为更加抽象、空灵的"因为"。构式义的泛化是构式句法表层发生演变的促成因素之一。金文、今文《尚书》的工具义连动构式的构式义的泛化不仅促成了工具义连动构式句法表层在《左传》中的根本变化，也推动了《左传》的工具构式类推创新而分化出广义处置构式、原因构式等（见9.6.4节）。

语义、语用的扩展。由工具义连动构式转变为工具构式或广义处置构式或原因构式，进一步转变为因果复句构式。使用语境上，甲骨文中，方式义连动兼语构式和同主语并列简单句限于祭祀和军事语境。金文和今文《尚书》中，工具义连动构式的语境扩展到政令、文书等，但是仍然限于比较正式、官方的场合。《左传》中，工具构式、广义处置构式和原因构式、因果复句构式的语境扩展到社会生活、生产等诸多层面。

新旧意义和用法同时并存，也就是形成了语法化的共时"层次"。在构式意义上，每一个阶段的工具构式、工具义连动构式都具有多义性，多个构式意义并存。在语法上，方式义连动兼语构式作为工具构式的语法化源结构在金文中与工具义连动构式并存，在《左传》和《史记》中又与进一步语法化的工具构式并存。方式义连动兼语构式和工具构式在《左传》中还都与由工具构式进一步发展出的广义处置构式、原因构式等构式并存，形成构式联接网络。但是，通过统计可以看出，作为工具构式旧用法的方式义连动兼语构式的使用频率逐渐下降。

9.8.4　工具构式语法化的扩展、强化过程

本小节将从构式语法角度全方位解释上古"以/用"类工具构式语法化的扩展、强化过程。

构式语法关注共时层面，语法化理论关注历时层面，所以，构式语法化的研究，共时、历时不能偏废。生成语法坚持句法对意义所具有的话语权，认知语法则认为句法来自意义，构式语法认为语言的形式和意义是对等的，所以，在构式语法化的研究中，形式、意义也不能偏废。我们试着对上古汉语"以/用"类工具构式的发展作一个多维度的总结概括。本节从三个维度看"以/用"工具构式的历时变化。

首先，我们考察工具类中介构式的语法层次的历时变化。

从整体句法结构的层次看，甲骨文中是方式义连动兼语构式和同主语并列简单句。金文和今文《尚书》中是工具义连动构式。《左传》中是工具构式。

从O_1的扩展的层次看，甲骨文中是：人>羌>动物。金文和今文《尚书》中是：无生命的实物>抽象物体>精神>行为方式>空间。《左传》中是：人>无生命的实物>抽象物体>精神>行为方式>空间。

从工具成分的位置看，甲骨文中是工具成分前置和后置数量相当。金文和今

文《尚书》中也是数量相当。《左传》开始,前置明显多于后置。

从构式的多义性层次看:甲骨文中是隐含的方式义。金文和今文《尚书》中是方式义和泛化的凭借、依据、原因等构式义(统称工具义)。《左传》中除了拥有以上构式义并更加明确、凝固外,又从工具构式产生出处置义。

从构式的象似性层次看:甲骨文中的方式义连动兼语构式和同主语并列简单句的核心谓语间的关系主要是时间先后关系,暗含逻辑先后关系(方式-目的)。金文和今文《尚书》中的工具义连动构式的两个核心谓语间的时间先后关系被模糊了,在此基础上还推理出较为明显的逻辑先后关系,即先发生的事件是后发生的事件的方式、凭借、依据、原因等。《左传》中,工具构式的工具状语和核心谓语之间不具有时间先后关系,但是具有比金文和今文《尚书》的工具义连动构式更强的这种逻辑先后关系。

从构式的主观性层次看:甲骨文中的方式义连动兼语构式和同主语并列简单句的主观性最弱,几乎是客观叙述发生的两个事件。金文和今文《尚书》中的工具义连动构式的主观性明显加强,表现了说话人的认识情态(epistemic modality)(沈家煊,2001)。两可分析的"以/用"类连动构式包含了较为明显的说话人对先后发生的两个事件的逻辑关联的主观判断。《左传》中,工具构式的这种主观性更强,表现为句式更加紧凑、紧缩。

从应用环境层次看:甲骨文中是限于祭祀、军事语境。并且,语境并没有明显的工具义,但含有隐约的方式义。金文和今文《尚书》中的语境由祭祀、军事扩展到政令等正式场合,并且语境隐含有泛化、抽象的工具义。《左传》中的语境除了上述语境外,还扩展到带有抽象工具义的农业生产、社会生活等一般民间场合。

语法层次的划分既能为"以/用"类工具构式语法化的阶段划分提供更加有力的依据,也能使我们更明确地认识构式语法化的表层和深层的各种变化和相互作用,有利于还原出历时构式发展的多棱式面貌,也可以说明"以/用"类工具构式发展与语境、认知的密切关系。

例如,构式的意义与形式密切地互动发展。特劳格特(2008)认为,语法化和构式语法都是要解决"形式语义对"的问题。所以,语法研究要顾及形式与意义的相互作用关系,历时构式语法化研究则需要重点关注句法形式和句式意义交替竞争式的角逐发展,以适应形式、语义相配的动态平衡。结合语法化理论和上述的多层次分析,可以观察到"以/用"类工具构式的形式与意义变化的相互推动。甲骨文的连动构式和同主语并列简单句没有泛化:意义较实在,构式没有多义性。金文和今文《尚书》中,工具义连动构式的语义已经泛化。泛化包括形式的多义性的增加,也包括形式从具体的实词意义扩展到抽象的语法意义,或者从虚化的语法意义发展到更虚化的语法意义（Hopper & Traugott, 2003）。泛化是形式语法化前的重要特征之一。金文和今文《尚书》中的工具义连动构式既能表示具体的工具、方式语法意义，又能表示凭借、依据、原因等抽象、广义的工具语法意义。构式语义的变化使得构式的句法形式不得不发生变化，以适应构式的"形式与意义相匹配"的原则。于是，《左传》中，工具义连动构式重新分析为工具构式。与此同时，《左传》在工具构式的泛化继续存在的情况下，又扩展了语境，泛化出处置义，产生出广义处置构式等新构式。可见，在语境作用下，构式形式、意义之间存在紧密而交替跟进的关系。

其次，我们再考察工具类中介构式的下级微观构式间的关系的历时变化。

把各个共时层面综合起来看，历时上的微观构式存在此消彼长的竞争、淘汰关系。甲骨文只有"以"类方式义连动兼语构式和同主语并列简单句，没有"用"类连动构式。金文和今文《尚书》是"用"类工具义连动构式明显占优势，多于"以"类工具义连动构式。《左传》则是"以"类工具构式占据优势，明显比"用"类工具构式使用频繁。

最后，考察中介构式之间共时承继联接关系的历时变化。

从工具类构式承继联接的历时发展维度看，甲骨文的联接比较简单，后来构式联接逐渐增多并且复杂化。

《左传》的"以/用"类中介工具构式与其他相关构式的共时承继联接关系呈现非常多样化的情况。首先，9.6.2式、9.6.3式都是内部具有多义联接的构式。这两式可以表示具体的工具、方式语法意义，又能表示扩展了的凭借、依据等抽象、广义的工具语法意义。具体的工具、方式语法意义是中心意义，每一个扩展都通过某个特定类型的多义联接与中心意义相联（Goldberg, 1995）。其次，9.6.2式是9.6.3式的子部分联接。9.6.3式是典型的、完整的工具构式，其构式意义可以简略表述为：

（236）sem USE-DO <**agent**, instrument, **patient**>

该工具构式义中，施事格agent和受事格patient是被"侧重"的论元角色，加粗以示必须在句法表层中被表达出来。它们在句法表层中分别与主语和直接宾语对应融合。工具格instrument不是被侧重的论元角色，在句法表层中表达为介词宾语，受工具标记引导。而9.6.2式是省略工具宾语的工具构式，构式义可以简略表述为：

（237）sem USE-DO <**agent, patient**>

该工具构式义中，施事格agent和受事格patient是被"侧重"的论元角色，加粗以示必须在句法表层中被表达出来。它们在句法表层中分别与主语和直接宾语对应融合。工具格instrument被"遮蔽"而隐去，在句法表层中不被表达。比较（236）、（237）可以发现，（236）是比（237）更加完整的表述，（237）是（236）的一个子部分并且可以独立存在。所以，（237）所在的工具构式（即9.6.2式）是（236）所在的工具构式（即9.6.3式）的子部分联接。再次，9.6.4中的原因构式是9.6.3式的隐喻扩展联接。构式的原因义是由构式的抽象的工具、凭借、依据义进一步扩展到"状态、性质"认知域而产生的。所以，原因构式是工具构式的隐喻扩展联接。

值得注意的是，以上《左传》中的构式承继联接的分析虽然主要是基于共时的构式语义，但是却兼顾相关构式的历时渊源关系。

9.8.5 构式语法化的三个本质特征

上古汉语工具构式的语法化符合构式语法化的三个本质特征。

构式图式性增强。甲骨文中，充当方式义连动兼语构式和同主语并列简单句的只有"以"类微观构式。这时，工具构式并没有产生，构式图式性也很差，构式太具体，没有普遍性。金文和今文《尚书》中，"用"类微观构式产生。充当工具义连动构式的是"用"类微观构式和"以"类微观构式，图式性得以明显增强。此时微观构式数量和频率的增长也促使构式进一步泛化。连动构式语义泛化、语境扩展，适用到一般性的正式场合，用途更广泛。由此，构式普遍性、图式性明显增强。《左传》中，工具义连动构式重新分析为工具构式。用例更多，频率更大，工具宾语类型更加扩展，语境也扩展到社会生活，广义工具构式类型更加稳定，微观构式的图式性增强。另外需注意三点：

（1）中介构式与微观构式是相辅相成、辩证发展的。

（2）"以/用"类工具构式的图式性的逐步加强是在多个方面进行的。聚合变化的巩固包括语法层次（句法、形态、语义、语音、篇章等）追随高层构式的力度（特劳格特，2008）。历时句法的巩固包括微观构式的类型的交替、主体词（主要是工具宾语）的扩展、语境的扩展和使用频率的增加。

（3）在图式性加强的渐进过程中，类推扮演了重要角色。

构式能产性增强。工具类构式的工具宾语从甲骨文到《左传》，其类型和实例的频率都有很大上升。频率的上升说明，该构式允准新用法进入构式的范围一直在扩大，即能产性增强。类型频率的扩大遵循类推的认知规律。例如，工具宾语的类型一般是按照"人>物>事>空间>时间>状态、性质"的方向由实到虚地扩展认知域。与此同时，工具构式的语法功能也随着认知域的类推而更加虚化，产生新的用法。

构式的难分解性变强。语法化前,方式义连动兼语构式和同主语并列简单句中,组成成分的可分解性大,每一个谓语核心成分都有独立的、可预测的语义。如例(2)中,核心谓语"以众人""步"都是完整的"形式意义对",形式完整,语义也完整,能独立运用。但是,语法化为工具构式后,工具成分依赖性大,形式虽然仍然完整,但是意义却不完整,不构成完整的"形式意义对",不能据完整的形式预测完整的意义,成分的可分解性变低。如,在例(108)"以戈逐子犯"中,"以戈"是方式状语,虽然形式仍然完整,但是,其语义却并不完整。因此,工具构式组成成分的可分解性变低。

9.9 结 语

综上,我们可以初步得出以下结论:

首先,以往所认为的工具介词"以""用"的语法化,其实只是上古汉语中某一个工具构式语法化的两个"副产品"和构式边缘的两个不重要的表现。在整个语言使用环境的背景下,汉语表达工具范畴的语法化手段主要不是创造工具介词,而是创造工具构式。关注工具范畴语法化的焦点不应是工具标记,而应是具体语境中的工具构式。

其次,不同于以往认为的工具介词"以""用"语法化的窄化(narrowing)、虚化(weakening)、边缘化(marginalized)、非范畴化(decategorialization)(Hopper & Traugott, 2003)效应,工具构式语法化主要表现为扩展、强化效应。工具介词语法化的窄化、虚化、边缘化、非范畴化效应是工具构式语法化的扩展、强化效应导致的,只是工具构式语法化的扩展、强化效应中某些具体指标的实现方式之一,总之,只是凸显工具构式的一种陪衬。具体来说,工具构式语法化的扩展效应的指标包括同构项类型、频率、语用环境、构式义等多个层次。工具构式语法化的强化效应的指标包括句法表层的紧凑精密性、语序固定性、工具语用义、主观性、难分解性、能产性、普遍性(即图式性、抽象性)等多个层次(详见9.8节)。工具介词"以""用"的语法化只有在具体语境背景下的工具构式扩展、强化式语法化这一大环境中才能得到比较圆满的解释。

再次,工具介词"以""用"的语法化和上古工具构式的语法化是双方互动的结果:没有"以""用"自身动词语义的特点,动词"以""用"难以进入构式经历语法化。但是,一旦它们自身符合条件进入构式,就必然受到构式语法化的强大影响(但没有构式的压制)而"被语法化";工具介词"以""用"的语法化与上古工具构式语法化同步进行,是上古工具构式语法化的一个必不可少的组成部分。

第10章 中古汉语"持/取/将/捉/把"类工具构式语法化

10.1 引言

本章讨论"持/取/将/捉/把"类工具构式的语法化过程。"持/取/将/捉/把"类工具构式是已经被现代汉语淘汰的汉语工具构式,生命期集中在东汉到元代时期。10.2节讨论"持"类微观工具构式的总体发展情况。10.3节聚焦"取"类微观工具构式的发展。10.4节讨论"将"类微观工具构式的发展。10.5节讨论"捉"类微观工具构式的发展。10.6节讨论"把"类微观工具构式的发展。10.7节讨论"持/取/将/捉/把"类工具构式发展概貌。10.8节从构式语法化角度解释"持/取/将/捉/把"类工具构式的语法化。10.9节为结语。

10.2 "持"类微观工具构式的发展

构式:持+O_1+V+O_2

西汉时期,"持"类工具构式尚未产生,但是,已经存在带有方式、凭借意义的"持"类连动构式和同主语并列简单句。它们是"持"类工具构式的语法化来源。如:

(1) 里中持羊酒贺两家。(《史记·韩信卢绾列传》)

(2) 秋,使者从关东夜过华阴平舒道,有人持璧遮使者曰……(《史记·秦始皇本纪》)

(3) 道右掌前道车,王出入,则持马陪乘,如齐车之仪。(《周礼·夏官》)

(4) 乃令骑皆下马步行，持短兵接战。(《史记·项羽本纪》)

(5) 今臣出，道路皆言陶之富人朱公之子杀人囚楚，其家多持金钱赂王左右，故王非能恤楚国而赦，乃以朱公子故也。(《史记·越王勾践世家》)

(6) 宦者贾举遮公从官而入，闭门，崔杼之徒持兵从中起。(《史记·齐太公世家》)

《史记》中有的"持"类构式是兼有工具义和处置义的"持"类连动构式。如：

(7) 我持白璧一双，欲献项王。(《史记·项羽本纪》)

以上各种"持"类构式，"持"的对象都是可以持握的具体物品，常见的是兵器、礼品。"持"在句中是具体的动作、事件。"持"类连动构式代表前后发生的两个事件，"持"事件为后一事件提供工具、方式、前提。这些语境都含有方式、工具的情景意义。"持"类工具构式在这样的工具义语境中从连动构式发展而来。

东汉时期，"持"类微观工具构式已经形成。最早且最常出现在东汉译经的宗教语境中，非佛经文献中少见。如(张赪，2002)：

(8) 譬如有人，持器取水。一器完牢，二者穿坏。若用受水，完者恒满，穿者漏尽。(《中本起经·卷下》)

该例"持器取水"与工具构式"若用受水"对举，可见句法结构相似。又如：

(9) 持手举一佛境界。(《道行般若经·卷九》)

判断这一时期的"持"类构式是工具构式的另一标准是工具宾语是否可持握，若为不可持拿的物品、精神，则说明构式语义已经泛化，工具构式形成。该时期工具构式可以带抽象的工具宾语。如：

(10) 汝持吾声问讯瞿昙。(《中本起经·卷下》)

(11) 故谏之为言间也，持善间恶，必谓之一乱。(《论衡·谴告》)

(12) 是如有持慧意观。(《长阿含十报法经·卷上》)

(13) 当以色痛痒思想生死识解慧乎？持是身解耶？(《道行般若经·卷六》)

(14) 持是功德，欲作所求，其智自然。(《道行般若经·卷三》)

(15) 正使余道人信佛，信佛已，反持小道入佛道中。(《道行般若经·卷一》)

(16) 譬如万川四流皆归于海，合为一味，菩萨如是，持若干种行合会功德。

(《佛说遗日摩尼宝经》)

(17) 譬如树荫却雨，菩萨如是持极大慈雨于经道。(《佛说遗日摩尼宝经》)

但是，"持"类工具构式的适用面窄，扩展少，普遍性差，语法化程度很低。据张赪(2002)的研究可知，"持"类工具构式几乎只见于佛经文献中，语境限于宗教。这严重影响了"持"类工具构式的竞争力。张赪(2002)的研究表明，东汉的佛经文献中，"持"类工具构式的频率是"以/用"类工具构式的0.4倍，尚且不占优势；在非佛经文献中，"持"类工具构式的频率只相当于"以/用"类工具构式的0.0041倍。

魏晋南北朝时期，"持"类工具构式的发展已经停滞了，用例很少。如(张赪，2002)：

(18) 受之已讫，授与阿难语言："持此涂污我房。"(《贤愚经·卷三》)
(19) 真长见其装束单急，问："老贼欲持此何作？"(《世说新语·排调》)
(20) 持我供养舍利弗目连功德因缘，生此旷野中。(《杂宝藏经·卷八》)

据张赪(2002)，"持"类工具构式在魏晋南北朝的佛经文献和非佛经文献中都非常少见了，佛经文献7例，非佛经文献只有1例。"以/用"类工具构式在佛经和非佛经中都占据了绝对主导的地位。六朝以后，"持"类工具构式就几乎完全消失了。

10.3 "取"类微观工具构式的发展

构式：取+O_1+V+O_2

上古到东汉时期，就产生了"取"类方式义连动构式和同主语并列简单句。它们是"取"类工具构式的来源。但是"取"类构式的宾语类型可以是"收成、禾、师、人、兵器"等，类型还是比较少。如：

(21) 诸侯之师败郑徒兵，取其禾而还。(《左传·隐公四年》)
(22) 冬，楚斗榖於菟帅师伐随，取成而还。(《左传·僖公二十年》)
(23) 囚呼，莱驹失戈，狼瞫取戈以斩囚，禽之以从公乘，遂以为右。(《左传·文公二年》)

东汉，"取"类连动构式和同主语并列简单句扩展了宾语，扩大了使用范围。如：

(24) 孔子曰："取书来，比至日中何事乎？"（《论衡·别通》）

(25) 譬若大海中有故坏船不补治之，便推著水中取财物置其中，欲乘有所至，知是船终不能至，便中道坏亡散财物。（《道行般若经·卷五》）

(26) 或取好土作丸卖之，于弹外不可以御寇，内不足以禁鼠。（《潜夫论·第十二》）

东汉另一种"取"类方式义连动构式更多，可以看成"取"类处置构式的来源。如：

(27) 夫能论筋力以见比类者，则能取文力之人，立之朝庭。（《论衡·效力》）

(28) 皇帝闻之，令御史逐问，莫服，尽取石旁人诛之。（《论衡·语增》）

(29) 伯奇入园，后母阴取蜂十数置单衣中，过伯奇边曰："蜂螫我。"伯奇就衣中取蜂杀之。（《后汉书·黄琼传》注引《说苑》）

以上各例，动词"取"都是前一动词，代表的事件、动作为后一动词代表的事件、动作提供方式、前提、工具。当特定语境突出强调后一动词的事件、动作时，工具构式、处置构式就可能因为连动构式的重新分析而产生。

魏晋时期，"取"类工具构式和处置构式都产生了。工具构式如（曹广顺、龙国富，2005）：

(30) 若有众生兴起此念，当拔济饶益此人，取四大海水，高四十肘，浇灌其身。（《增壹阿含经·卷四十八》）

(31) 设有众生愍念斯人，取一大海水浇灌其身，然彼海水寻时消尽，火终不灭。（同上）

但是，"取"类工具构式语法化程度不够高，存在时间短。唐代，除了"取"类处置构式继续存在以外，"取"类工具构式已经被淘汰了。

10.4 "将"类微观工具构式的发展

构式：将+O_1+V+[O_2]

上古汉语中，"将"类方式义连动构式、同主语并列简单句就已经产生了。与甲骨文的"以"类连动构式的"以"的宾语一样，动词"将"的宾语主要是人。如：

(32) 郑伯将王自圉门入。（《左传·庄公二十一年》）

(33) 十六年，公作二军。公将上军，太子申生将下军以伐霍。(《国语·晋语一》)

(34) 赵襄子最怨知伯，而将其头以为饮器。(《战国策·赵策》)

动词"将"为带领、携带、持拿义，位于连动构式第一动词位，它代表的事件、动作为后一动词代表的事件、动作提供方式、前提、工具。当特定语境突出强调后一动词的事件、动作时，工具构式就可能因为连动构式的重新分析而产生。"将"的宾语不仅是上述的人，也可以是抽象名词。如：

(35) 故非有一人之道也，直将巧繁拜请而畏事之。(《荀子·富国》)

(36) 苏秦始将连横说秦惠王。(《战国策·秦策》)

以上两例，"将"接抽象的精神类名词。所以，连动构式的语义已经泛化，表示一种更加抽象的"凭借"义，构式的语法化程度也更深。

魏晋之际，"将"类连动构式、同主语并列简单句仍然没有发展为"将"类工具构式。"将"的宾语仍然主要是人、生命物。如：

(37) 孙盛为庾公记室参军，从猎，将其二儿俱行。(《世说新语·言语》)

(38) 陈太丘诣荀朗陵，贫俭无仆役，乃使元方将车，季方持杖后从。(《世说新语·德行》)

(39) 王武子因其上直，率将少年能食之者，持斧诣园，饱共啖毕。(《世说新语·俭啬》)

(40) 将一大牛，肥盛有力，卖与此城中人。(《生经·卷四》)

(41) 我便命终，即将愚人付一大臣。(《摩诃僧祇律·卷三》)

六朝时，"将"类连动构式处于既能被分析为连动构式又能被分析为工具构式的过渡阶段。"将"的宾语开始扩展到无生命的具体物品，但是"将"仍然可以被看成一个实际的动作、事件。但是，过渡阶段的"将"类连动构式数量还十分少。如(蒋绍愚，2005)：

(42) 雁持一足倚，猿将两臂飞。(庾信《和宇文内史春日游山诗》)

(43) 奴以斧斫我背，将帽塞口。(颜之推《还冤志》)

(44) 唯将角枕卧，自影啼妆久。(江总《妇病行》)

初唐，"将"类连动构式的宾语扩展到抽象事物，"将"类工具构式因连动构式的重新分析而产生。"将"类工具构式在初唐、中唐时期缓慢发展，用例仍然很少。据田春来（2007）的统计，初唐、中唐的文献《王梵志诗》《寒山子诗集》《游仙窟》《六祖坛经》《入唐求法巡礼行记》中，总共只有"将"类工具构式16例。初唐和中唐的例子如：

(45) 得官何须喜，失职何须忧。不可将财觅，不可智力求。（《王梵志诗》）
(46) 巧将衣障口，能用被遮身。（《游仙窟》）

到了晚唐、五代，"将"类工具构式的使用频率才有了重大的飞跃，达到"将"类工具构式的顶峰。在《敦煌变文集》《祖堂集》中，共有"将"类工具构式121例。如：

(47) 元是龙王于江海中，将身引此水。（《近代汉语语法资料汇编·唐五代卷》）
(48) 勤心学，近藜林，莫将病眼认花针。（《祖堂集·卷十四》）
(49) 他若识痛痒，便将布袋盛米供养他。（《祖堂集·卷十六》）
(50) 何以却将拳打他。（《祖堂集·卷十九》）
(51) 若将井水溉田园，枉费人心难见长。（《敦煌变文集·妙法莲华经讲经文二》）
(52) 或用醍醐浇浸，或将甘露调和。（《敦煌变文集·妙法莲华经讲经文三》）

宋代开始，"将"类工具构式的使用频率逐渐下降。从频率的角度上说，该构式走向衰落。田春来（2007）的统计表明，至少有两个频率事实说明"将"类工具构式的这种衰落。第一，宋元时代开始，"将"类处置构式的频率与"将"类工具构式的频率越拉越大。唐五代时期，虽然"将"类处置构式的频率比"将"类工具构式的频率略占优势，但是"将"类处置构式的频率与"将"类工具构式的频率的比例基本上维持在1.2:1。到了宋元时代，这一比例扩大到3.6:1。到了明代，这一频率比例进一步扩大到5:1。第二，"把"类工具构式虽然比"将"类工具构式产生晚，在明代以前，前者的使用频率也一直比后者低，但是，从明代开始，"把"类工具构式的使用频率首次超越"将"类工具构式。总之，元代以后，"将"类工具构式就已经不再是常用的工具构式。

现代汉语中，"将"类工具构式已经完全消失。其语法化成果，仅发生词汇化而保留在少数成语中，如"将功赎罪""恩将仇报""将心比心"等。

10.5 "捉"类微观工具构式的发展

构式: 捉+O$_1$+V+O$_2$

魏晋南北朝时期,"捉"类工具构式还没有产生。但是与"捉"类工具构式密切相关的"捉"类方式义连动构式和同主语并列简单句却已经出现。如:

(53) 康法畅造庾公,捉麈尾至彼。(裴启《裴子语林》,据《太平御览》引文)

(54) 捉法兴手,举著头上曰:"好菩萨,从天人中来?"(王琰《冥祥记》,据《法苑珠林》引文)

(55) 取盐著两鼻中,各如鸡子黄许大。捉鼻,令马眼中泪出,乃出,良矣。(《齐民要术·卷六》)

但是,魏晋南北朝时期,"捉"类连动构式的语义已经泛化。有些连动构式可以两可分析:一方面可以分析为"捉"类连动构式,另一方面可以分析为"捉"类工具构式。这些构式实际上是"捉"类连动构式语法化为工具构式的过渡阶段。如:

(56) 伊便能捉杖打人,不易。(《世说新语·方正》)

(57) 时诸捕鱼人捉网捕鱼。(《摩诃僧祇律·卷十四》)

(58) 捉手牵之。(《摩诃僧祇律·卷二十二》)

唐代初年,"捉"类连动构式重新分析为"捉"类工具构式,不可以同时分析为连动构式了。如(吴福祥,1996):

(59) 天地捉秤量,鬼神用斗斛。(《王梵志诗》)

同时,由"捉"类连动构式重新分析为"捉"类处置构式。如:

(60) 凡夫真可怜,未达宿因缘。漫将愁自缚,浪捉寸心悬。(《王梵志诗》)

"捉"类工具构式与"持"类、"取"类工具构式一样,频率很低,缺乏充分的类推扩展。"捉"类工具构式的语法化程度很低,语法化的图式成果难以巩固。据吴福祥(1996)研究,唐代,"捉"类工具构式一般只限于《王梵志诗》和《敦煌变文集》等少数敦煌口语文献,而且用例少。如:

(61) 即捉剑斩昭王,作其百段,掷著江中。(《敦煌变文集·伍子胥变文》)

(62) 其妻即依夫语,捉被覆之而去。(敦煌本《搜神记》)

唐代以后,"捉"类工具构式就几乎已经消失了,仅保留在方言中。明代的吴方言中保留了"捉"类工具构式。如(蒋冀骋,2003):

(63) 百计千方哄得姐走来,临时上又只捉手推开。(《山歌·推》)
(64) 新做头巾插朵花,姐儿看见就捉手来拿。(《山歌·贪花》)
(65) 贪花阿姐再捉手来拿。(同上)
(66) 尽弗消得老鹳跌倒,只捉嘴来撑。(《山歌·鱼船妇打生人相骂》)

另外,在明代,"捉"类工具构式还残留在固定搭配中。如(田春来,2007):

(67) 身边铜钱又无,吃了却捉甚么还他?(《警世通言·卷六》)
(68) 想起身边只有两贯钱,吃了许多酒食,捉甚还他?(同上)

10.6 "把"类微观工具构式的发展

构式: 把+O_1+V+O_2

上古汉语中,就已经存在"把"作为第一动词的连动构式或同主语并列简单句,但是数量很少,一般用于政治、军事的正式场合。如:

(69) 汤乃兴师率诸侯,伊尹从汤,汤自把钺以伐昆吾,遂伐桀。(《史记·殷本纪》)

动词"把"为"持拿"义,常表示持拿棍状物。"把"位于连动构式第一动词位,它代表的事件、动作为后一动词代表的事件、动作提供方式、前提、工具。当特定语境突出强调后一动词的事件、动作时,工具构式就可能因为连动构式的重新分析而产生。"把"类工具构式语法化的另一个有利条件是,在上古时期,连动构式或同主语并列简单句的构式义已经很抽象,前一事件是后一事件的抽象的"凭借"。如:

(70) 高阳乃命玄官,禹亲把天之瑞令,以征有苗。(《墨子·非攻下》)

以上两例中,目的连词"以"充分说明了前一事件是后一事件的依据、前提。但是这种"把"类连动构式或同主语并列简单句的数量很少。

东汉,"把"类方式义连动构式更加具有多义性,更加泛化。语境扩展到口语。"把"的宾语扩展到肢体、枝叶等其他各类棍状物。如:

(71) 堪至把晖臂曰："欲以妻子托朱生。"(《东观汉记校注·卷十六》)

(72) 政把武手责之曰。(《东观汉记校注·卷十八》)

(73) 手把其尾,拽而出之至渊之外,雷电击之。(《论衡·龙虚》)

(74) 汝当于是世,把草坐树下。(《修行本起经·卷上》)

(75) 试使一人把大炬火夜行于道,平易无险,去人不一里,火光灭矣。(《论衡·说日》)

魏晋南北朝时期到中唐,"把"类连动构式"把"的宾语进一步扩展到可持握的非棍状实物。连动构式既可以分析为连动构式,又可分析为工具构式或处置构式。"把"类连动构式处于连动构式重新分析为工具构式或处置构式的过渡阶段。如:

(76) 时健骂婆罗豆婆遮婆罗门遥见世尊,作粗恶不善语,瞋骂呵责,把土坌佛。(《杂阿含经·卷四十二》)

(77) 正月一日鸡鸣时,把火遍照其下,则无虫灾。(《齐民要术·种枣》)

(78) 把火照之,见有巨迹。(《朝野佥载·卷三》)

以上三例均可同时分析为连动构式和工具构式。

唐代中期后,少数"把"类连动构式"把"的宾语扩展到完全不可持握的抽象事物,这些"把"类连动构式可以重新分析为工具构式。但是用例很少。如:

(79) 直把春偿酒,都将命乞花。(韩愈《嘲少年》)

(80) 错把黄金买词赋,相如自是薄情人。(崔道融《长门怨》)

应该说,"把"类工具构式是本章这类工具构式中最晚产生的。"把"类工具构式直到晚唐五代时期,才有比较可观的用例。我们认定"把"类工具构式产生在晚唐、五代时期。田春来(2007)统计《祖堂集》中有"把"类工具构式11例,《敦煌变文集》中有"把"类工具构式21例。如:

(81) 众人不测,遂把物撑之。(《祖堂集·卷四》)

(82) 南泉把石打园头。(《祖堂集·卷十四》)

(83) 仰山云:"怪和尚把大家底行人事。"(《祖堂集·卷十八》)

(84) 只把练魔求志理,不将谄曲顺人情。(《敦煌变文集·维摩诘经讲经文四》)

唐五代之后,"把"类工具构式与"将"类工具构式一样,基本上在走下坡路。据田春来（2007）的统计，尽管"把"类处置构式在唐初就形成，但是后形成的"把"类工具构式的频率却越来越不及"把"类处置构式。唐五代时期，"把"类处置构式的频率和"把"类工具构式的频率的比例是1.1:1。元末，这一比例扩大到4.6:1。明代，这一比例进一步扩大到21.8:1。"把"类处置构式成为最主要的汉语处置构式，直到现代汉语。但是，"把"类工具构式在明代的《金瓶梅》中却有比较多的运用，超越"将"类工具构式成为明代该类工具构式中最主要的微观构式（《金瓶梅》中使用最多的工具构式是"用"类工具构式）。

清代，"把"类工具构式继续衰落。原因是，汉语的工具构式和处置构式有了新的分工。"拿"类工具构式成为主要的工具构式，"把"类处置构式则成为主要的处置构式，"把"类工具构式受到它们的内外挤压而被淘汰。现代汉语中已经没有"持/取/将/捉/把"类工具构式。

10.7 "持/取/将/捉/把"类工具构式发展概貌

通过对上述各类微观构式的发展的分别考察，可以发现，各个微观构式有同有异。各微观构式行为相近，总体符合了一种"持/取/将/捉/把"类中介工具构式，逐步显现出一种包括一个中介构式、五个微观构式在内的整体构式框架（特劳格特，2008）。这种相近在构式上主要体现为微观构式的语义、句法、语音、语用等语法层面的相似，在历时上主要体现为各个微观构式产生、变化、衰落、淘汰的相近的路径模式。与此同时，各个构式，不管它们多么相似，都有相当的差异（特劳格特，2008）。这种差异在共时上主要体现为微观构式的语义、句法、语音、语用等语法层面的差异，在历时上主要体现为各个微观构式产生、变化、衰落、淘汰的不同的实际轨迹。高层图式的构式的语法特性既体现在低层构式的语法特性的相同处，也体现在低层构式的语法特性的相异处。

首先，以低级的微观构式为观察的基准，以时间为序，可以看到，"持/取/将/捉/把"类工具构式虽然是一种工具构式，但是，这一中介构式并不是一下子产生的，而是在东汉到明清的相当长的中古、近代时期内，逐个错落地形成、发展和衰落的。这种渐变主要表现为低级微观构式的不断增减和兴替：

"持"类微观工具构式在东汉形成，在唐代就已经没落。

"取"类微观工具构式在两晋时期形成，唐代之前已经夭折。

"将"类微观工具构式在初唐形成，晚唐五代时达到巅峰，之后衰落，只在现代汉语成语中留有化石。

"捉"类微观工具构式在初唐形成，五代时期就已经式微，后来只残存于某些方言中。

"把"类微观工具构式在中唐以后形成，后来逐渐黯淡，明代的某些文献中相对多地使用，形成小高峰。现代汉语中完全消失。

其次，以高级的中介构式为观察的基准，以时间为序，可以看到，"持/取/将/捉/把"类中介工具构式的发展最突出地体现出图式性的巩固和增强。通过不断"吸引/类推"出新的微观构式，中介构式巩固了它的图式性。可见，语法化可以理解为增加巩固性和增加图式性的过程，或者，更简单地说是图式的巩固化（特劳格特，2008）。

通过梳理五个微观构式的发展，我们可以大致归纳出这一构式框架在中古、近代时期发展的基本面貌。

东汉时期，该中介构式的句法表达为："$P+O_1+V+O_2$"（P="持"）。构式义可以表达为："用……为凭借做……"。语用范围为：佛经。语用频率：低。

魏晋时期，该中介构式的句法表达为："$P+O_1+V+O_2$"（P="持/取"）。构式义可以表达为："用……为凭借做……"。语用范围为：佛经。语用频率：低。

南北朝时期，该中介构式的句法表达为："$P+O_1+V+O_2$"（P="持"）。构式义可以表达为："用……为凭借做……"。语用范围为：佛经、社会生活。语用频率：低。

唐代初年，该中介构式的句法表达为："$P+O_1+V+O_2$"（P="将/捉"）。构式义可以表达为："用……为凭借做……"。语用范围为：佛经、社会生活。语用频率：低。

中晚唐、五代时期，该中介构式的句法表达为："$P+O_1+V+O_2$"（P="将/把/捉"）。构式义可以表达为："用……为凭借做……"。语用范围为：佛经、社会生活。语用频率：高。

宋元时期，该中介构式的句法表达为："$P+O_1+V+O_2$"（P="将/把"）。构式义可以表达为："用……为凭借做……"。语用范围为：社会生活。语用频率：较高。

明代时期，该中介构式的句法表达为："$P+O_1+V+O_2$"（P="把/将"）。构式义可以表达为："用……为凭借做……"。语用范围为：社会生活。语用频率：较高。

清代时期，该中介构式的句法表达为："$P+O_1+V+O_2$"（P="把/将"）。构式义可以表达为："用……为凭借做……"。语用范围为：社会生活。语用频率：低。

10.8 从构式语法化角度解释"持/取/将/捉/把"类工具构式的语法化

10.8.1 从词汇语法化角度研究的简要回顾

以往学者主要从动词自身语法化为介词的这一关注点来论述汉语工具范畴的形成和发展变化的。

动词"持"语法化为工具介词"持"。东汉,"把持"义动词"持"语义泛化,表示"使用"义。东汉佛经中,"持"已经可以用作工具介词和处置介词(朱冠明,2002;张赪,2002;陈红燕,2008等)。

动词"取"语法化为工具介词"取"。"取"最早是"获得"义动词,后来语义泛化,表示抽象的"拿"义,并由动词语法化为介词。它最早发展为介词是在两晋时期,同时发展出介引工具和介引受事的用法(曹广顺、龙国富,2005等)。

动词"将"语法化为工具介词"将"。"将"最早是"持拿""率领"义动词,后来语义泛化,表示抽象的"拿""用"等意义,并可以表示工具、处置、伴随等多种语法意义。"将"最早用作工具介词是在南北朝晚期左右(祝敏彻,1957;冯春田,2000;马贝加,2002;张赪,2002;蒋绍愚,2005;郑宏,2008等)。

动词"捉"语法化为工具介词"捉"。"捉"最早是"执、握"义动词,后来在六朝至唐代初期语法化为工具介词。后来,工具介词"捉"被工具介词"将""把"淘汰了,保留在吴语等方言中(冯春田,2000;马贝加,2002;蒋冀骋,2003;曹广顺、龙国富,2005;徐宇红,2007,2008等)。

动词"把"语法化为工具介词"把"。"把"最早是"执、持、拿"义动词,在中唐左右语法化为工具介词,工具介词用法沿用至明代(冯春田,2000;马贝加,2002;蒋绍愚,2005;林运运,2007等)。

10.8.2 从构式语法化理论角度解释"持/取/将/捉/把"类工具构式语法化

从整个构式及其实际语言环境的角度看,中古"持/取/将/捉/把"类工具构式的语法化过程是一个扩展、强化的过程。这种扩展、强化的语法化效应突出表现在以下几个方面:

1) 句法表层紧密度的强化。

上古"以/用"类工具构式的微观构式"以"类和"用"类比较同步,而中古"持/取/将/捉/把"类工具构式的各个微观构式的发展有时段差。换句话说,上古"以/用"类工具构式的微观构式之间更像竞争,中古"持/取/将/捉/把"类工具构式的各个微观构式之间更像接力。

虽然中古"持/取/将/捉/把"类工具构式的各微观构式语法化的时段不同,但是我们发现,各微观构式的语法化过程都遵循从句语法化基本路径。所以,这种时段差并不影响我们概括它们共同的语法化路径,并加以解释。中古"持/取/将/捉/把"类工具构式的各个微观构式的语法化过程可以用一个单向性的连续统斜坡来概括,可以初步分为三个阶段。这三个阶段与上古"以/用"类工具构式的发展阶段相似。如:

表10.1 中古汉语"持/取/将/捉/把"类工具构式各微观构式语法化斜坡

句法演变过程	方式义连动构式、同主语并列简单句	工具义连动构式/工具构式(两可分析)	工具构式
语法化阶段	并列结构	更紧密的并列结构	从属结构

第一阶段:并列结构——方式义连动构式或具有工具义语用关联的几个意合的简单句。例如:例(69)"汤自把钺以伐昆吾"(《史记·殷本纪》)中"把钺"和"伐昆吾"分别是两个独立的谓语结构,分别表征有时间先后、暗含逻辑先后关系的两个事件。其语法化程度主要表现在六个方面。

(1)它们具有相对的独立性,互不隶属。

(2)它们都是核心成分,都能独立运用。

(3)它们具有最小的整体性,一般看成两个独立的句法结构,只是暗含有隐约的工具、依据、凭借义——"把钺"似乎是"伐昆吾"的前提、凭借,"钺"似乎是"伐昆吾"的工具。

(4)它们句法结构松散,"把钺"后可以有明显停顿,也可以插入其他句法成分。

(5)由于整体性差,句法结构松散,它们具有最大的显性连接,即句法结构上常常需要添加副词、连词、助词、语气词等,以使语用意义和句子的意合关系得以充分表达。例(69)中,两个谓语成分间插入了目的连词"以"。"以"可以用来表达将来时,指示前后谓语的递进的时间先后关系。

(6)它们的使用频率很低。

第二阶段:工具义连动构式/工具构式,是比方式义连动构式和同主语并列简单句的语法化程度更高的并列结构。它们既可以分析为工具义连动构式,又可以分析为工具构式。也就是说,既可以分析为并列结构,又可以分析为从属结构,处于从句语法化阶段递进之临界过渡。但是保守起见,仍然将其作为连动构式处理。例如:例(76)"把土坌佛"(《杂阿含经·卷四十二》)中"把土"和"坌佛"分别是连动构式的两个谓语结构,代表具有模糊的时间先后关系、较为明显的逻辑先后关系的两个事件。其语法化程度主要表现在六个方面。

(1)它们具有相对的独立性,互不隶属,但是比同主语并列简单句更加有相互依赖性。

(2)它们都是核心成分,都能独立运用。

(3)它们具有一定的整体性,一般看成两个独立的句法结构,但是含有较为明显的工具、依据、凭借的构式义——"把土"是"垒佛"的前提、凭借,"土"是"垒佛"的材料、工具。

(4)它们句法结构相对前一阶段更加紧密,谓语之间一般不添加关联词。

(5)由于整体性较强,句法结构较为紧密,工具构式义较为明显,它们具有较小的显性连接,句法结构上可以,但是一般不需要添加副词、连词、助词、语气词等,以使语用意义和句子的意合关系得以充分表达。

(6)它们的使用频率仍然较低。

第三阶段:工具义连动构式通过重新分析发展为工具构式。工具构式是从属结构,处于从句语法化连续统的最右端,从句语法化程度最高。例如:例(79)"直把春偿酒"(韩愈《嘲少年》)中"把春"是工具状语、工具成分,"偿酒"是谓语核心成分。"直把春偿酒"是简单句,只表示一个需要借助工具来完成动作的事件,不表示两个事件。其语法化程度主要表现在六个方面。

(1)工具成分具有完全依赖性,完全不能独立使用。

(2)谓语核心成分是核心成分,工具成分是边缘成分。边缘成分不能独立运用,只能依附于核心成分而存在。

(3)它们具有最大的整体性,是一个独立的句法结构,含有凝固、抽象的工具、依据、凭借的构式义——"把春"肯定是"偿酒"的前提、凭借,"春"肯定是"偿酒"的凭借、工具。

(4)它们句法结构紧密,一般可以写作固定格式"$P+O_1+V+O_2$"。

(5)由于整体性强,句法结构紧密而不可分解,工具构式义独特、明显、凝固,它们具有极小的显性连接,句法结构上极少添加副词、连词、助词、语气词等小品词,以申明前后成分没有时间先后关系,并避免破坏形式与意义的严格对应关系,从而使得工具构式义通过特定凝固的结构得以显著表达。例如,例(75)"试使一人把大炬火夜行于道"(《论衡·说日》)正处于第二阶段,整体性一般,状语"夜"可以插入两个谓语"把大炬火""行于道"之间。而"直把春偿酒"整体性高。同样也是修饰谓语,但"把春偿酒"的副词"直"却不能插入工具成分"把春"和谓语"偿酒"之间。

(6) 它们的使用频率高。

以上以"把"类微观构式的语法化为典型,对中古"持/取/将/捉/把"类工具构式的语法化模式进行了简略的概述。概括起来,主要经历三个阶段。第一阶段,带有工具、方式语境意义和句间关系的并列结构简单句和连动构式出现。第二阶段,并列结构简单句更加紧密,构式义更加明确和抽象、泛化,既可分析为并列结构,又可分析为从属结构。第三阶段,工具义连动构式重新分析为工具构式,完全具有从属结构的特征。中古"持/取/将/捉/把"类工具构式的语法化也没有经历语法化阶段模式中"主从结构"这一阶段。

2) 从语法化理论的角度看中古"持/取/将/捉/把"类工具构式语法化过程中的具有共性的若干重要的扩展、强化特征。

我们重新分析一下。连动构式和并列句都有两个核心,工具构式中,工具成分丧失独立地位,成为状语。即([ ]表示核心谓语,V_1 表示动词"持/取/将/捉/把",P 表示工具介词"持/取/将/捉/把"):

(85) $[V_1+O_1][V_2+O_2] > P+O_1+[V+O_2]$

形式上更加缩减、紧凑。连动构式和同主语并列简单句在两个谓语动词间可以插入其他小品词,工具构式一般不在工具状语和核心谓语间添加其他成分。如果添加其他成分,则加入工具构式之前或之后,保持工具构式的紧凑性。例如,上述"试使一人把大炬火夜行于道"和"直把春偿酒"添加修饰成分的区别。

可分解性逐渐消失。工具构式中,"$P+O_1$"不能再被分析为动宾结构,而只能分析为介宾结构。工具构式不能再被分解为两个独立的谓语。

功能上的改变。连动构式中,工具成分的功能是做谓语核心,充当谓语核心的功能。工具构式中,工具成分的功能是做状语,充当修饰谓语核心的功能。

作为主体词的工具宾语从由具体的、实物的体词充当,扩展到由抽象的体词或谓词充当,与此同时,构式意义的语法程度也同步加深,也就是泛化或漂白。例如,"把"类连动构式中,动词"把"的宾语主要是棍状物,常为兵器。这时连动构式的意思为"持拿着工具做事",较为具体。上古汉语时期,"把"类连动构式的"把"的宾语已经扩展到不能实际持拿的抽象名词、精神,如"瑞令"等,这时构式意义泛化为较为抽象的"凭借、靠着、依据"或"处置",构式义的泛化是构式句法表层发生演变的促成因素之一。中古"持/取/将/捉/把"类连动构式的构式义的泛化促成了连动构式在句法表层的根本变化,最终重新分析出工具构式,也重新分析出"持/取/将/捉/把"类处置构式。

语义、语用的扩展。由方式义连动构式的隐约的"方式"义转变为工具构式的具体、明确的"工具"义,又引申为抽象的"凭借"义。语境使用上,东汉、魏晋时期,"持/取/将/捉/把"类工具构式主要限于佛教口语语境。从南北朝开始,"持/取/将/捉/把"类工具构式的语境扩展到社会生活、生产等诸多层面。但是,不管如何,"持/取/将/捉/把"类工具构式的语境扩展基于口语并限于口语。上古发展而来的"以/用"类工具构式在中古和近代汉语时主要分布在书面语语境中。

多种语言中反复出现。这一点有待进一步的类型学研究。

3)从构式语法角度全方位解释中古"持/取/将/捉/把"类工具构式语法化的扩展、强化过程。

虽然中古"持/取/将/捉/把"类工具构式的各微观构式之间存在差异,但是,它们肯定存在着共同的构式语法特性,这些语法特性的语法化方式也很相似。本章试着对中古"持/取/将/捉/把"类工具构式的各个微观构式的发展共性作一个多维度的总结概括。本节从以下三个维度看工具构式的历时变化。

第一,我们先考察"持/取/将/捉/把"类各微观工具构式的语法层次的历时变化的共性。

从整体句法结构的层次看,都是以方式义连动构式和同主语并列简单句为语法化源头。后来,普遍发展出两可分析的工具义连动构式。最后,都发展为工具构式。

从O_1的扩展的层次看,都是从比较具体的实物扩展出比较抽象的、精神的事物。

从工具成分的位置的层次看,基本没有变化,都为"$P+O_1+V+O_2$"。少数例子是语用变换形式。如果O_1在上文已经出现,可以省略。如:

(86)煮豆持作羹,漉菽以为汁。(《世说新语·文学》)

该句"持"后本应有工具宾语"豆","以"后本应有工具宾语"菽"。由于前句出现,所以省略。另外,O_2可以提前表示强调。如:

(87)两鬓愁应白,何劳把镜看?(李频《黔中罢职将泛江东》)

此句"两鬓"是"看"的受事宾语,本应该放在"看"后,当作"把镜看两鬓"。"两鬓"提前表示强调。

从构式多义性的层次上看,第一阶段,各方式义连动构式都有隐含的方式义。第二阶段开始,各微观构式具有更加明确的方式义,并少量泛化出凭借、依据等构式义(统称工具义),还普遍同时存在处置义。值得注意的是,上古汉语的"以/用"类工具构式早在金文、今文《尚书》中就扩展到更加抽象的工具宾语,如时间、空间、行为方式等，也能扩展出更加抽象、稳固的工具义，如依照、按时、原因义。但是，中古的"持/取/将/捉/把"类工具构式始终都没有那么抽象的工具宾语，也始终没有那么抽象的工具义。我们认为，这与中古时期产生的"据/依/凭/按/循"类抽象工具构式（也即"广义工具构式"）有关。据张赪（2002）的研究，"据/依/凭/按/循"类抽象工具构式中的"据"类构式最早产生在东汉。魏晋南北朝时期出现了"依"类微观构式。晚唐五代时期出现了"凭"类微观构式。宋代，又出现了"按"类、"循"类微观构式。这种抽象工具构式一般专门搭配抽象的、广义的工具宾语，如精神、时间、事件、状态等，构式义纯粹是"依据、按照"的抽象工具义。这种抽象工具构式的发展时段与"持/取/将/捉/把"类工具构式大致平行、重合。这样，它们之间的分工就明确了：前者负担了抽象工具宾语、抽象工具义的任务；后者负担了典型的实物工具、典型工具义的任务。所以，汉语语法系统精密化的结果，使得"持/取/将/捉/把"类工具构式的构式义的扩展没有上古"以/用"类工具构式那么充分，多义性也不强。

从构式的象似性层次看，第一阶段的方式义连动构式和同主语并列简单句的核心谓语间的关系主要是时间先后关系，暗含逻辑先后关系（方式-目的）。第二阶段的工具义连动构式的两个核心谓语间的时间先后关系被模糊了，在此基础上还推理出较为明显的逻辑先后关系，即先发生的事件是后发生的事件的方式、凭借。第三阶段，工具构式的工具状语和核心谓语之间不具有时间先后关系，但是具有比之前的工具义连动构式更强的这种逻辑先后关系。

从构式的主观性的层次上分析，第一阶段的方式义连动构式和同主语并列简单句的主观性最弱，几乎是客观叙述发生的两个事件。第二阶段的工具义连动构式的主观性明显加强，能表现说话人的认识情态（沈家煊，2001）。两可分析的连动构式包含了较为明显的说话人对先后发生的两个事件的逻辑关联的主观判断。第三阶段，工具构式的这种主观性更强，表现为句式更加紧凑、紧缩。

从应用环境的层次上看，各微观构式在东汉、魏晋限于佛教语境。南北朝时期开始，各微观构式的语境除了佛教外，扩展到世俗生活、生产等诸多场合。宋元以后，世俗生活、生产成为各微观构式的最主要语境。

第二，我们再考察一下工具类中介构式的下级微观构式间的关系的历时变化。

通过10.7的分析可以知道，把各个共时层面综合起来看，"持/取/将/捉/把"类工具构式的各微观构式间存在前仆后继的接力关系，这与上古汉语"以"类、"用"类微观构式之间此消彼长的竞争关系不同。东汉，率先产生了"持"类微观构式。两晋时期，出现了"取"类微观构式。这两类微观构式属于第一批该类微观构式，彼此间共存。初唐时期，首批微观构式衰落之后，继而产生出"将"式、"捉"式。它们属于该类构式的第二批微观构式，彼此共存。"捉"式很快退居二线。"将"式的发展在初中唐并不迅速。于是，中唐以后，产生出"把"类微观构式。"把"类微观构式是该类工具构式的第三批成员，随后直到清代，与"将"类微观构式共存。

第三，我们考察一下中介构式之间共时承继联接关系的历时变化。

从工具类构式承继联接的历时发展维度看，"持/取/将/捉/把"类工具构式不如上古"以/用"类工具构式的承继联接复杂。首先，从历时的角度看，"持/取/将/捉/把"类工具构式和"持/取/将/捉/把"类处置构式并没有直系的渊源关系，它们是由泛化的连动构式分别语法化而来的。其次，"持/取/将/捉/把"类工具构式和"据/依/凭/按/循"类抽象工具构式始终构成稳定的隐喻联接关系。"持/取/将/捉/把"类工具构式和"据/依/凭/按/循"类抽象工具构式没有历史渊源关系。但是，在东汉到宋元的每一个共时阶段，虽然各自的微观构式常常交替更新，使用频率也不相当，但是从构式语法的理论上说，二者的共时隐喻联接格局始终没有被打破，它们的关系始终在动态的构式语法化中保持基本稳定。

4) 中古汉语"持/取/将/捉/把"类工具构式的语法化符合构式语法化的三个本质特征。

构式图式性增强。"持/取/将/捉/把"类工具构式的图式性的巩固和增强是其微观构式和中介构式互相作用的结果。图式性的逐步巩固、加强是在多种方面进行的。聚合变化的巩固包括语法层次（句法、形态、语义、语音、篇章等）追随高层构式吸引的力度。历时句法的巩固包括微观构式的类型的交替、主体词（主要是工具宾语）的扩展、语境的适用面扩展和使用频率的增加。在图式性加强的渐进过程中，类推扮演了重要角色。从微观构式的历时增加、交替上说，东汉时期，"持"类微观构式率先产生。但是，这时，微观构式类型和数量都很单一，不足以形成一个构式的图式层级，即，该工具构式的图式性弱。魏晋时期，"取"类连动构式受"持"类工具构式类推影响，重新分析为工具构式。"取"类连动构式与该工具构式本来没有层级关系。但是，连动构式的重新分析使得"一个构体创造性地和一个传统上没有从属关系的构式进行匹配"的这种创新反复出现，使得构体可能被说话人约定俗成为一个微观构式（特劳格特，2008）。这样，"取"类微观构式产生。这时，才形成了一个该工具构式的图式层级框架。但是，这样的中介构式图式性仍然比较弱，微观构式类型少、语境窄、频率低。中介构式此时可以作为"吸引体"，去"吸引/类推"其他的"持拿"义动词的连动构式重新分析为它的新的微观构式。南北朝后期开始，"将/捉/把"类工具构式相继受到这种吸引作用而产生。这样就出现了一个多层次构式类型更为巩固的融合，导致其与中介构式类型的排列，最终和高层次的功能排列（特劳格特，2008）。可见，微观构式类型增加（更多地符合中介构式）、工具宾语扩展、语境适用面扩大、频率增大，使得该类中介构式的图式性得以巩固和增强，而中介构式的图式性的巩固和增强，又会反过来促进微观构式类型继续增加、工具宾语继续扩展、语境适用面继续扩大、频率继续增大。二者是相辅相成的。但是，我们也应该看到，"持/取/将/捉/把"类工具构式的扩展受到"据/依/凭/按/循"类抽象工具构式的制约，因此范围和力度不大。它还受到"以/用"类工具构式、"持/取/将/捉/把"类处置构式的挤压，频率无法持续增加。这些限制因素都决定了"持/取/将/捉/把"类工具构式的图式性不能得到很好的巩固和增强，使得"持/取/将/捉/把"类工具构式过早地受到冷落，最终无缘现代汉语的征用（recruit）（Hopper & Traugott, 2003）。而上古"以/用"类工具构式由于扩展充分、频率高，图式性就强。它能广泛影响汉语工具义的表达习惯，其生命力延续至今。

构式能产性增强。工具类构式的工具宾语从具体实物扩展到抽象事物，其类型和实例的频率都有很大上升，正如上文所述。频率的上升说明，该构式允准新用法进入构式的范围一直在扩大，即能产性增强。类型频率的扩大遵循类推的认知规律。例如，工具宾语的类型一般是按照"人>物>事>空间>时间>状态、性质"的方向由实到虚地扩展认知域的。但是，正如上文分析的"持/取/将/捉/把"类工具构式扩展的局限性，"持/取/将/捉/把"类工具构式的能产性比上古"以/用"类工具构式差许多。

构式难分解性增强。语法化前，方式义连动构式和同主语并列简单句中，组成成分的可分解性大，每一个谓语核心成分都有独立的、可预测的语义。如例（37）"将其二儿俱行"（《世说新语·言语》）。"将其二儿""俱行"都是完整的"形式意义对"，形式完整，语义也完整，能独立运用。但是，语法化为工具构式后，工具成分依赖性大，形式虽然仍然完整，但是意义却不完整，不构成完整的"形式意义对"，不能据完整的形式预测完整的意义，成分的可分解性变低。如例（50）"将拳打他"（《祖堂集·卷十九》）。"将拳"是方式状语，虽然形式仍然完整，但是，其语义却并不完整，不构成完整的"形式意义对"，不能据完整的形式预测完整的意义，工具构式的组成成分的可分解性变低。

10.9 结　语

综上所述，我们可以试着得出以下新观点：

首先，以往所认为的工具介词"持""取""将""捉""把"的语法化，其实只是中古汉语中某一个工具构式语法化的五个"副产品"和构式边缘的五个不重要的表现。在整个语言使用环境中，汉语表达工具范畴的语法化手段主要不是创造工具介词，而是创造工具构式。关注工具范畴语法化的焦点不应该是工具标记，而应该是具体语境中的工具构式。

其次，不同于以往认为的工具介词"持""取""将""捉""把"语法化的窄化、虚化、边缘化、非范畴化效应，工具构式语法化主要表现为扩展、强化效应。工具介词语法化的窄化、虚化、边缘化、非范畴化效应是工具构式语法化的扩展、强化效应导致的，只是工具构式语法化的扩展、强化效应中某些具体指标的实现方式之一，总之，只是凸显工具构式的一种陪衬。具体来说，工具构式语法化的扩展效应的指标包括同构项类型、频率、微观构式类型、语用环境、构式义等多个层次。工具构式语法化的强化效应的指标包括句法表层的紧凑精密性、语序固定性、工具语用义、主观性、难分解性、能产性、普遍性（即图式性、抽象性）等多个层次（详见10.8.2节）。工具介词"持""取""将""捉""把"的语法化只有在具体语境关照下的工具构式扩展、强化式语法化这一大环境中才能得到比较圆满的解释。

最后，工具介词"持""取""将""捉""把"语法化和中古工具构式的语法化是双方互动的结果：没有"持""取""将""捉""把"自身动词语义的特点，动词"持""取""将""捉""把"难以进入构式经历语法化，但是，一旦它们自身符合条件进入构式，就必然受到构式语法化的强大影响（但没有构式的压制）而"被语法化"；工具介词"持""取""将""捉""把"的语法化与中古汉语工具构式语法化同步进行，是中古工具构式语法化的一个必不可少的组成部分。

第11章 近代汉语"拿"类工具构式语法化

11.1 引 言

本章讨论"拿"类工具构式的语法化过程。

"拿"类工具构式由"拿"类连动构式语法化而来。"拿"类连动构式出现于唐代,元代出现连动构式到工具构式的过渡阶段。到了明代,"拿"类连动构式重新分析为"拿"类工具构式。现代汉语中,"拿"类工具构式继续使用。11.2节讨论"拿"类工具构式语法化的来源。11.3节介绍"拿"类工具构式语法化的过渡阶段。11.4节讨论"拿"类工具构式的产生和巩固。11.5节讨论"拿"类工具构式语法化的程度。11.6节从构式语法化角度解释"拿"类工具构式语法化。11.7节为结语。

11.2 "拿"类工具构式语法化的来源

构式:以"拿"为第一动词的方式义连动构式、同主语并列简单句

汉代,"拿(挐)"类构式一般是普通的动宾结构"拿(挐)+[O]"。"拿(挐)"的宾语可以是抽象名词。如:

(1) 攫挐者亡,默默者存。(扬雄《解嘲》)
(2) 少年心事当挐云,谁念幽寒坐呜呃。(李贺《致酒行》)

唐代中后期,已经出现"拿(挐)"类连动构式。"拿(挐)"类连动构式的构式义比较具体,连动构式的两个事件含有时间先后关系和隐约的逻辑先后关系。"拿

（拏）"的宾语比较具体，一般是人及其肢体。如：

(3) 此地当有兵至，两京皆乱离。且拏我入城，投杨氏姊。（韦绚《戎幕闲谈·郑仁钧》，引自《太平广记·卷三〇三》）

(4) 师以手拏头曰："今日打这个师僧，得任摩发人业。"（《祖堂集·卷十》）

动词"拿（拏）"为携带、持拿、捉拿义，位于连动构式第一动词位，它代表的事件、动作，为后一动词代表的事件、动作提供方式、前提或工具。当特定语境突出强调后一动词的事件或动作时，工具构式就可能因为连动构式的重新分析而产生。

宋代，"拿（拏）"类连动构式语义泛化了，"拿（拏）"的宾语扩展到一般生物、实物名词，也可以扩展到无生命的抽象名词。这时的"拿（拏）"类连动构式一般限于佛教口语文献，呈现"语境窄、频率低"的使用特点。这时的"拿（拏）"类连动构式的语境常常具有雄浑、豪迈、自信的言外之意，主观性更强了。"拿（拏）"的宾语可以是一般生物。如：

(5) 惯入惊人浪，生拏称意鱼。（《续古尊宿语要·第六集》）

(6) 拿得骊龙照海珠，知君大手方拈出。（《禅宗颂古联珠通集·卷二十四》）

"拿（拏）"的宾语可以是实物名词。如：

(7) 杖林山下竹筋鞭，搭索拏钩火里牵。（《禅宗颂古联珠通集·卷三十五》）

(8) 两个八文为十六，从头数过犹不足。拏来乱撒向阶前，满地团团苔藓绿。（《禅宗颂古联珠通集·卷二十五》）

宾语还可以是无生命的抽象名词，如"云、雾、风、浪、月"，但是，这些事物是被比作可以持握的具体物体，而且仅限于固定搭配。所以，此时的构式仍然是"拿（拏）"类连动构式。如：

(9) 学人拏云攫浪，上来请师展钵。（《五灯会元·卷八》）

(10) 自余瓦棺老汉、岩头大师，向羌峰顶上，拏风鼓浪，玩弄神变。（《五灯会元·卷二十》）

(11) 有时拏云攫浪游戏自如，有时截铁斩钉纪干不可。（《古尊宿语录·卷二十二》）

(12) 复卓一下云:"直得海水腾波,须弥岌嶪。拏云攫雾,电埽雷奔。"(《续古尊宿语要·第五集》)

(13) 拏得电光为火把,却来日午打三更。(《续古尊宿语要·第六集》)

(14) 金鞭击动苍龙窟,吐雾拏云出海门。(《禅宗颂古联珠通集·卷十五》)

(15) 珠在浪花深处白,拏云攫雾志悠哉。(《禅宗颂古联珠通集·卷二十》)

(16) 谪仙拏月沉江底,渔舟笑杀谢家人。(《禅宗颂古联珠通集·卷三十三》)

11.3 "拿"类工具构式语法化的过渡阶段

构式:拿+[O$_1$]+V+O$_2$

元代,部分"拿"类连动构式处于连动构式和工具构式、处置构式的过渡阶段。"拿"类连动构式语境扩展到社会生活,使用频率大大增加,宾语扩展迅速。构式语义泛化、凝固化明显。

有些"拿"类连动构式中"拿"后加上了动态助词或补语,所以仍然只是连动构式。如:

(17) 记的那洛河岸一似亡家犬,拿住俺将麻绳缠。(《元曲选·风雨像生货郎旦杂剧》)

(18) 祗候人拿住这两个人,跟随我去。(《元曲选·半夜雷轰荐福碑杂剧》)

(19) 他如今认了老夫,说拿了刘季真就来献功。(《元曲选·小尉迟将斗将认父归朝杂剧》)

(20) 只等大人判个斩字,拿出去杀了罢。(《元曲选·河南府张鼎勘头巾杂剧》)

(21) 拿出老匹夫来,碎尸万段者。(《元曲选·玉箫女两世姻缘杂剧》)

有的"拿"类连动构式处于连动构式向工具构式变化的过渡阶段。这些"拿"类连动构式的动词"拿"后没有补语或助词。随着宾语的不断扩展,它们既能分析为方式义连动构式,又能分析为工具构式。但是,"拿"的宾语的扩展还限于具体实物,没有扩展到抽象名词或精神名词;它们的使用频率也不高;它们的两个谓语之间有时能添加表示时间先后关系的连接成分,如"去";它们的句法成分较为松

散。所以,它们处于"拿"类连动构式向"拿"类工具构式演变的过渡阶段。如:

(22) 他哄我和你在此打捞尸首,他不知去了多少田地?不如拿这领衣服去请赏罢。(《全元曲·拜月亭》)
(23) 就不是做家的,拿这钱去做买卖。(《全元曲·荆钗记》)
(24) 小的每,拿大铁锁锁在马房里。(《元曲选·生金阁》)
(25) 倘若存孝变了心肠,某亲拿这牧羊子走一遭去。(《全元曲·邓夫人苦痛哭存孝》)
(26) 天色明了,俺锁了门,拿这盆儿见包待制走一遭去。(《全元曲·玎玎珰珰盆儿鬼》)
(27) 我拿一块砖头打的那狗叫,必有人出来。(《勘头巾》)(引自太田辰夫,1987/2003)
(28) 拿那大棒子着实的打上一千下。(《争报恩》)(引自太田辰夫,1987/2003)
(29) 小的见他生相是个恶的,一定拿这药去药死了人,久后败露,必然连累。(《全元曲·窦娥冤》)

周四贵(2010)把它们视为工具构式,统计《元曲选》中共有这种"拿"类工具构式27例。它们的频率较低、工具宾语较为具体,构式的工具义也不十分显著,我们认为它们还不能算真正的"拿"类工具构式,只能说它们是既能分析为连动构式、又能分析为工具构式的过渡类型。

有的"拿"类连动构式处于连动构式向处置构式变化的过渡阶段。动词"拿"后没有补语或助词。"拿"的宾语扩展到抽象的精神。这些"拿"类连动构式,既能分析为方式义连动构式,又能分析为处置构式。有的"拿"的宾语扩展到抽象的精神,似乎已经可以重新分析为处置构式(不是"拿"类工具构式),但是用例很少。据周四贵(2010)统计《元曲选》,只有4例。所以,我们认为这些还不是"拿"类处置构式,而是连动构式向处置构式发展的过渡阶段。如:

(30) 拿你的苦说与我听。(《全元曲·白兔记》)
(31) 孙荣,你拿尸首埋在那里?(《全元曲·杀狗记》)
(32) 拿这狗骨头下去打。(《全元曲·拜月亭》)

11.4 "拿"类工具构式的产生和巩固

构式：拿+O$_1$+V+O$_2$

明代，"拿"类工具构式因为连动构式的重新分析而产生。判断标准是："拿"的宾语有的扩展到抽象事物、精神、言语等不可持握的抽象名词；构式的使用频率显著提高。《西游记》中有少量用例。如(马铁军，2007)：

(33) 这个道："我们也有些侥幸。拿这二十两银子买猪羊去，如今到了乾方集上，先吃几壶酒儿，把东西开个花帐儿，落他二三两银子，买件绵衣过寒，却不是好？"(《西游记·第八十九回》)

(34) 长老道："亏他救了我命哩，你兄弟们打上他门，嚷着要我，想是拿他来搪塞；不然啊，就杀了我也。还把他埋一埋，见我们出家人之意。"(《西游记·第八十六回》)

据马铁军(2007)统计可知，《西游记》共有"拿"类工具构式20余例，构式频率仍然很低，宾语也没有充分扩展。"拿"类处置构式在《西游记》中只有3例，数量仍然很少。

同时期的《金瓶梅》中，"拿"类工具构式使用比较频繁。如：

(35) 剩下一尾，对房下说，拿刀儿劈开，送了一段与小女。(《金瓶梅·第三十四回》)

有的"拿"的工具宾语也扩展到更加抽象的精神领域。如：

(36) 我昨日在酒席上拿言语错了他错儿，他慌了。(《金瓶梅·第三十五回》)

构式义也可以扩展到更加抽象的"凭借、依据"，成为广义工具构式。如：

(37) 这等"贞节"的妇人，却拿甚么拴的住他心。(《金瓶梅·第二十六回》)

周四贵(2010)的统计显示，《金瓶梅》中共有"拿"类工具构式155例，其中广义工具构式12例，占《金瓶梅》所有"拿"类构式总数(1,517个)的10.22%，占《金瓶梅》总字数(757,100字)的0.02%。《金瓶梅》中，"拿"类工具构式是仅次于"用"类工具构式的第二大工具构式。"拿"类处置构式的数量虽然有所提高，但是仍然只有16例。

清代,"拿"类工具构式、处置构式都继续得到巩固。以《红楼梦》为例,据李云云(2008)考察,《红楼梦》中共有"拿"类工具构式85例,占《红楼梦》全部"拿"类构式总数(1,061个)的8.01%,占《红楼梦》总字数(863,000字)的0.01%。《红楼梦》中,"拿"类工具构式的工具宾语主要是具体实物,即典型的工具,共58例。如(李云云,2008):

(38) 袭人笑道:"再也没有了。只是百事检点些,不任意任情的就是了。你若果都依了,便拿八人轿也抬不出我去了。"(《红楼梦·第十九回》)
(39) 那元帝老爷脚下的龟将军站起来道:"你们不中用,我有主意。你们将红门拆下来,到了夜里拿我的肚子垫住这门口,难道当不得一堵墙么?"(《红楼梦·第一一七回》)

工具宾语扩展到不典型的工具——材料,共7例。如:

(40) 宝玉却等不得,只拿茶泡了一碗饭,就着野鸡瓜子,忙忙的爬拉完了。(《红楼梦·第四十九回》)
(41) 晴雯道:"这是孔雀金线织的,如今咱们也拿孔雀金线就像界线似的界密了,只怕还可混得过去。"(《红楼梦·第五十二回》)

工具宾语扩展到抽象的精神的用例,即广义工具,共20例,比《金瓶梅》中的多。这类"拿"类工具构式就是广义工具构式,构式义是更加抽象的"凭借"。如:

(42) 他臊了,没的盖脸,又拿话挑唆你们两个。(《红楼梦·第四十六回》)
(43) 人拿真心待你,你倒不信了。(《红楼梦·第四十七回》)

"拿"类处置构式的频率显著提高,在《红楼梦》中有64例之多。

现代汉语中,"拿"类工具构式仍然广泛使用。随着语法系统的调整,现代汉语的工具构式各得其所。"拿"类工具构式和"把"类处置构式彼此间形成默契:前者专司口语工具表达,后者主营口语处置表达。而"以/用"类工具构式则在现代汉语工具表达中占上风。"用"类微观构式的使用范围最广,频率最高,最中性化。"以"类微观构式则主要分布于现代汉语书面语中。随着语言的实际交流运用,汉语工具构式还将沿单向性路径不断地语法化下去。

11.5 "拿"类工具构式语法化的程度不高

我们看到,"拿"类工具构式的语法化程度不高。有相当多的学者甚至不承认

"拿"类工具构式的存在,如王力(1980)、陶振伟(2006)、石毓智(2006a)和陈红燕(2008)等。我们认为,结合汉语史实际,"拿"类工具构式的语法化程度不高的原因是多方面的。主要有:

首先,缺乏微观构式的类型。语法化的过程就是构式巩固和增加图式性的过程。微观构式的增多可以巩固和增强构式的图式性。"拿"类工具构式只有一个"拿"类微观构式,其图式性是本书讨论的所有汉语工具构式中最低的。"拿"类工具构式没有因为微观构式的增加而巩固其构式的图式性框架。

其次,构式义的深化、扩展不够充分。这与中古"持/取/将/捉/把"类工具构式的不足是一样的。主要原因也是中古产生的"据/依/凭/按/循"类抽象工具构式的存在。"据/依/按"类抽象工具构式在近代汉语中也是常用的工具构式,但是却专职于广义工具义的表达。这使得"拿"类工具构式和"持/取/将/捉/把"类工具构式都被分配去带具体、典型的工具宾语,表达具体、典型的工具义。这抑制了"拿"类工具构式和"持/取/将/捉/把"类工具构式的隐喻扩展,使它们减弱了多义性。

再次,"以/用"类工具构式的竞争和遏制。上古产生的"以/用"类工具构式在近代汉语中是使用范围最广、使用最频繁的工具构式,尤其是"用"类微观构式。"以/用"类工具构式的强势不仅遏制了中古"持/取/将/捉/把"类工具构式的发展,也阻碍了近代"拿"类工具构式语法化的进一步推进。

11.6 从构式语法化角度解释"拿"类工具构式语法化

以往学者主要从动词自身语法化为介词的这一关注点来论述汉语工具范畴的形成和发展变化。动词"拿"语法化为工具介词"拿"。"拿"最早是"持执、擒拿"义动词,后来在元代开始语法化为工具介词、处置介词,还发展出表示被动的用法(冯春田,2000;马贝加,2002;何洪峰、苏俊波,2005等)。也有学者认为"拿"只语法化为处置介词,不语法化为工具介词(陶振伟,2006;石毓智,2006a;陈红燕,2008等)。

下面我们从构式语法化理论角度解释"拿"类工具构式语法化。从整个构式及其实际语言环境的角度看,近代"拿"类工具构式的语法化过程是一个扩展、强化的过程。这种扩展、强化的语法化效应突出表现在以下几个方面。

11.6.1 句法表层紧密度的强化

近代汉语"拿"类工具构式的语法化过程也遵循从句语法化基本路径,可以用一个单向性的连续统斜坡来概括,初步分为三个阶段。这三个阶段与上古"以

/用"类工具构式和中古"持/取/将/捉/把"类工具构式的发展阶段相似。如下图所示：

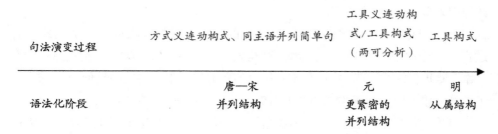

图11.1　近代汉语"拿"类工具构式的语法化斜坡

第一阶段（元代以前）：并列结构——方式义连动构式或具有工具义语用关联的几个意合的简单句。例如：例(6)"拿得骊龙照海珠"，"拿得骊龙"和"照海珠"是两个独立的谓语结构，分别表征有时间先后、暗含逻辑先后关系的两个事件。语法化程度主要表现在六个方面：

(1) 它们具有相对的独立性，互不隶属。

(2) 它们都是核心成分，都能独立运用。

(3) 它们具有最小的整体性，一般看成两个独立的句法结构，只是暗含有隐约的工具、依据、凭借义——"拿得骊龙"似乎是"照海珠"的前提、凭借，"骊龙"似乎是"照海珠"的工具。

(4) 它们句法结构松散，"拿得骊龙"后可以明显停顿。有的连动构式可以省略O_1，如例(8)"挐来乱撒向阶前"、例(20)"拿出去杀了罢"。

(5) 由于整体性差，句法结构松散，它们具有最大的显性连接，即句法结构上常常需要添加副词、连词、助词、语气词等，以使语用意义和句子的意合关系得以充分表达。前一谓语后可以插入其他句法成分，如例(19)元代的连动构式"拿了刘季真就来献功"。"拿了刘季真"和"献功"之间插入了句法连接成分"就""来"。"就"和"来"连用可以用来表达将来时，指示前后谓语递进的时间先后关系。

(6) 它们的使用频率很低。

第二阶段（元代）：工具义连动构式/工具构式，是比方式义连动构式和同主语并列简单句的语法化程度更高的并列结构。它们既可以分析为工具义连动构式，又可以分析为工具构式。也就是说，既可以分析为并列结构，又可以分析为从属结构，处于从句语法化阶段递进之临界过渡。保守起见，仍然作为连动构式处理。例如：例(28)"拿那大棒子着实的打上一千下"。"拿那大棒子"和"着实的打

上一千下"分别是连动构式的两个谓语结构,代表具有密切的时间先后、逻辑先后关系的两个事件。语法化程度主要表现在六个方面:

(1)它们具有相对的独立性,互不隶属,但是比同主语并列简单句更加有相互依赖性。

(2)它们都是核心成分,都能独立运用。

(3)它们具有一定的整体性,一般看成两个独立的句法结构,但是含有较为明显的工具、依据、凭借的构式义——"拿那大棒子"是"着实的打上一千下"的前提、凭借,"大棒子"是"着实的打上一千下"的工具。

(4)它们的句法结构相对前一阶段更加紧密,"拿"后不带助词或补语。但是,句法结构仍然较为松散,谓语之间仍然可以添加其他状语或小品词。如"拿那大棒子着实的打上一千下","打"的状语"着实的"不是加在"拿"前而是加在"打"前。又如,例(23)"拿这钱去做买卖",两个谓语之间可以添加连接成分"去"。

(5)由于整体性较差,句法结构仍然较为松散,工具构式义不太明显,它们具有较大的显性连接,句法结构上可以添加副词、连词、助词、语气词等,以使语用意义和句子的意合关系得以充分表达。如例(23)"拿这钱去做买卖"。

(6)它们的使用频率仍然较低。

第三阶段(明代):工具义连动构式通过重新分析发展为工具构式。工具构式是从属结构,处于从句语法化连续统的最右端,从句语法化程度相对前两个阶段而言最高。例如例(36)"我昨日在酒席上拿言语错了他错儿","拿言语"是工具状语、工具成分,"错了他错儿"是谓语核心成分。"拿言语错了他错儿"是简单句,只表示一个需要借助工具来完成动作的事件,不表示两个事件。语法化程度主要表现在六个方面:

(1)工具成分具有较大的依赖性,不能独立使用。

(2)谓语核心成分是核心成分,工具成分是边缘成分。边缘成分不能独立运用,只能依附于核心成分而存在。

(3)它们具有较大的整体性,是一个独立的句法结构,含有凝固、抽象的工具、依据、凭借的构式义——"拿言语"一定是"错了他错儿"的前提、凭借,"言语"一定是"错了他错儿"的凭借、工具。

(4)它们句法结构较紧密,一般可以写作固定格式"拿+O_1+V+O_2"。

(5)由于整体性较强,句法结构紧密而不可分解,工具构式义独特、明显、凝固,它们具有较小的显性连接,句法结构上常不添加副词、连词、助词、语气词等小品词,以申明前后成分没有时间先后关系,避免破坏形式与意义的严格对应关系,并使工具构式义通过特定凝固的结构得以显著表达。例如,例(28)"拿那大棒子着实的打上一千下"正处于第二阶段,整体性一般,状语"着实的"可以插入两个谓语"拿那大棒子""打上一千下"之间。而例(36)"在酒席上拿言语错了他错儿"整体性高。同样也是修饰谓语,但"在酒席上拿言语错了他错儿"中的状语"在酒席上"却不能插入工具成分"拿言语"和谓语"错了他错儿"之间。又如,例(23)"拿这钱去做买卖"属于第二阶段。连接成分"去"放在两个谓语成分之间,标识了这是两个前后发生的事件。而例(33)"拿这二十两银子买猪羊去"属于第三阶段。表示目的、意愿的"去"放在谓语之后,不插入在工具状语和谓语之间,不标识两者是前后发生的两个事件。

(6) 它们的使用频率较高。

本节对近代汉语"拿"类工具构式的语法化模式做了简略的概述。概括起来,主要分为三个阶段。第一阶段,带有工具、方式语境意义和句间关系的并列结构简单句和连动构式出现。第二阶段,并列结构简单句更加紧密,构式义更加明确和抽象、泛化,既可分析为并列结构,又可分析为从属结构。第三阶段,工具义连动构式重新分析为工具构式,完全具有从属结构的特征。上古"以/用"类工具构式、中古"持/取/将/捉/把"类工具构式、近代"拿"类工具构式的语法化都没有经历语法化阶段模式中"主从结构"这一阶段。

11.6.2 "拿"类工具构式语法化过程中重要的扩展、强化特征

下面结合语法化理论,简单归纳一下近代"拿"类工具构式语法化过程中的具有共性的若干重要的扩展、强化特征。

连动构式和并列句都有两个核心,工具构式中,工具成分丧失独立地位,成为状语。即([ ]表示核心谓语):

(44) [拿+O_1][V+O_2] > 拿+O_1+[V+O_2]

形式上更加缩减、紧凑。连动构式和同主语并列简单句在两个谓语动词间可以插入其他小品词,工具构式一般不在工具状语和谓语间添加其他成分。如果添加其他成分,则加入工具构式之前或之后,保持工具构式的紧凑性。例如,连动构式"拿了刘季真就来献功"的目的成分"就来"插在谓语之间。而工具构式"拿这二十两银子买猪羊去"的目的成分"去"不能插在工具构式内部。

可分解性逐渐消失。工具构式中,"拿+O_1"不能再被分析为动宾结构,而只能分析为介宾结构。工具构式不能再被分解为两个独立的谓语。"拿+O_1"不具有完整的语义,不能据它完整的形式预测它完整的语义。

功能上的改变。连动构式中，工具成分的功能是做谓语核心。工具构式中，工具成分的功能是做状语，修饰谓语核心。

作为主体词的工具宾语从由具体的、实物的体词充当，扩展到由抽象的体词充当，与此同时，构式意义的语法程度也同步加深，也就是泛化或漂白。例如，宋代以前的"拿"类连动构式中，动词"拿"的宾语主要是具体的人。这时连动构式的构式义为"带着某人做某事"，较为具体。宋代，"拿"类连动构式的工具宾语大量扩展到可持拿的一般生命物或比喻为实物的抽象名词，如"鱼、龙、云、风"等。元代，"拿"类连动构式的极少数"拿"的宾语扩展到不可用手持拿的更抽象的事物、事情，如"苦"（苦难的事情）。这样，构式意义泛化为较为抽象的"凭借、靠着、依据"或"处置"，构式义的泛化是构式句法表层发生演变的促成因素之一。元代的某些"拿"类连动构式就处在了向工具构式或处置构式演化的过渡阶段。明代，"拿"的宾语更多地扩展到抽象的精神、事情，"拿"类连动构式的构式义更加泛化，促成了连动构式在句法表层的根本变化，最终重新分析出工具构式，也重新分析出"拿"类处置构式。

语义、语用的扩展。由方式义连动构式的隐约的"方式"义转变为工具构式的具体、明确的"工具"义，又引申为抽象的"凭借"义。语境使用上，在宋代，"拿"类工具构式主要限于佛教语境。元代开始，"拿"类工具构式的语境扩展到社会生活、生产等诸多层面。但是，不管如何，和中古"持/取/将/捉/把"类工具构式一样，"拿"类工具构式的语境扩展基于口语并限于口语。上古发展而来的"以/用"类工具构式在中古和近代汉语时主要分布在书面语语境中。

新旧意义和用法同时并存，形成了语法化的共时"层次"。在构式意义上，明代的工具构式、工具义连动构式具有多义性，具体工具构式意义与抽象、广义的工具构式意义并存。在语法上，"拿"类方式义连动构式、同主语并列简单句作为工具构式的语法化源结构在元代与处于两可分析的"拿"类工具义连动构式、"拿"类处置义连动构式并存。在明代，又与进一步语法化的"拿"类工具构式、"拿"类处置构式并存。"拿"类方式义连动构式、工具构式、处置构式在《红楼梦》中还都与由工具构式进一步发展出的"拿"类广义工具构式并存，形成构式联接网络。通过频率统计可以看出，作为工具构式旧用法的"拿"类方式义连动构式、同主语并列简单句的使用频率没有下降。这与上古"以/用"类工具构式旧用法的下降乃至被淘汰不同，也与中古"持/取/将/捉/把"类工具构式的旧用法更加迅速地让位于新用法而消失不同。由此可以看出"拿"类工具构式的语法化程度是三类工具构式中最低的。

11.6.3 从构式语法角度全方位解释近代"拿"类工具构式语法化的扩展、强化过程

因为"拿"类工具构式只有一个微观构式,所以,本章对近代"拿"类工具构式的微观构式的发展作多维度的总结概括时,缺少微观构式间的共时关系及微观构式间的关系的历时变化这一维度。本节只从以下两个维度看"拿"类工具构式的历时变化。

先考察"拿"类工具构式的语法层次的历时变化。

从整体句法结构的层次看:元代以前,"拿"类方式义连动构式和同主语并列简单句为语法化源头。元代,普遍发展出两可分析的"拿"类工具义连动构式。明代,发展为"拿"类工具构式。

从O_1扩展的层次看:元代以前,O_1是比较具体的实物或比喻为具体实物的抽象事物。元代及以后,O_1扩展出比较抽象的事物、精神、事情。

从工具成分的位置的层次看:基本没有变化,为"拿+O_1+V+O_2"。

从构式多义性的层次上看:唐代,方式义连动构式有隐含的方式义。在宋元时期,"拿"类工具构式泛化,具有更加明确的方式义,并少量泛化出凭借、依据等构式义(统称工具义),还同时存在处置义。明代,"拿"类工具构式产生,并类推扩展出抽象的"凭借"义的广义工具构式,唯频率欠佳。值得注意的是,上古汉语的"以/用"类工具构式早在金文、今文《尚书》中就扩展到更加抽象的工具宾语,如时间、空间、行为方式等,也能扩展出更加抽象的工具义,如"依照、按时、原因"义。但是,和中古的"持/取/将/捉/把"类工具构式一样,"拿"类工具构式始终都没有那么抽象的工具宾语,也始终没有那么抽象、稳固的工具义。我们认为,这同样与中古时期产生的"据/依/凭/按/循"类抽象工具构式有关。见10.8.2和11.5的分析。汉语语法系统越来越精密,使得"持/取/将/捉/把"类工具构式和"拿"类工具构式的构式义的扩展没有上古"以/用"类工具构式那么充分,多义性也不强。

从构式的象似性层次看:唐代、宋代的"拿"类方式义连动构式和同主语并列简单句的核心谓语间的关系主要是时间先后关系,暗含逻辑先后关系(方式-目的)。元代的"拿"类工具义连动构式的两个核心谓语间的时间先后关系被模糊了,在此基础上还推理出较为明显的逻辑先后关系,即先发生的事件是后发生的事件的方式、凭借。明代,"拿"类工具构式的工具状语和核心谓语之间不具有时间先后关系,但是具有比之前的工具义连动构式更强的这种逻辑先后关系。

从构式的主观性的层次上分析:唐代的"拿"类方式义连动构式和同主语并列简单句的主观性最弱,几乎是客观叙述发生的两个事件。宋代开始,"拿"的

工具义连动构式的主观性明显加强。首先表现在说话人的情感（affect）上（沈家煊，2001）。如11.2节分析，宋代佛教文献中的"拿"类连动构式常常具有雄浑、豪迈、自信的言外之意，主观性更强了。其次表现在说话人的认识情态上（沈家煊，2001）。元代，两可分析的"拿"类连动构式包含了较为明显的说话人对先后发生的两个事件的逻辑关联的主观判断。明代，"拿"类工具构式的这种主观性更强，表现为句式更加紧凑、紧缩。

从应用环境的层次上看：宋代，"拿"类连动构式限于佛教语境。元代开始，"拿"类工具构式的语境除了佛教外，扩展到世俗生活、生产等诸多场合。元代以来，世俗生活、生产成为"拿"类连动构式的最主要使用语境。

再考察中介构式之间共时承继联接关系的历时变化。

从工具类构式承继联接的历时发展维度看，与"持/取/将/捉/把"类工具构式一样，"拿"类工具构式不如上古"以/用"类工具构式的承继联接复杂。首先，从历时的角度看，"拿"类工具构式和"拿"类处置构式并没有直系的渊源关系，它们是由元代泛化的"拿"类连动构式分别语法化而来的。其次，"拿"类工具构式和"据/依/按"类抽象工具构式始终构成稳定的隐喻联接关系。"拿"类工具构式和"据/依/按"类抽象工具构式没有历史渊源关系。但是，明代"拿"类工具构式出现以后，从构式语法理论上看，二者的共时隐喻联接格局始终没有被打破，使用频率相当，它们的关系始终在动态的构式语法化中保持基本稳定。再次，清代，"拿"类工具构式扩展出小规模的"拿"类广义工具构式，二者也形成隐喻联接关系。

11.6.4 近代"拿"类工具构式的语法化程度符合构式语法化的三个本质特征

近代"拿"类工具构式的语法化程度较低，但是也符合构式语法化的三个本质特征。

构式图式性增强。"拿"类工具构式虽然微观构式少，对图式性的巩固和增强不利，但是，图式性的逐步加强是在多种方面进行的。构式仍然有其他方式巩固其图式性。聚合变化的巩固包括语法层次（句法、形态、语义、语音、篇章等）追随高层构式吸引的力度。历时句法的巩固包括主体词（主要是工具宾语）的扩展、语境的适用面扩展和使用频率的增加。这些内容在上文已经提及。在图式性加强的渐进过程中，类推扮演了重要角色。同样需要补充的是，在构式的自然语法化过程中，构式的图式性目标和构式的图式性手段是人为区分的。其实二者是相辅相成、密不可分的。例如，宋代，"拿"类连动构式类推扩展了"拿"的宾语，使其更加普遍、抽象，增加了"拿"类连动构式的图式性。而增加的构式的普遍性（图式性）又通过吸引/类推促进了"拿"的宾语在元代扩展到更广泛的领域。这样，语法化的手段与目的互为因果，不断向构式语法化的单向性目标前进。但是我们也应该看到，"拿"类工具构式的扩展受到"据/依/按"类抽象工具构式的制约，因此范围和力度不大。它还受到"以/用"类工具构式、"拿"类处置构式的挤压，频率无法持续增加。这些限制因素都决定了"拿"类工具构式的图式性不能得到很好的巩固和增强。而上古"以/用"类工具构式由于扩展充分、频率高，图式性就强，能广泛影响汉语工具义的表达习惯，其生命力延续至今。

构式能产性增强。"拿"类工具类构式的工具宾语从具体实物扩展到抽象事物，其类型和实例的频率都有很大上升，正如上文所述。频率的上升说明，该构式允准新用法进入构式的范围一直在扩大，即能产性增强。类型频率的扩大遵循类推的认知规律。例如，工具宾语的类型一般是按照"人>物>事>空间>时间>状态、性质"的方向由实到虚地扩展认知域的。但是，正如上文分析的"拿"类工具构式扩展的局限性，与中古"持/取/将/捉/把"类工具构式一样，"拿"类工具构式的能产性比上古"以/用"类工具构式的能产性差许多。

构式难分解性增强。语法化前，方式义连动构式和同主语并列简单句中，组成成分的可分解性大，每一个谓语核心成分都有独立的、可预测的语义。如例（3），"挚我入城"。"挚我""入城"都是完整的"形式意义对"，形式完整，语义也完整，能独立运用。但是，语法化为工具构式后，工具成分依赖性大，形式虽仍完整，但是意义却不完整，不构成完整的"形式意义对"，不能据完整的形式预测完整的意义，成分的可分解性变低。如例（36），"拿言语"是方式状语，虽然形式仍然完整，但是，其语义却并不完整，工具构式的组成成分的可分解性变低。

11.7 结 语

综上所述，我们得出以下新观点：

首先，以往所认为的工具介词"拿"的语法化，其实只是近代汉语中某一个工具构式语法化的一个"副产品"和构式边缘的一个不重要的表现。在整个语言使用环境中，汉语表达工具范畴的语法化手段主要不是创造工具介词，而是创造工具构式。关注工具范畴语法化的焦点不应该是工具标记，而应该是具体语境中的工具构式。

其次，不同于以往认为的工具介词"拿"语法化的窄化、虚化、边缘化、非范畴化效应，工具构式语法化主要表现为扩展、强化效应。工具介词语法化的窄化、虚化、边缘化、非范畴化效应是工具构式语法化的扩展、强化效应导致的，只是工具构式语法化的扩展、强化效应中某些具体指标的实现方式之一，总之，只是凸显工具构式的一种陪衬。具体来说，工具构式语法化的扩展效应的指标包括同构项类型、频率、语用环境、构式义等多个层次。工具构式语法化的强化效应的指标包括句法表层的紧凑精密性、语序固定性、工具语用义、主观性、难分解性、能产性、普遍性（即图式性、抽象性）等多个层次（详见11.6节）。工具介词"拿"的语法化只有在具体语境关照下的工具构式扩展、强化式语法化这一大环境中才能得到比较圆满的解释。

最后，工具介词"拿"的语法化和近代汉语工具构式的语法化是双方互动的结果：没有"拿"自身动词语义的特点，动词"拿"难以进入构式经历语法化，但是，一旦它自身符合条件进入构式，就必然受到构式语法化的强大影响（但没有构式的压制）而"被语法化"；工具介词"拿"的语法化与近代汉语工具构式语法化同步进行，是近代汉语工具构式语法化的一个必不可少的组成部分。

第12章 从构式、认知及事件看工具介词语法化的机制和动因

12.1 引 言

以往,历史语法的学者研究虚词的语法化及其方式、原因,往往从虚词本身的句法、语义特征的变化去分析。

但是,越来越多的学者发现,虚词的语法化离不开构式的语法化。以往研究虚词语法化,人们往往忽视虚词所在的句法环境和语用环境。Himmelmann(2004)将着眼于单个词项的语法化理念称为"基于成员的语法化观"。他批评这种语法化观念,有针对性地指出,单个语法词的语法化历程绝对离不开它所在的具体的句法环境,也就是离不开"构式"。他称这种语法化观念为"基于句法环境的语法化观"(the context-based view on grammaticalization)。近年来,国际语法化界和汉语语法史界都已经注意到"构式"在词项语法化过程中的重要性(Himmelmann, 2004; Traugott, 2008; 特劳格特, 2008, 2009; 吴福祥, 2005)。例如,构式语法和语法化都认为,语法意义的前身和来源是整个构式,而不仅仅是某词干的词汇意义,构式既是结果,也是来源。整个语法化的变化就是构式的变化(Bybee et al., 1994; Croft, 2001)。吴福祥(2005)认为,某些词汇项的语法化总是发生在一个特定的结构式里,总是需要特定结构式的句法结构和语义关系作为其语法化过程发生的语用、语义和句法条件。 所以,在构式语法化的理论框架下解释工具介词的语法化机制应该从工具介词所在的工具构式环境中去找。

以往,历史语法研究还往往忽视了语法与语义、语用等层面的互动关系,割裂了各层面之间的密切联系。

但是，构式语法却认为，语法是一个完整的架构，没有一个语法层次是自足的或是核心的。语义、形态句法、语音以及语用，在一个构式中共同发挥作用（特劳格特，2008）。语法化理论则认为，语法化的动因常常是交际语用环境（Hopper & Traugott，2003）。构式表示与人类经验有关的重要情景，是认知域中的意象图式在语言中的投射（Bergs & Diewald，2008）。所以，在构式语法化的理论框架下解释工具介词的语法化动因应该从人类交际、认知的"情景"中去找。

所以，我们坚持这种构式语法化观点。虚词的语法化只是构式语法化的表面现象和副产品，任一成员不管本身语义、语法、形态等特征如何，只要能进入正在语法化过程中的构式，就受句法的强大影响（有时还有构式的压制）而不可避免地"被语法化"；虚词语法化的窄化、非范畴化不过是构式语法化的扩展、强化的具体手段罢了。所以，虚词，特别是一类虚词的语法化的机制和动因要通过寻求所在构式的句法框架和语用环境才能解释。

具体来说，汉语工具介词的语法化一般只能在工具构式的语法化过程中伴随进行。其语法化的主要机制应该是在含工具义的工具类构式框架中被驱动（drive）的（Hopper & Traugott，2003）。构式语法化"驱动"工具构式中工具介词语法化的构式、框架机制主要是重新分析、吸引/类推。工具构式中工具介词语法化的认知、语用动因主要有：认知情景框架的投射、交际互动、语用推理、主观化与事件融合。

本章12.2节讨论构式、框架层面的机制。12.3节讨论认知、语用层面的动因。12.4节为结语。

12.2 构式、框架层面的机制

12.2.1 重新分析

经典语法化理论（如Hopper & Traugott，2003）指出"重新分析"在词项或构式语法化中扮演重要作用。构式语法化理论对此又有补充和发展。

汉语工具介词的重新分析过程同时就是工具构式的重新分析过程，即工具义连动构式重新分析为工具构式的过程。即（[ ]表示核心谓语，P表示工具介词）：

（1）$[V_1O_1][V_2O_2]${"以/用"式还有：$[V_2O_2][V_1O_1]$}>
　　　$PO_1[VO_2]$ {"以/用"式还有：$[VO_2] PO_1$}

Hopper & Traugott（2003）认为重新分析是驱动语法化的首要（dominant）机制。经典历史句法理论主要从五方面来观察重新分析机制：构成成分、层次结构、范畴标注、语法关系和黏着性（Harris & Campbell, 1995; Hopper & Traugott, 2003）。以下以"以"类工具构式的重新分析为例，说明工具介词"以"的重新分析机制。

"以"类连动构式重新分析为"以"类工具构式，发生于《左传》时期。如：

(2) 以戈逐子犯。(《左传·僖公二十三年》)

语义变化。"携带戈追逐子犯" > "用戈追逐子犯"。
构成成分变化。可以重新分析为：

(3) a. [以_{动词}戈]_{第一核心谓语}[逐_{动词}子犯]_{第二核心谓语}>
b. 以_{介词}戈[逐_{动词}子犯]_{核心谓语}

"以"在例(3a)中是及物动词，支配"戈"，"以戈"是第一核心谓语；构式重新分析为例(3b)后，"以"是工具介词，引导工具宾语"戈"，修饰核心谓语"逐子犯"。

层次结构变化。例(3a)中，"以"是核心谓语之一，同位于核心谓语层次；重新分析为例(3b)后，"以"从属于核心谓语"逐子犯"，位于状语层次。

范畴标注变化。例(3a)的"以"是"携带"义及物动词，例(3b)的"以"非范畴化（decategorialization）为"用"义工具介词（Hopper & Traugott, 2003）。

12.2.2 吸引/类推

特劳格特（2008）认为：构式语法化的机制主要是类推，可能根本就没有什么全新的结构。大部分新结构都是以类推为基础的。

1）重新分析前后的吸引/类推

在重新分析机制作用之前和之后，微观构式及构式集的"吸引/类推"作用是新的微观构式及新的工具介词得以产生和巩固的构式机制。重新分析在组合轴上发挥作用，类推则在聚合轴上发挥作用。

以中古工具介词"把"的产生为例。东汉，"持"类连动构式重新分析为工具构式。两晋，"取"类连动构式重新分析为工具构式。初唐，"将"类、"捉"类连动构式重新分析为工具构式。以各种"持拿"义动词为第一动词的连动构式频繁地被重新分析为工具构式，"持拿"义动词被频繁地重新分析为工具介词。而当时"把"也是"持拿"义动词，也可以用于以"把"为第一动词的连动构式中。这就诱发了构式的"吸引/类推"机制：把"类连动构式被已有的工具构式"吸引/类推"为工具构式，成为该类工具构式的又一个微观构式；动词"把"在连动构式的重新分析中被重新分析为工具介词。这是一种估推（abduction）：已知结果（result）和大前提（law），推测小前提（case）（Hopper & Traugott, 2003）。即：已知"把"类连动构式的句法形式是"把+O_1+V+O_2"，又联想到大前提：现有的工具构式P+O_1+V+O_2大都来自"持拿"义动词为第一动词的连动构式$V_{持拿义}$+O_1+V_2+O_2。进而推理出小前提："把+O_1+V+O_2"也是工具构式。

估推常常是错误的。但是，心理学家认为，估推是人类感知的基础，也是唯一能帮助人类创造新概念的推理类型（Hopper & Traugott, 2003）。所以，语法化学者非常注意估推在语法化过程中创造新的语法形式的作用。

2）工具宾语的类推扩展

类推机制作用于工具介词语法化的另一个表现是宾语的类推扩展。如果动词的宾语不能是用作工具的实物，则工具构式必不能产生，工具介词也不能产生。如果工具宾语不能进一步类推扩展到抽象的广义工具，则工具构式必不能巩固和深化语法化成果，工具介词也不能得以长存。例如，语法化前，"以""将""捉""拿"在连动构式中的宾语常常是人或人的肢体。这阻碍了连动构式发展为更加紧密的工具构式。是类推机制将宾语逐步扩展到无生命实物，这才有构式语义的泛化，也才有后来的连动构式的重新分析。类推机制又可以将"以/用"类工具构式宾语进一步扩展到抽象名词、精神名词、空间名词、时间名词乃至动词、形容词，这巩固了"以/用"类工具构式的语法化成果，并进一步产生"以/用"类广义工具构式、原因构式、广义处置构式等，提高了构式的普遍性，帮助"以/用"类工具构式成为汉语最常见的工具构式。

总之，工具构式重新分析之前和之后，构式及其中的工具介词的语法化过程都有构式的"吸引/类推"机制发挥作用。"吸引/类推"机制从构式语法化的角度看比单纯从词项语法化的角度看要更加明显。

12.3 认知、语用层面的动因

12.3.1 认知情景框架的投射

陆俭明（2008）提出"客观事件"通过人的认知域投射到语言构式中的过程的一种假设："说话者与听话者在下列认识上取得一致才能进行正常的、顺畅的交际：人对客观世界的认知在认知域里将形成一个观念框架，这个观念框架在语言里投射为某个特定的语义框架，这个特定的语义框架又一定通过某个语言的特定的构式来加以表达，这个特定的构式为能准确表述语义框架的内容，就在语言层面词库中选择最恰当、合适的词语，选择最恰当、合适的词语组合规则，最终形成交际需要的句子。"

在每一个历史发展阶段，工具构式的发展都是相关经验情景通过认知域投射的结果。工具介词的语法化也受到情景框架的动因影响。

人需要使用工具来做某事，这是一种客观存在的事件。人对这种事件的认知在认知域中形成一个概念框架，这个概念框架在汉语里投射为"凭借……做某事"的特定语义框架，这个特定的语义框架就通过与之相对应的工具构式"$P+O_1+V+O_2$（"以/用"式还有：$V+O_2+P+O_1$）"来加以表达。工具构式及其工具介词在汉语中就逐渐显现而产生了。后代"承继"了这种概念框架及其投射的构式。以这种情景概念框架为认知经验基础，新的连动构式会受已有工具构式集的吸引/类推而被重新分析为新的工具构式。更多动词就随所在构式的重新分析而被附带重新分析为新的工具介词。

总之，人类的认知域中形成反映特定客观事件的认知情景框架，特定情景框架投射为特定语义框架，特定语义框架通过句法表达为特定构式。工具构式也是受到特定情景框架动因影响而语法化的，动词随着构式的语法化而语法化为工具介词。

12.3.2 交际互动

语法化受说话人-听话人互相作用和交际策略的激发（motivate）（Hopper & Traugott, 2003）。交际互动的动因常包括说话人要求的经济性（简单性）、效率性、惯例化（习语化），以及听话人的信息性、明晰性、表达性。说话人和听话人（即"交际双方"）策略互异，相互竞争。

说话人希望简化、合并有微小区别的形式，并尽可能重复听话人听过的表达式，以求经济性（economy）和效率（efficiency）。所以，说话人倾向于使用"惯例化"（routinization）或"习语化"（idiomatization）后的句子。这也就形成了特定表达工具意义的凝固的工具构式。"惯例化"对工具构式及工具介词语法化的作用表现在：

（1）语法化前，方式义连动构式的结构较为松散。"惯例化"后，连动构式发生"句法化"，重新分析为工具构式，成为内在关系紧密、语法功能较强的句法模式。随着微观构式的种类增多，工具构式扩大了普遍性（图式性），工具介词也随构式的重新分析产生。

（2）"惯例化"还使得重新分析后的工具构式反复被使用，其使用频率大幅提高。频率对语法化的发生具有重要作用（Hopper & Traugott, 2003; Bybee & Hopper, 2001）。频率巩固和增强了构式的能产性。工具介词也随使用频率的增加而巩固和深化了重新分析的成果。

（3）"惯例化"使得工具构式凝固为一个不可分解的整体，具有特定构式义，构式的"不可分解性"在语法化过程中得以增强。工具介词随着构式语义、句法、语用功能的凝固得以稳定和巩固。

相反，听话人要求说话人提供足够和清晰的信息。他们追求信息性（informativeness）和明晰性（clarity）；追求丰富的语言表达性（expressivity），激励说话人主动创造新表达方式来加强语言表达能力。当语义泛化的连动构式既能分析为连动构式、又能被理解为工具构式时，话语交流中的信息性、明晰性和表达性原则就要求泛化的、歧义的连动构式被重新分析为明确的、赋有新意的工具构式。于是，工具介词随着连动构式的重新分析而被创生。语言表达性还鼓励说话人语言表达的多样性，不断期待多种构式来表达同种语义。所以，表达性驱动了多样化的工具构式及多样化的工具介词的语法化。

12.3.3 语用推理

语言单位是形式与意义的统一体。一般情况下，形式与意义是对等的。但是，构式意义的泛化使得构式的旧形式与新意义不能完整匹配。因此在实际言语交际中，语言使用者会结合语境进行推理，来表达或理解新形式或新意义，以求获得交际双方的平衡。Hopper & Traugott（2003）认为语法化的语用推理主要有隐喻和转喻。构式语法化也是一样。工具介词在构式中的语法化受到语用推理的影响。

1）隐喻

隐喻是两个相似的认知域之间的投射（沈家煊，2009）。Heine et al.（1991b）将人类认识世界的认知域映射（mapping）次序列成一个由自身到外部、由具体到抽象的等级（赵艳芳，2001）：

(4) 人 > 物 > 事 > 空间 > 时间 > 性质

首先，工具宾语O_1的扩展大致遵循这样一个等级先后。连动构式中的宾语最早是具体的人及其肢体、生命物。后来可以扩展到无生命的实物。又可以扩展到抽象物体、精神等抽象的广义工具。上古"以/用"类构式的宾语在金文、《左传》中还可以进一步扩展到"事"域、空间域、性质域。

其次，工具构式的构式义的扩展也经历这一个隐喻等级。最早是具体的工具义，属于"物"域。后来随着O_1的扩展，构式义引申为"凭借"，属于"事"域。上古"以/用"类工具构式的构式义还可以扩展到"依据""因为"，语义已经扩展到空间域、性质域。

再次，工具介词自身的语义泛化也遵循这一个等级。当它们还是动词时，语义相对具体。如"以"是"率领、携带"义动词，"持、取、将、捉、把"是"持拿"义动词，"拿"是"持拿、捉拿、携带"义动词。它们的认知域是"人""物"。语法化为工具介词后，它们的语义是"用、凭借"，认知域是"事"域。"以""用"还虚化扩展到"依据、因为"，认知域扩展到空间域、性质域，成为语法意义和语法特征更加抽象的虚词。

总之，重新分析之前和之后，主要的机制是类推，语用动因就是隐喻。工具构式重新分析之前，隐喻动因引起连动构式构式义和动词、名词意义的泛化；工具构式重新分析之后，隐喻动因引起工具构式构式义和词项意义的继续抽象，引起工具介词的句法环境的类推创新。但无论是作用于构式的隐喻还是作用于词项的隐喻，都对工具介词的语法化起到了语用推理上的推动作用。

2）转喻

转喻是两个相关认知域的过渡（沈家煊，2009）。沈家煊（1999）提出了一个语法化重新分析机制中的转喻认知模型：

(5) 转喻的认知模型：
 a. 在某个语境中，为了某种目的，需要指称一个"目标"概念B。
 b. 概念A指代B，A和B须同在一个"认知框架"内。
 c. 在同一"认知框架"内，A和B密切相关，由于A的启动（或叫"激活"），B（一般只有B）会被附带启动。
 d. A附带启动B，A在认知上的"显著度"必定高于B。
 e. 转喻的认知模型是A和B在某一"认知框架"内相关联的模型，这种关联可叫作从A到B的函数关系。

前面说过，动词在工具类构式中随工具构式的重新分析而重新分析为工具介词。但是，这些动词本身不含特定的[+使用工具]的语义特征。只是受到工具构式的"使用工具、凭借"的构式义的强大影响（但没有工具构式的压制），动词才会带含工具义的抽象语法意义。工具构式的演变及重新分析、工具构式对动词语法化的推动主要都是转喻动因起作用。

工具构式对工具介词语法化的这种强大影响，是通过两次转喻实现的。两次转喻分别作用在连动构式向工具构式语法化的两次进阶骤变上。第一次转喻使得"持拿""使用"义动词在构式中被边缘化，第二次转喻使得它们在构式中被非范畴化。具体来说，第一次转喻是语境中的工具语用义受工具宾语的转喻。工具宾语得以受语境义影响而凸显。同时，"持拿""使用"义动词因为要衬托凸显的工具宾语而处在了构式中的次要地位和边缘位置，即被"边缘化"；工具义连动构式处在了既能分析为连动构式又能分析为工具构式的过渡阶段。第二次转喻是工具宾语的工具语用义受支配它的"持拿""使用"义动词的转喻。于是，过渡阶段的工具义连动构式被重新分析为工具构式；已经被边缘化的"持拿""使用"义动词随构式的重新分析而语法化为工具介词，即最终被"非范畴化"。

下面，以动词"捉"在"捉"类微观工具构式语法化中的语法化为例。其他工具构式的转喻过程基本与它一样。

"捉"类工具构式及其工具介词的语法化过程中的两次进阶骤变，都受到转喻动因的作用。第一次转喻认知模型如：

> (6) 构体"伊便能捉杖打人"中，语境中的工具义和工具宾语"杖"的转喻认知模型：
>
> a. 语境上含有"用……做某事"这一抽象的工具语用义。在这种语境中，语言使用者想要强调这种语用义，即需要指称句法结构中的工具义（"目标"概念B）。
>
> b. 用"杖"（概念A）指代句法结构的工具义（"目标"概念B），"杖"和该句法结构的构式义同在"部分和整体"这个认知框架内："杖"是该句子的一个部分。"杖"转喻句法结构的工具义，是用部分转喻整体。
>
> c. A和B密切相关，在同一"部分和整体"认知框架内。"杖"的工具论元角色受工具义语境的联想被启动、显现，会附带启动隐含在句法结构中的抽象的工具义。
>
> d. 词汇形式在认知上比语境、句法结构的意义显著：形式具体，语境、句式意义抽象。具体的比抽象的显著，这是一般的认知规律。
>
> e. 转喻的认知模型是"杖"和语境、构式的工具义在"部分和整体"的认知框架内相关联的模型，这种关联可叫作从"杖"到语境、构式的工具义的函数关系。

第一次转喻(6)使得"捉"类连动构式发展为既能分析为连动构式又能分析为工具构式的过渡阶段的工具义连动构式。构式强调"捉"的宾语"杖"，于是，动词"捉"被边缘化，处在了构式的次要位置和边缘地位，开始出现语义泛化、词类模糊等前语法化现象。第二次转喻认知模型如：

(7) 构体"天地捉秤量"中,工具宾语"秤"的工具语用义和"持拿"义动词"捉"的转喻认知模型:

　　a. 工具宾语"秤"含有抽象的工具语用义。在工具义语境中,语言使用者想要强调这种语用义,即需要指称工具宾语中的工具义("目标"概念B)。

　　b. 用动词"捉"(概念A)指代工具宾语"秤"的工具义("目标"概念B),"捉"和"秤"同在"动作和受事"这个认知框架内:动词"捉"是"秤"的动作,"秤"是"捉"的受事。动词"捉"转喻"秤"的工具语用义,是用动作转喻受事。

　　c. A和B密切相关,在同一"动作和受事"认知框架内。动作"捉"义素特征中的[+控制]特征受工具义语境的联想被启动、显现,会附带启动隐含在工具论元角色"秤"中的抽象的工具语用义。

　　d. 词汇形式在认知上比语用、句法意义显著:形式具体,语用、句法意义抽象。具体的比抽象的显著,这是一般的认知规律。

　　e. 转喻的认知模型是"持拿"义动词"捉"和工具宾语"秤"的工具语用义在"动作和受事"的认知框架内相关联的模型,这种关联可叫作从动词"捉"到工具宾语"秤"的工具语用义的函数关系。

第二次转喻(7)使得过渡阶段的连动构式重新分析为工具构式。于是,已经被边缘化的动词"捉"转喻"秤"的工具语用义,随着构式的重新分析而最终"非范畴化"为工具介词。

总之,工具构式的语法化的每一步进阶骤变,以及工具介词在工具构式中的每一步骤变,主要都是转喻动因发挥关键作用。

12.3.4　主观化与事件融合

主观性指一种语言交际特性,说话人在说出一段话的同时表明自己对这段话的立场、态度和感情(沈家煊,2001)。经典语法化理论认为,主观化是一种语义-语用的演变,即意义变得越来越依赖于说话人对命题内容的主观信念和态度(沈家煊,2001)。主观化与语法化是相伴相行的。

工具构式由连动构式发展而来,受到主观化的推动。

　　(8) 工具构式主观化的阶段:

　　　　a. 在工具构式语法化之前,语篇中两个简单句前后并列。前后两个谓语指称前后发生的两个事件。两个事件可以有、也可以没有任何实际关系。说话人可以不对这两个事件做任何推理关联。人们使用并列的简单句是为了对客观发生的两个事实进行客观描述。构式义纯粹表示时间先后义。构式最松散，主观性最弱。

b. 随后，并列的简单句在实际交流中，往往会带上说话人的主观态度和信念。人们习惯于把前后紧密发生的两个事件关联起来，认为它们前后发生很可能具有某种内在合理性，于是，会把事件的时间先后关系理解（或误解）为因果关系：前一事件是后一事件发生的前提、方式、原因。这无疑会使得这两个事件被理解为更加紧密的一个整体。两个事件越是在语义或语用上被融合（integrated），那么对它们进行编码的从句就越是在语法上被融合（Hopper & Traugott, 2003）。如果两个事件有共同的施事主语，就会产生比并列的简单句更紧密的连动构式或同主语并列简单句。连动构式即是为了对客观前后发生的两个事实进行带有主观评价的描述而产生的。连动构式的构式义不仅含有客观的时间先后义，还暗含有主观的逻辑先后义。构式的主观性得以增强。连动构式或同主语并列简单句是工具构式语法化的第一阶段，正慢慢向更紧密的连动构式发展。

c. 随后，在主观化影响下，连动构式的逻辑先后顺序义占据上风。连动构式的前后两个事件的时间先后关系越来越次要、模糊了。而后，当说话人要强调他主观认为是结果、目的、结论的后一谓语时，连动构式的前一谓语就可能不再明显指称一个事件，而是指称后一事件发生的条件、因素，会虚化。前一动词就不再明显指称一个动作，而是去引导说话人主观判断的条件、因素，虚化为介词。这时，连动构式处在了既能分析为连动构式又能分析为工具构式的过渡阶段。构式的主观性进一步增强。

d. 随后，当说话人想明确表达含有他主观逻辑判断的"需要借助某种条件来完成的一个事件"时，就会乐于使用这种主观逻辑意义表达得很强烈的连动构式。这样，连动构式就会重新分析为工具构式，动词重新分析为工具介词。在四个阶段（a—d）中，工具构式最紧密，构式的主观性最强。

总之，语用交际中的主观化也是一种单向性的发展规律。它影响了工具构式语法化的单向性路径，也作用于工具介词语法化的单向性路径。

12.4 结 语

本章从构式、认知及事件视角讨论了工具介词语法化的机制和动因。我们认为,工具介词语法化的构式、框架机制主要为重新分析和类推。另外有认知、语用层面的动因,如认知情景的投射、交际互动、语用推理、主观化与事件融合等。本章只是初步解释,有待深入研究。

第13章 工具构式历时语法化的欧美语言类型学考察

13.1 引 言

从连动构式可以发展出各种复杂、精密的构式,这是国际语法化学者公认的从句语法化、句法复杂化的重要路径之一。欧美的语言类型学学者们已经在世界语言范围内找到工具构式语法化的语言共性(language universals)证据。本章把它们与汉语工具构式的语法化进行比较。本章13.2节为VO型语言工具构式语法化举例。13.3节为兼有两种语序语言的工具构式语法化举例。13.4节归纳工具构式语法化跨语言的类型。13.5节为结语。

13.2 VO型语言工具构式语法化举例

13.2.1 Taba语工具构式语法化

Aikhenvald & Dixon(2006)在类型学视野下比较系统地总结了各种语言中连动构式语法化路径和词汇化路径的语言共性。他首先把连动构式区分为不对称连动构式(asymmetrical serial verb constructions)和对称连动构式(symmetrical serial verb constructions)。不对称连动构式的一个动词来源于相对开放、广泛而不受限制的动词类别,另一个动词来自语义、语法都较为封闭、受限制的动词类别。不受限制的动词描述事件,受限制的动词则为整个构式提供"时-体"、动作方向等方面的信息。

作者认为不对称连动构式易于语法化,连动构式中的次要动词语法化为"语法标记"(grammatical marker)。而对称连动构式易于词汇化，发展惯用意义。作者总结了不对称连动构式中的次要动词语法化为"语法标记"的典型路径。其中之一就是动词在连动构式中发展为介词。例如，运动动词(motion verb)在连动构式中发展为方向介词，"给""做""制作"义动词在连动构式中语法化为受益格(benefactive)标记或其他介词、格标记，"使用"义动词则可以在连动构式中语法化为工具介词。

更具体地说，就是以"使用"义动词为次要动词的不对称连动构式倾向于语法化为工具构式。作者举的例证是南岛语系的Taba语。Taba语是一种VO型语言。Taba语"使用"义动词pake在连动构式中语法化为前置介词(preposition)。这也说明，含"使用"义动词的连动构式可以语法化为工具介词前置的工具构式。Taba语"使用"义动词可以语法化为工具介词，这与上古汉语"使用"义动词"用"语法化为工具介词相像。Taba语连动构式语法化为工具介词前置的工具构式，这与中古汉语"持/取/将/捉/把"类工具构式、近代汉语"拿"类连动构式的语法化路径相似。这说明VO型语言可能具有这种语言共性，也说明上古汉语可能并不完全是VO型语言，因为上古汉语"以/用"类工具构式的工具介词具有前置、后置两种句法位置。

13.2.2　Yoruba语工具构式语法化

Givón(2009)探讨了从句联合(clause union)的途径。途径之一就是明确地连用(clearly serial)。连用的动词形成连动构式，在连动构式中，特定语义的动词总是能语法化为特定功能的格标记。这也有语法化共性。例如，"带走(take)"义动词在连动构式中常常虚化为受事标记、工具标记、方式标记。"给"义动词常常虚化为与格标记、受益格标记。"走"义动词常常虚化为向格(allative)标记。"来"义动词常常虚化为离格(ablative)标记。Givón举了西非Kwa类诸语言的连动构式来加以说明。他举了Yoruba语说明工具义连动构式的例子。Yoruba语是Kwa语言的一种，是VO型语言。"带走"义动词fi在工具义连动构式中语法化为工具格标记，工具义连动构式语法化为工具构式。如：

(1) mo　fi　　ade　　　ge　naka
　　 I　took　machete　cut　wood
　　 'I cut the wood with the machete.'

这种语言的工具构式语法化与中古汉语"持/取/将/捉/把"类工具构式、近代汉语"拿"类工具构式的语法化十分相像。首先，句法成分变化相似，都是

"[V₁+O₁]+[V₂+O₂]"重新分析为"P+O₁+[V+O₂]"。其次,工具介词的语法化源都是带有[+携带]义的及物动词。例(1)也说明,类似VO型语言的工具构式语法化可能具有句法、语义上的共性。

13.3 兼有两种语序语言的工具构式语法化举例

Hajek(2006)提出一个两种语序并存语言中的、正处于连动构式向工具构式演变的过渡阶段的构式的例子。

作者研究了南岛语系Tetun语的Dili支的连动构式。这是一种AVO(agent-verb-object)和SV占优势的语言,部分具有OAV型语序。在这种语言中,"携带""带来""带走"义的动词lori和hodi充当连动构式的前一动词时,已经具有工具介词的部分性质,例如,避免宾语前置和省略。见下例:

(2) abó   [lori tudik ko'a] paun
    grandparent take knife cut   bread
    'Grandfather used the knife to cut the bread.'

(3) ema   Kupang sira [hodi rupiah selu] ami,
    person Kupang 3pl   take   rupiah pay   1pl.exc
    maibé ami   hakarak dolar deit
    but   1pl.exc   want   dollar only
    'People from Kupang pay us with rupiah, but we only want dollars.'

Lori、hodi也可以置于主要动词之后,这时它们的工具介词用法更加显著。它们跟随在动词后的"时–体–情态"标记的后面,总是处于介词短语所处的句法位置上,并且不能省略或前置宾语。作者已将它们看成前置介词。如:

(4) abó   [ko'a paun lori] tudik
    grandparent cut   bread take knife
    'Grandfather cut the bread with the knife.'

我们认为,Dili语的这种过渡阶段的连动构式,与金文、今文《尚书》中处于过渡阶段的"以/用"类连动构式相像。相同点有:(一)它们的工具成分都具有前置于连动构式中另一核心谓语与后置两种句法位置;(二)工具介词还没有正式形成,带有一定的动词性;(三)构式既可以分析为连动构式,同时又可以分析为工具构式,还都处于工具义连动构式向工具构式演化的过渡阶段。不同点有:(一)金文和今文《尚书》中的"以/用"的动词性更加明显,既可以省略宾语也可以前置宾语,金文和今文《尚书》中的"以/用"类工具义连动构式比Dili语的这种连动构式的语法化程度还要低;(二)动词"用"由"使用"义动词虚化而来,并不是"携带"义。这一例子也说明,上古汉语的语序类型可能与这种Dili语更相近,即以VO语序为主、兼具OV语序的语言类型。

Dili语"携带"义动词在连动构式中正在语法化为工具介词。同样,在汉语中,上古"率领、携带"义动词"以"、中古"持拿"义动词"持、取、将、捉、把"、近代"持拿"义动词"拿"也在连动构式中语法化为工具介词。这些工具介词的语法化源都是含有[+携带]义的动词,都在工具义连动构式中受到构式强大影响(但不一定有构式的压制)而被语法化,有语法化共性特征。

13.4　工具构式语法化跨语言类型的统计归纳

Heine & Kuteva(2004)的统计可以说明,各语言发展为工具构式的方式最常见的是两种。

第一种方式是伴随格(comitative)标记向工具语境的扩展。伴随格标记在工具语境中成为工具格标记,从而形成工具构式。如Ewe语的"kplé"类工具构式、Ga语的"kɛ̀"类工具构式、Baka语的"tɛ"类工具构式、土耳其语的"ile"类工具构式、拉丁语的"cum"类工具构式、英语的"with"类工具构式等。这与汉语工具构式的语法化方式明显不同。

第二种方式是含"带走"义动词的连动构式的重新分析。如拉祜语"yù lɛ"类工具构式、Nupe语"la"类工具构式、Dagbane语"zang"类工具构式、Efik语"dá"类工具构式、Ijo语"àkɪ́"类工具构式等。这些语言中的工具构式的语法化与上古汉语"以"类工具构式、中古汉语"持/取/将/捉/把"类工具构式、近代汉语"拿"类工具构式的语法化方式具有很大程度的共性。

13.5　结　语

首先,汉语工具构式语法化路径在跨语言范围内具有共性。含有"携带"(take、carry、bring等)""使用"义及物动词的连动构式普遍可以语法化为工具构式。汉语诸多工具构式的语法化路径在跨语言中反复出现,也验证了语法化理论对构式语法化若干重要特征的判定。

其次，不同的语序类型，工具构式语法化的句法结构也不相同。VO型语言的连动构式倾向于语法化为前置工具介词的工具构式。VO型为主、兼有OV型语言的连动构式在语法化的过渡阶段时其工具成分可能普遍具有前置于连动构式中另一核心谓语和后置两种句法位置。

再次，上古汉语"以/用"类工具构式语法化的过渡阶段中，工具成分具有前置于连动构式中另一核心谓语和后置两种频率相当的句法位置，这从一个侧面说明上古前期汉语（《左传》以前）可能更接近兼有VO和OV两种语序类型的语言类型。而中古、近代汉语工具构式的语法化中，工具成分只有前置这一种句法位置，工具介词也只是前置介词，这从一个侧面说明中古、近代汉语可能是一种更接近VO型的语言。

最后，不同语言中具有类似"携带""使用"义的动词普遍可以在工具构式中受构式强大影响（但不一定包括构式的压制）而"被语法化"为工具介词。工具介词语法化和工具构式语法化普遍可以同时进行，协作共生。工具介词语法化只是工具构式语法化的一种陪衬。

本章只是初步考察，有待共时和历时类型学的后续研究。

第五部分

事件融合与语法化

第14章　Talmy两分法类型学的奥秘：宏事件的事件融合及语法化

14.1　引　言

Talmy两分法类型学依据核心图式的编码位置将人类语言划分为动词框架语言和卫星语框架语言，这一理论在语言学研究中产生深远影响。本章以现代汉语动趋式为研究案例，探究Talmy两分法类型学的本质。研究发现，Talmy类型学实质是，他所研究的宏事件实际上是事件融合和语法化的产物。

认知语言学创始人之一Leonard Talmy从类型学视角出发，依据路径（path）元素的跨语言表征，将人类语言划分为动词框架语言与卫星语框架语言两种类型，称为Talmy两分法类型学（Talmy, 1985a, 2000b）。迄今为止，Talmy的两分法类型学产生了广泛影响，并促进了大量实证研究的开展。其中，此类研究大都以运动事件为出发点，通过对比运动事件中不同语义元素（包括焦点、运动、路径、背景、方式和原因等）的形式表征来判定某种语言的类型归属，进而揭示人类认知的普遍原则和不同民族的认知类型模式。目前所涉及的语言遍布不同语种，包括日耳曼语（如英语、德语、荷兰语）（Slobin, 1996, 2004；Özçalişkan, 2004, 2005；Beavers et al., 2010）、罗曼语（如法语、意大利语、西班牙语、罗马尼亚语）（Aske, 1989；Cardini, 2008；Kopecka, 2013）、斯拉夫语（如俄语、波兰语）（Croft et al., 2010）、汉藏语（如汉语）（Chu, 2004；Chen & Guo, 2009, 2010；阚哲华, 2010；李雪, 2009, 2012；史文磊, 2011a, 2011b, 2012）以及阿尔泰语（如土耳其语）（Özçalişkan & Slobin, 2003）等。由此可见，Talmy的两分法类型学为探究人类认知开辟了独特路径。

本章以现代汉语动趋式为案例，从事件融合和语法化视角系统阐释两分法类型学的理论本质。14.2节详细阐释宏事件的概念结构。14.3节介绍研究方法和研究假设。14.4节运用具体语料论述事件融合和语法化。14.5节为结语。

14.2 宏事件的概念结构

宏事件是Talmy认知语义学中的重要理论发现之一。作为一个语义概念，宏事件实际上是一个基本的、复杂事件范畴或事件复合体（event complex）（Talmy, 2000b）。一方面，宏事件由一个单句表达，常常概念化为整合的单元事件；另一方面，对这样的单句更详细的句法和语义分析表明，它们的概念结构和内容与一种复杂事件很相似，而且它们确实经常可以用复合句替换表达。下面，我们具体介绍宏事件的概念结构和Talmy目前提出的五类宏事件。

首先，就概念结构而言，宏事件由框架事件、副事件以及两个事件之间的支撑关系（support relation）构成（如图14.1）。顾名思义，在宏事件中，框架事件是主事件，为整个宏事件提供整体概念框架。相对而言，副事件是附属事件，是一个辅助角色，对整个宏事件概念结构的贡献和决定能力较小。框架事件为副事件提供基底，在概念上作用于副事件。副事件为框架提供支撑，可以补充、阐释、增容以及激活框架事件。框架事件和副事件之间的支撑关系包括先发关系、使能关系、原因关系、方式关系、伴随关系以及后发关系等（Talmy, 2000b）。

同时，由图14.1可知，框架事件包括焦点、运动、路径和背景四个核心语义元素。其中, [路径]或[路径+背景]构成宏事件的核心图式。与框架事件不同，副事件仅由一个语义元素构成，方式或原因是最常见的副事件。两分法类型学的提出正是基于宏事件中[路径]或[路径+背景]，即核心图式的句法表征提出。具体来说，典型动词框架语言表示核心图式编码在动词词根中的语言，主要包括西班牙语、意大利语等罗曼语；典型卫星语框架语言表示核心图式编码在动词词根周围卫星语（如词缀、小品词等）中的语言，主要包括英语、俄语以及德语等。就汉语来说，古代汉语属于典型动词框架语言（史文磊，2011a, 2012），而现代汉语则属于非典型卫星语框架语言，因为现代汉语还包括少量均衡框架构式（如：他走进房间；他进了房间）（Slobin, 2004; Talmy, 2012）。这里需要注意的一点是，Talmy的类型学是针对宏事件核心图式的语言编码提出的，因此判断语言类属过程中，应首先判断所分析的事件是否是宏事件，然后再分析其核心图式是编码在动词词根中还是卫星语中。

```
[焦点、运动、路径、背景][框架事件] ←——  支撑关系    [事件][副事件]
                   运动事件        先发关系
                   体相事件        使能关系
                   状态变化事件    原因关系
                   行动关联事件    方式关系
                   实现事件        伴随关系
                   ……             后发关系
                                   ……
```

图14.1 宏事件的概念结构（Talmy, 2000b）

如图14.1所示，以框架事件作为分类标准，Talmy提出如下五类宏事件：运动事件、体相事件、状态变化事件、行动关联事件和实现事件。表14.1为五类宏事件的现代汉语和英语表征。运动事件，如例（1），表示焦点在空间中的位移，由框架事件"球进来了"和副事件"球滚动"融合而成，核心图式编码在"in"和"进来"中。体相事件，如例（2），表示焦点沿时间背景的运动，由框架事件"他们继续下去"和副事件"他们谈话"融合而成，在表征层面，体相事件的核心图式编码在补语"on"和"下去"中。状态变化事件，如例（3），表示焦点沿特征背景的变化，由框架事件"蜡烛熄灭"和副事件"吹蜡烛"构成。在英语和汉语中，状态变化事件的核心图式分别编码在补语"out"和"灭"中。行动关联事件，如例（4），表示两个施事的伴随活动，如第一个施事唱歌，第二个施事随着他一起唱。行动关联事件体现的是框架事件"第二个施事伴随"和副事件"第一个施事唱歌"的融合，核心图式编码在副词"along"和动词"随着"中。实现事件实际为心理状态变化事件，表示焦点沿目的背景的运动，直到目的实现。如例（5）中，"警察追捕到逃犯"融合了框架事件"逃犯抓到"和副事件"警察追捕逃犯"，核心图式编码在补语"down"和"到"中。

表14.1 五类宏事件（Talmy, 2000b）

五类宏事件		
（1）运动事件	The ball rolled in.	（球滚进来了。）
（2）体相事件	They talked on.	（他们继续谈下去。）
（3）状态变化事件	The candle blew out.	（蜡烛吹灭了。）
（4）行动关联事件	She sang along.	（她随着唱。）
（5）实现事件	The police hunted the fugitive down.	（警察追捕到逃犯。）

目前，大多数Talmy类型学的文献主要依据运动事件来判定所探讨语言的类型归属，而其他四类宏事件的研究关注明显不足（李福印，2013）。有鉴于此，本章以现代汉语中的动趋式为例，阐述动趋式如何表征这五类宏事件，并探讨宏事件的事件融合和语法化等问题。

14.3 研究方法和研究假设

宏事件是Talmy两分法类型学的基础，由框架事件和副事件融合而成。本章通过实例列举的定性研究方法，论证宏事件中的事件融合及语法化。语料均取自北京大学CCL语料库。

本章的研究假设为：

宏事件的简单表征结构由表征框架事件和副事件的两个简单小句融合和语法化而成。

为论证上述研究假设，我们选择现代汉语动趋式作为分析案例，论证事件的融合和语法化。在现代汉语中，动趋式属于动补结构，由方式动词和趋向动词组合而成（赵元任著，吕叔湘译，1979）。本研究选择现代汉语动趋式作为论据，主要基于两个原因：（一）动趋式中的趋向动词数量有限且稳定，有利于语料检索；（二）动趋式表征了五类不同的宏事件，有利于全面系统地论证五类宏事件中的事件融合和语法化；（三）趋向动词属于封闭语类。

表14.2列举了现代汉语中的简单趋向动词和复合趋向动词，其中复合趋向动词由简单趋向动词"来"和"去"与其他简单趋向动词搭配构成。在14.4节，我们通过具体例句阐述动趋式如何表征五类宏事件，以及宏事件的事件融合和语法化。

表14.2　趋向动词列表（朱德熙，1982；刘月华，1998）

简单趋向动词（11）	来，去，上，下，进，出，回，过，起，开，到
复合趋向动词（17）	上来，上去，下来，下去，进来，进去，出来，出去，回来，回去，过来，过去，起来，开来，开去，到……来，到……去

14.4 宏事件的事件融合及语法化

14.4.1 宏事件的事件融合

如上文所述，宏事件主要包括五类，即运动事件、体相事件、状态变化事件、行动关联事件和实现事件。运动事件之外的四类宏事件均为运动事件的隐喻扩展。本部分以动趋式为例，分别论证这五类宏事件中框架事件和副事件的融合过程。

运动事件是日常生活中最为普遍和最易于感知的事件类型，这一宏事件主要融合了位移性框架事件和方式副事件，可以表示为[运动事件]=[运动]+[方式]+[路径]。在现代汉语中，焦点的路径可以通过上述11个简单趋向动词和17个复合趋向动词表示。但是在实际语言应用中，这些趋向动词通常和具体方式动词融合，构成宏事件。由于现代汉语中表示运动的方式动词较为多样化（如"跳、蹦、走、爬"等），我们选择常见的方式动词"跑"作为关键词，观察该动词与趋向动词的融合。如例（1），动词"跑"是方式副事件，表征运动的具体方式。趋向动词"到、进、去、出来"表征焦点从一个空间运动到另一个空间的具体路径，为框架事件。在实际运动中，方式副事件与框架事件同时发生，融合为一个宏事件。由此看来，在运动事件中，动趋式表征了框架事件和副事件的融合。

(1) a. 陶行知从美国留学归来，不久就从城市跑到农村。（当代/CWAC/AEB0001）
b. 洪英植跑进王宫，宣布中国兵变。（当代/CWAC/AHB0018）
c. 科学史家都跑去搞科学社会史。（当代/CWAC/AHE0024）
d. 但温公终于不听，旁边跑出来一个蔡京。（当代/CWAC/APT0080）

体相事件指焦点在时间维度的位移（Talmy, 2000b）。以谈话为例，谈话实际是交流的一种方式，因为交流可以通过文字、手势甚至眼神等各种方式进行。例（2）中，趋向动词"到、起、过、出来"表示交流活动的继续，可以识解为焦点即谈话的内容在时间路径上的位移，是体相事件的核心图式，为框架事件。动词"谈"编码了通过口腔肌肉的运动和通过声音媒介的流动来传递信息的方式，是具体的副事件。副事件动词语义与体相事件的框架事件即趋向动词语义之间的支撑关系是构成关系，"填充"在以时间结构为框架的概念域里（Talmy, 2000b），因此，动趋式"谈到、谈起、谈过、谈出来"表征了体相宏事件中框架事件和副事件的融合。

(2) a. 人们谈到哲学或宗教时,心中所想的与之相关的观念,可能大不相同。(当代/CWAC/APB0050)

b. 如果缺少了这个"中介",史学便无从谈起了。(当代/CWAC/AHT0034)

c. 前面谈过,语言一进入使用就发生演变。(当代/CWAC/ALT0049)

d. 有意见尽量谈出来,不要……(当代/应用文/词典/倒序现汉词典)

状态变化事件表示物体或情景特征的变化(Talmy, 1991, 2000b; 杜静、李福印, 2015, 2016)。在状态域中,物体的性质存在从无到有、从少到多或相反方向的性质变化过程,可以类比为空间域中物体的位置变化。以动词"热"和"涨"作为关键词,在语料库中进行搜索,发现动趋式也适用于表征状态变化事件,如例(3)。例(3)中,天气、专业、股票等可概念化为焦点实体,非施事性动词"热"和"涨"词汇化了[状态变化+原因]两个义素,是整个宏事件的副事件;而趋向动词"起来、下去、上去、回来"则表示状态的变化趋势,隐喻性地识解为温度计刻度或标尺上的数量位移,是整个状态变化事件的核心图式,为框架事件。由此可见,动趋式也可以表征状态变化事件中框架事件和副事件的融合。

(3) a. 天热起来了,病房里的空气粘滞而郁闷。(当代/史传/张清平《林徽因》)

b. 热门专业真的能热下去吗?(当代/网络语料/网页/C000020)

c. 有人说,杨百万来了,股票也不会涨上去。(当代/报刊/1994年报刊精选)

d. 这次指数是从512点涨回来的。(当代/网络语料/网页/C000008)

行动关联事件表示两个施事之间的共同活动,在这一宏事件中,一个有意图的施事者影响或维持他自己的行动和后一个行动者行动之间的一种特定关联(Talmy, 2000b)。框架事件由这种特定关联构成,而副事件由施事发出的具体行动构成。如例(4)中,谈话、伴唱等活动通常都至少有两个参与者。在现代汉语动趋式中,框架事件即关联成分编码在趋向动词中(如"来""起来""下去")以及跟随义动词中(如"跟""接"),而副事件则编码在方式动词中(如"谈、喝、唱")。由此可见,动趋式表征了行动关联事件中框架事件和副事件的融合。

(4) a. 我跟他就是谈不来,他很幼稚!(当代/文学/香港作家/张小娴《把天空还给你》)

b. 二人斟满杯子又喝起来。（当代/史传/李文澄《努尔哈赤》）
c. 小孩儿跟在后面凑趣儿，竟在那里拍着小手唱起来了。（当代/史传/李文澄《努尔哈赤》）
d. 闻此，笔者不好意思接着话茬谈下去。（当代/报刊/《人民日报》/1996年《人民日报》）

实现事件是表示施事者意图实现的一种事件类型（Talmy, 2000b；严辰松, 2005；贾红霞、李福印, 2015）。在实现事件中，框架事件表示意图的实现，副事件则指意图实现的方式（Talmy, 2000b）。如例（5）中，施事性动词"抓"暗含了施事者抓某人的意图，表达未然完成义或是隐含完成义，是副事件，而趋向动词"到、进去、起来"等卫星语表达施事者意图的最终实现，表征框架事件。因此，在实现事件中，动趋式也体现了框架事件和副事件的融合。

(5) a. 曹操把华佗抓到许都。（当代/应用文/社会科学/《中华上下五千年》）
b. 杰克布被日本人抓进去了。（当代/文学/大陆作家/严歌苓《寄居者》）
c. 最后单雄信被抓起来了。（当代/口语/对话/《李敖对话录》）
d. 我们也把他抓回来了。（当代/报刊/1994年报刊精选）

综上所述，Talmy提出的五类宏事件都可以通过动趋式表征。而且，动趋式中方式动词和趋向动词的结合恰好呈现了宏事件中框架事件和副事件的融合。更重要的是，五类宏事件在现代汉语中所呈现的融合模式和表征结构论证了我们的研究假设：Talmy的类型学实质为事件融合类型学，宏事件的简单表征结构式由表征框架事件和副事件的两个简单句融合而成。但是需要注意的是，动趋式只是现代汉语中的一种句法结构，古汉语中的谓语通常由单音节动词充当（石毓智, 2011）。这说明，宏事件中的事件融合在语言发展过程中呈动态变化，经历了语法化过程。下面，我们将结合古汉语中的具体实例阐释事件融合的语法化。

14.4.2 事件融合的语法化

语法形式的变化是语言发展过程中不可避免的趋势，因为语言使用过程中会受到各种各样因素的制约或影响（石毓智, 2011）。本研究认为，在众多因素中，概念化方式的变化是语法形式变化的一个主要动因。具体来说，不同民族或者同一民族在不同历史时期运用不同方式来概念化外在世界，从而形成了不同的语义系统和语法系统（石毓智, 2011）。以宏事件（或复杂事件）为例，汉民族在不同历史阶段采用不同的概念化方式认知宏事件，因此，在不同时期运用不同的语法结构来表征这一事件复合体。从上古到中古再到近现代，宏事件的形成经历了复杂事件到低融合宏事件再到高融合宏事件三个主要阶段。下面，我们通过不同时期的历史语料阐释与动趋式相匹配的事件融合过程。

在上古时期，趋向连动构式是表征复杂事件的典型构式，由趋向动词和运动动词搭配构成［如例(6)］。这一时期只有趋向连动构式，还没有形成动趋式，趋向连动构式和动趋式实为同形异构，因为一方面，趋向连动构式中的趋向动词和运动动词中间可以插入语法成分，如"而"和"以"［(6a)和(6b)］，另一方面，两类动词可以更换顺序［如(6c)和(6d)］（梁银峰，2007）。另外，不同于动趋式，趋向连动构式中的趋向动词有时包含致使义素，表示"使……"。如(6c)表示"如果是晋人就驱逐他，使他出秦的边境之外"。

在概念结构层面，趋向连动构式中的运动动词和趋向动词分别表征两个简单事件，这两个事件在时间维度上呈并列顺序分布。如例(6)中，"取出""引入""逐出""出逐"均表示两个连动事件。由此看来，在上古时期，汉民族倾向于将两个看似紧密承接的事件概念化为两个独立的子事件，进而表征为趋向连动构式。

(6) a. 取宝玉、大弓以出。(《左传·定公八年》)
   b. 因引而入塞。(《史记·李将军列传》)
   c. 其舍人临者，晋人也，逐出之。(《史记·秦始皇本纪》)
   d. 项羽出逐义帝彭城，自都之。(《史记·高祖本纪》)

中古时期，新兼语式和发展后的趋向连动构式成为表征事件融合的主要构式结构。在这时期，新兼语式（V$_{动}$+O+V$_{趋}$）进入发展阶段，这一构式中的V$_{动}$槽位不再局限于少数动词，而是开始容纳更广范围的动词（梁银峰，2006）。在新兼语式中，运动动词与趋向动词由一个名词（或名词短语）隔开，该名词既是运动动词的宾语，又是趋向动词的主语。就事件融合程度而言，新兼语式中动宾（V$_{动}$+O）和主谓（O+V$_{趋}$）两个结构的融合表征两个事件的融合。如(7a)，"瑾引船"和"船出"两个事件融合为"瑾引船出"。与此相似，(7b)表示"引一鲈鱼"和"鲈鱼出"两个事件的融合。然而，虽然新兼语式呈现了事件融合，但是由于两个动词之间有语法成分隔开，两个事件之间的边界仍然保留，因此为低度事件融合。

较之新兼语式，进一步发展后的趋向连动构式表征的事件融合度更胜一筹。具体来说，西汉以降，趋向连动构式中的插入成分迅速减少（魏兆惠，2005b），趋向动词的致使语义脱落，连动结构内部结合的紧密度增强，两个动词之间的界限逐渐模糊（梁银峰，2007）。与先秦时期相比，趋向连动构式在概念层面仍然表示两个简单事件的组合,但是两个事件的融合程度提高。两个事件开始由时间上的先后关系向逻辑上的因果关系转化,呈现时间到因果的隐喻(Heine et al., 1991a)。如(7c),"引出五脏六腑"意为"由于某人的引导,因而五脏六腑从孔中出来"。(7d)中,"引出周时鼎"表示"由于打捞牵引,因而周时鼎出来"。事件关系的变化说明汉民族对客观世界的认知处于动态更新状态,由将承接事件概念化为两个简单事件向进一步认知事件的逻辑关系发展。

(7) a. 瑾便引船出,逊徐整部伍,张拓声势,步趋船,敌不敢干。(《三国志·吴书·陆逊传》)
b. 须臾,引一鲈鱼出。(《搜神记·卷一》)
c. 平旦,至流水侧,从孔中引出五脏六腑洗之,讫,还内腹中。(《搜神后记·卷二》)
d. 秦始皇将我到彭城,引出周时鼎。(《抱朴子内篇·祛惑》)

进入近代汉语时期之后,动趋式的语法地位逐步确立,主要表现为趋向动词由核心动词弱化为动词补语,韵律格式也由重音弱化为轻音。随着趋向动词向趋向补语的转变,动趋式两个语法成分之间的边界完全消失,两者凝固成动趋式复合动词[如例(8)](梁银峰,2007)。与形式表征的语法化并行,动趋式的深层概念结构也发生了语法化。具体来说,在趋向连动构式和新兼语式中,$V_{动}$和$V_{趋}$表征两个呈顺序分布的事件,两个事件在概念结构中地位相同,不分伯仲。相比之下,在动趋式中,$V_{动}$和$V_{趋}$融合为宏事件,$V_{趋}$表征宏事件中的框架事件,而$V_{动}$则表征副事件。也就是说,$V_{动}$和$V_{趋}$所表征的两个事件在概念结构中的地位发生了变化。$V_{趋}$所表征的事件为框架事件,包含了宏事件的核心图式,而$V_{动}$所表征的事件为副事件,是宏事件的附加事件。同时,两个事件的融合程度随着动趋式的形成也更为紧密,从顺序发生的两个事件融合为一个完整的事件复合体。这说明在近代汉语时期,汉民族对事件的概念化方式再次发生变化,不但认知事件关系,还对事件的地位形成高度认识。宏事件的形成大大减轻了思维的概念加工负荷,成为一种经济有效的概念化方式。

(8) a. 丫鬟、养娘等引出新人交拜,鼓乐喧天,做起花烛筵席。(《喻世明言·第六卷》)
b. 要投入寺里强人,先引出寺外和尚。(《水浒传·第十七回》)
c. 陈林一见,心内着忙,急将太子引出,仍回正宫去了。(《七侠五义·第一回》)
d. 邓九公这话,正是要引出安老爷的话来。(《儿女英雄传·第十七回》)

综合14.4.1中的五类宏事件和14.4.2中的事件融合语法化，我们可以发现，趋向动词语法地位的变化是事件融合以及汉语类型归属的关键点。当趋向动词处于谓语动词地位时，事件融合程度低，汉语属于动词框架语言。当趋向动词处于动词补语地位时，事件融合程度高，汉语属于卫星语框架语言。由此，趋向动词的语法化过程可以概括为由开放语类（open-class）向封闭语类（closed-class）变化的进程（如图14.2）。在这一演变过程中，趋向动词对应五类不同的宏事件，但是这五类宏事件语法化程度不尽相同。可以确定的一点是，某些动趋式体相事件的语法化程度最高，因为"过"等在10世纪之前还是普通趋向动词，发展至今已经虚化为体标记，成为动词的附着成分（石毓智，2011）。其他四类宏事件的语法化程度还需商榷，因此图14.2只是初步构想，还需要在未来研究中进一步探讨。

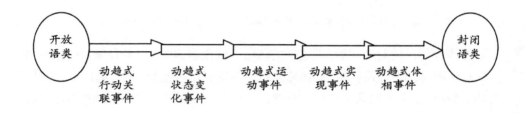

图14.2　开放语类向封闭语类的变化路径

总体来讲，在汉语发展的历史长河中，汉民族对客观世界的概念化方式发生了显著变化。宏事件中的事件融合恰好反映了汉民族这种思维方式的渐进变化。同时，在概念化方式转变的驱动下，汉语的语法系统也发生了变化，主要表现为一部分谓语动词向动词补语的转变。这种变化直接促使汉语的类型归属由动词框架语言发展为非典型卫星语框架语言。简言之，概念化方式的变化直接导致语法系统的变化。概念化方式表现为事件融合，语法系统表现为类型归属。由此可见，事件融合和语法化推动了语言的转型，也就是说，事件融合及语法化是Talmy两分法类型学的本质。

14.5　结　语

Talmy两分法类型学通过考察事件语义元素的句法表征将语言划分为动词框架语言和卫星语框架语言，为语际、语内研究提供了新视角，为探究人类认知开辟了一条路径。本章以汉语动趋式为案例，论证了Talmy两分法类型学的理论本质。

通过古今语料定性分析，我们初步得出结论，Talmy两分法类型学实质是事件的融合及语法化。汉语尤为如此。事件的融合及语法化过程从一定视角反映了汉语中概念化方式的演变，驱动了汉语从动词框架语言转型为非典型卫星语框架语言。诚然，汉语的转型同样还受到双音化、语用以及社会发展等其他因素的影响，但是我们认为概念化方式的转变是促使汉语转型的一个至关重要的动因。本研究的创新之处在于将事件和语法化两大相对独立的研究领域有机结合，并尝试提出事件才是语法化和人类概念化方式演变过程中的不可消失的元素。对动趋式的分析初步验证了我们的假设，即，宏事件简单结构的小句表征是事件融合及语法化的结果。对于这一观点，我们呼吁学界开展更多实证研究。

第15章 事件融合视角下现代汉语"V到"构式的动补类型嬗变

15.1 引言

动补结构的产生和发展是汉语史上的重大事件（王力，1989；石毓智，2015），在大量的动补结构当中，"V到"构式因其独特性在动补类型的归类上存在不少争议，主要集中在动趋式（吕叔湘，1980）、动结式（王寅，2011a，2011b）和动相式（Chao，1968）这三大类别上。本章从认知语义学的角度出发，认为"V到"构式之所以存在动补类型争议实则是基于语言使用（usage-based）的产物，并且依据"到"字的历时演化过程（曾海清，2009；刘芳，2009；罗耀华，2015等）可以发现"V到"构式自唐宋以来开始大量涌现，"V"与"到"之间逐步融合稳固，语义呈多元化趋势并伴有语法化现象的存在。这与Tamly提出的"事件融合"理论框架是紧密相关的，因为"到"在Talmy的运动事件中表示[路径]要素的"到达"矢量（arrival vector）（Talmy, 2000b），可从独立表示的单一事件，如"到山顶上"，与[运动]要素作为主动词的单一事件，如"爬山"，融合成一个"事件复合体"（event complex）（Talmy, 2000b），即"爬到山顶上"，这也是一个单一事件，只不过是更高一个层面上的单一事件，亦即"宏事件"。

鉴于此，本章建议从"事件融合"的视角出发，在共时层面上分析现代汉语"V到"构式在事件融合上的具体分布，探索与之对应的不同动补类型，并试图寻找它们之间存在的关联和规律。本章15.2节介绍事件融合的理论背景，并且认为"V到"构式是在Talmy事件融合思想的基础上发生的概念要素重组与融合。15.3

节探讨并总结"V到"构式动补类型的具体分布与争议。15.4节探讨"V到"构式在事件融合视角下的具体分布及其规律,旨在揭示现代汉语"V到"构式动补类型的争议实则是其在不同动补类型上的嬗变。最后一节为结语。

15.2 理论背景

15.2.1 Talmy基于概念要素的事件融合

Talmy(2000b)对事件融合的定义是:原来由多小句句法结构表征的事件复合体通过认知加工后也可被概念化为由单小句表征的单一事件,这种涉及概念融合或事件词汇化并入的再概念化(reconceptualization)过程便是"事件融合"。Talmy从概念要素的角度出发,对事件融合的类型有了三大发现:

(1) 亦被称为"宏事件"的事件复合体在语言的深层概念组织中是普遍存在的,它包括一个主事件、一个副事件以及二者之间的关系,即宏事件=主事件+副事件+二者关系;

(2) 宏事件不仅只与运动相关,而是涉及至少五种不同类型的事件,除运动事件外分别为状态变化事件、体相事件、行动关联事件和实现事件;

(3) 基于它们在何处(动词还是卫星语素)编码事件复合体的核心图式,语言可以分为两种类型。

本章关注前两个发现对"V到"的解读。

从语义上讲,在第一个发现中,主事件是代表宏事件的框架事件,里面可以填充[焦点实体][背景实体][激活过程]和[关联功能],可分别对应于一个基本运动事件的四个概念要素,即[焦点][背景][运动]和[路径](沈家煊,2003)。副事件(又称为伴随事件),对主事件的支撑关系通常为[方式]和[原因],方式和原因本身也是事件。如例(1)和例(2):

(1) "The rock [焦点] MOVED [运动] down [路径] the hill [背景]" [主事件] ←[方式] "The rock rolled" [副事件]

(2) "The rock [焦点] AMOVED [运动] down [路径] the hill [背景]" [主事件] ←[原因] "I rolled the rock" [副事件]

表原因的副事件有施动者，所以例(2)这里的"施动"($_A$MOVED)[①]与前面的"自动"(MOVED)有所区别。其中主事件中的[路径]或[路径+背景]被称为核心图式(core schema)，它涉及很重要的类型学的意义。此外，在第二个发现中，宏事件的五种类型均发生在框架事件里(Talmy, 2000b)，而事件融合主要是[运动]和[支撑关系]两个概念要素的合并，其具体关系如图15.1所示：

[焦点、运动、路径、背景][框架事件] ← 支撑关系 [事件][副事件]

        运动事件   先发关系

        体相事件   使能关系

        状态变化事件 原因关系

        行动关联事件 方式关系

        实现事件   伴随关系

        ……   后发关系

                ……

图15.1 Talmy事件融合视角下宏事件的概念结构(Talmy, 2000b)

  据此，依旧以"(我)爬到山顶上"为例，在Talmy事件融合的视角下具体语义表征为例(3)：

  (3)"(我)[焦点] 移动[运动] 到[路径] 山顶上[背景]"[主事件] ←[方式] "(我)爬"[副事件]

  若从这两个概念要素的事件融合出发，并不能解决引言中所提到的争议。英汉分属不同的语系，具有各自的范畴划分和词汇化的规律，语法化虽说总是遵循"从实到虚"的原则，但具体到某一词语和概念来说，又有很大的差异。就"到"

---

  ① 例(2)中的 $_A$MOVED 比例(1)中的 MOVED 多出下标的字母 A，是施动者的语义标记，表示该句是具有施动者的，即"我把岩石滚到山下"。而例(1)中的"岩石滚下山"没有施动者。

而言，不完全与英语的"to"相对应，它们之间既有部分重叠之处，也有很多不同。其重叠之处就是二者都可以表示"到达"义路径矢量。然而最大的不同是，"到"在先秦时期便可作为独立的动词使用，如《诗经》中的"糜国不到"（曾海清，2009；罗耀华，2015）。即便在现代汉语中，"到"字依旧可以独立使用，如"春天到了"或"我到家了"，而英语中的"to"却不可独立使用。这说明，[路径]不仅是一个概念要素，还可以作为一个独立的单一事件，并且[路径]子范畴中的"到达"矢量也可以作为一个独立的单一事件。因此，若将Talmy事件融合理论中的概念要素进行重组，即将侧重点转移到[运动]（即动词"V"）和[路径]（即"到"）这两个子事件之间的融合上，则更能够清晰地探索"V到"构式中"V"和"到"之间的关系，从而进一步考察"V到"构式动补类型的语义特征及其在五种宏事件类型上的分布情况。

15.2.2　概念要素重组下的事件融合

如上所述，事件融合中的概念要素主要有[焦点][背景][运动][路径]以及[支撑关系]，其中[方式]或[原因]是[支撑关系]的两个最为常见的关系（Talmy, 2000b）。Talmy的事件融合主要是[运动]和[支撑关系]两个概念要素的融合，而[路径]可出现在动词上，也可出现在附加语上。Talmy这种二分法的类型学意义主要针对的是英语等西方语言，面临复杂的汉语系统，Talmy（2000b）只能暂定汉语属于"其他事件类型的卫星成分"（other-event satellite）。他的理论是否适用于对汉语进行类型学上的剖析和判断，这是值得进一步商榷的，也是本章关注的重点。在"V到"构式的传统分析中，国内大部分学者都是将"到"作为前面动词的附着成分或者是补语成分（Chao, 1968；胡裕树、范晓, 1995；朱德熙, 1985；吕叔湘, 1980；沈家煊, 2003等）。这种汉语特色的处理方式不无道理，因为原Talmy事件融合中[运动]和[支撑关系]在具体的语言结构表征中并不一定能直接地区分出来，如例（3）中的"爬"既包含[运动]，也包含[方式]，主、副事件都主要编码在这一个动词上了。若以"爬"作为主事件，就需要将原框架事件中的[路径]要素分离出来并作为单独的副事件，才能更好地直接观察并描写其具体的语言结构表征，即"到"字。因此，"V"作为主事件包含了[焦点][背景][运动]以及[支撑关系]这四个概念要素，而"到"作为副事件仅含有[路径]概念要素。鉴于此，本章提出概念要素重组的观点，其概念要素重组下的事件融合可由图15.2表示：

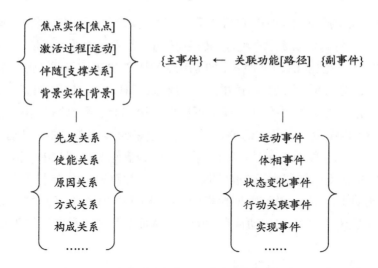

图15.2　概念要素重组下事件融合的概念结构([运动]和[路径])

图15.2 的概念要素重组是建立在"V到"构式分析基础上的,其中最大的假设前提和依据是[路径]这个概念要素分布在主要动词"V"的附加语"到"上,从而形成事件融合并进一步构成宏观上的单一事件。[路径]作为副事件依旧与主事件融合为五种类别的宏事件,分别为运动事件、体相事件、状态变化事件、行动关联事件和实现事件。由此可以观察"V到"构式概念重组融合后的事件类型与其在动补类型上的争议具有何种关系,接下来先了解"V到"构式到底存在哪些具体争议。

15.3　"V到"构式的归属之辨

15.3.1　动趋式说

"动趋式"这个称谓是吕叔湘先生第一次正式提出的,之前也被称为"趋向补语"和"趋向动词"。吕叔湘(1980)认为"主要动词加表示趋向的动词叫做动趋式,趋向动词可以做主要动词,但是在动趋式里做第二成分"。吕叔湘(1980)指出"到"在"动/形+到"的构式中属于趋向动词,并列举了具体的五个小类:

(1)动+到[+名(受事)]。表示动作达到目的或有了结果。如:"我说~一定做~""你说的都办得~"。

(2)动+到+名(处所)。表示人或物随动作到达某地。如:"他回~了家乡""成绩单已经寄~学生家里去了""快把伤员抬~安全的地方去"。

(3)动+到+名(时间)。表示动作继续到什么时间。如:"等~明年暑假我再来看你""大风刮~下午两点才停止"。

(4)动/形+到+名。表示动作或性质状态达到某种程度。如："这里的冬天可以冷~零下二十度""事情已经发展~十分严重的地步"。

(5)形+到+动/小句。表示状态达到的程度。如："声音高~不能再高了""有些生物小~连眼睛都看不见"。

支持此观点的还有刘月华(1998)、王国栓(2005)等。刘月华(1998)认为"动/形+到"主要有两种用法，一是趋向意义的用法，另一个则是结果意义的用法。其中前者还包括趋向意义的比喻用法（原型表达移动到某一处所），主要用于表达时间、数量和程度。通过对比可发现吕先生的第一种用法相当于刘先生提出的第二种用法，而第二到第四的用法则属于第一种。此外，王国栓(2005)认为趋向补语"到"不是不表示位移，而是表示一种位移完了的另一种位移，从这个角度即可理解为"最大位移趋向动词"（位移完成）或"最小位移趋向动词"（不再进行位移）。王国栓的解释使得"到"字成了一种特殊的趋向动词。

15.3.2 多元式说

Chao(1968)将"V到"的一种用法明确作为特殊一类的趋向补语[①]，这类补语的特征是其本身为表移动的动词，但用作补语时只能单用，并且不能和"来/去"构成复合趋向宾语。如果从轻声和不加后缀"了"的标准来界定趋向补语，赵元任先生认为这种类型就只能作为语义层面上的趋向动词了。如："拿~了"解释为"take and arrive at the destination"，"送~了"指的是"send so as to arrive at the destination"，这里的"到"字念第四声。此外，Chao(1968)认为念作轻声的补语"到"字是动相补语(phase complement)，其后可带可不带"了"，如"我碰~（了）一件怪事"。

朱德熙(1982)论到述补结构时并没有将"V到"归于某一类具体的补语里（如趋向补语或结果补语等），而是单列出来作了四个类别的分析。

(1)带处所宾语，"到"字读轻声。若宾语不出现的时候，"到"字要重读。如："走~邮局""爬~山顶上""没走~"。

(2)带时间宾语，这一类格式里的宾语必须出现。如："谈~半夜""唱~晚上十点钟"。

[①] Chao(1968)认为该类趋向补语只能从语义层面讲算是趋向补语，除了"到"，还包括"倒""住""走""掉""翻""散"等。

（3）带一般宾语。"捡~很多贝壳""听~一个消息"。

（4）带谓词性宾语。这又分为三种不同的情形。第一种情况如"一直唱~吃晚饭"，可转换成表时间的体词性成分，即"一直唱~吃晚饭的时候"，相当于第二类；第二种情况如"考虑~天气不好"，可转换成表事物的体词性成分，即"考虑~天气不好的事实"，相当于第三类；最后一种情况如"删~只剩下五百字""糊涂~连自己的名字也忘了"，这个格式可转换成由动词后缀"得"表示状态的述补结构了。

依据以上内容，"V到"是有理由被单列为述补结构的一个特殊子类的：朱德熙第一类后接处所的"V到"相当于吕叔湘和刘月华所说的动趋式的狭义用法，正如王国栓所说的完成了位移，亦即赵元任所解释的"arrive at the destination"；第二类后接时间或者第四类中表时间的谓词性宾语，相当于前面刘月华提出的趋向意义的比喻用法（表时间），即空间在时间上的隐喻或Talmy（2000a）所说的时空同源（spatiotemporal homology），所以从这个意义上讲，究其本质也是动趋式。但是从赵元任用于时间意义①（temporal sense）上的终结性角度讲，这又是属于动相补语了；第三类后接一般宾语或者第四类中表事物的谓词性宾语，在赵元任的归类中也属于动相补语，即表示前一个动词在时间上的完成或终结，但在刘月华的归类中则表示趋向动词的结果意义；最后就是第四类中的表示状态的述补结构，即状态补语，朱德熙认为这个结构和前面所有的黏合式述补结构不同，是属于组合式述补结构的，刘月华先生依旧认为这是趋向意义的比喻用法（表数量或程度），亦属于赵元任的动相补语。

此外，王砚农等（1987）将"V到"作为动结式，并编入《汉语动词——结果补语搭配词典》。他们共整理了289条搭配和相应的例句，但其中所有的例句都可以在吕氏或朱氏的各个小类里找到对应的分布。此外支持动结式的还有王寅（2011b），他认为"到"在"V到"中表示动作过程的结果，意为所到达的状态，接在动词后自然就有了表示"结果"的意思，如"来到、想到、拿到、说到"。从中可以看出归结为动结式的学者更看重"路径终结"后的结果状态。

---

① Chao（1968）在动相补语中阐释"V过"的时候，认为表达空间意义时可作趋向补语（如"你走过了＝走过头了"），而表时间意义的就是动相补语（如"我吃过了饭就走""你错过了一个好机会"）。因此本章就此推论"V到"从空间到时间的投射属于赵元任动相补语范畴。

15.3.3 整合与反思

以上学者对"V到"构式的补语归属问题都有自己不同的看法,所以朱德熙先生将"到"字单列出来作为一种特殊的述补结构,并依据"V到"构式后面的接续成分进行了具体的分类,但是并没有给出与其他动补类型的关系对应。至于"V到"构式究竟属于什么补语,其实并没有统一的评判标准,只能说从不同角度出发所得出的结论不同,这也在于表示"路径终点"的"到"字本身就具有特殊性和复杂性。若看重它是表"终点的路径",更容易归类到动趋式;若是强调它是表"路径的终点/结",则有理由认为是动结式或动相式。本章尝试以朱德熙的分类为参考标准,总结出不同学者对"V到"构式动补类型的不同分类与对应,见表15.1。

表15.1 "V到"构式的动补类型分布差异(以朱德熙的分类为参考标准)

朱德熙 (1982)	述补结构					
	V到+处所宾语	V到+时间宾语	V到+一般宾语	V到+谓词性宾语		
				时间	事物	状态
Chao (1968)	动趋式	动相式				
刘月华 (1998)	动趋式					
	趋向意义	趋向意义的比喻用法(时间)	结果意义	趋向意义的比喻用法(时间)	结果意义	趋向意义的比喻用法(数量、程度)
吕叔湘 (1980)	动趋式					
王国栓 (2005)	动趋式					
王砚农等 (1987)	动结式					
王寅 (2011b)	动结式					

从表15.1可以看出,"V到"具有动趋式性质的权威支持者不占少数,但从目前已有的文献来看,很多对动趋式进行穷尽性的研究时都因其有争议性而不予以考虑(马玉汴,2005;胡晓慧,2012等)。这并不表明"V到"问题就此被搁浅,相反,也有很多学者对"到"字进行了全方位的描写和考察(曾海清,2009;罗耀华,2015等)。这为进一步深入研究提供了各种文献和数据的支撑。本章从事件融合视角出发,认为"V到"中"V"和"到"两个可分离的子事件已逐步融合为一个单一事件,从而成为一个构式,亦属于宏事件。"V到"所分别对应的"过程"和"结果"

在一个宏事件中具有转喻关系,即在"动作本身""动作过程""动作结果"之间,都存在"转喻"关系,有部分与部分、部分与整体的关系。这些动补类型的争议其实在于聚焦不同的动作阶段,它们本来就有内在联系,只是关注焦点不同,因此也无所谓谁是谁非。然而"V到"构式在事件融合的类型分布上究竟和动补结构有何具体的对应关系,对解决其动补类型的争议又具有怎样的启发,下文将进行进一步的分析。

15.4 事件融合下"V到"构式的动补类型嬗变

如上所述,宏事件的五种事件类型是从概念语义上进行区分的,若从语义和形式匹配的角度出发,则可以考察"V到"构式在五种宏事件类型上的分布以及如何解决上文谈到的"V到"构式在动补类型上的争议。因为"到"本身可以作为"路径的终点",依据Talmy(2000b)可知,路径主要包含矢量(vertor)、构型(conformation)和指示语(deictic)这三个意义单位,其中矢量又包括到达(arrival)、穿越(traversal)和离开(departure),而"到"在路径上的分布便是"到达矢量"。构型主要指的是主体沿着路径即将进入的空间是一维、二维还是三维的;指示语表示"朝向说话人"还是"背离说话人"。这些意义单位相互作用并构成了路径复合体(path complexity),从而使得"路径"概念在宏事件的分布中出现了不同的语义嬗变,具体如下:

(4) 卫星语素(斜体)表示:
 a. 运动事件中的路径
  The ball rolled *in*.(球滚了进来。)
 b. 体相事件中的体
  They talked *on*.(他们继续谈着。)
 c. 状态变化事件中的变化了的性质
  The candle blew *out*.(蜡烛吹灭了。)
 d. 行动关联事件中的相互关系
  She sang *along*.(她随着唱。)
 e. 实现事件中的完成
  The police hunted the fugitive *down*.(警察追捕到了逃犯。)
            (Talmy, 2000b)

在例(4a)至(4e)中,Talmy并没有单独指出这些路径义卫星语素(in, on, out,

along, down）在英语体系中可以作为独立的子事件，而是笼统划归到框架事件中，并分别对应其框架事件的五种类型，即运动事件、体相事件、状态变化事件、行动关联事件以及实现事件。在本章提出的概念要素重组视角下，这些有着具体语言结构表征的路径义卫星语素可被视为单一的子事件，与前面具体动词表征的主事件进行融合，其融合关系的语义类型刚好也是框架事件的五种类型。这也与"V到"构式所呈现出的不同动补类型息息相关。其具体分析如下：

先看运动事件，Talmy的运动主要指的是物理意义上的位移或者静止（Talmy, 2000b）。由于"V到"一般表示完成动作移动，即"移动+终点"结构，所以[运动]的激活过程一般是动态的。从这个角度看，"V到"是更狭义的动趋式，即仅仅是空间或处所上的位移，不包含趋向意义在时间上的隐喻或者其他表结果的意义。

(5) a. 鲜花插到花瓶里了。
    b. 四凤厌倦地坐到沙发上。
    c. 你怎么闯到这儿来了？
    d. 我正等你爬到楼顶上去呢。
    e. 文件送到了吗？

以上的例子基本都是表示[焦点]移动的范围，其中"到"表示路径中的"到达矢量"。例（5a）和例（5b）的"到……里"和"到……上"则是同时共现了路径的矢量和构型两个语义要素，即"到达矢量+三维构型"和"到达矢量+二维构型"；例（5c）中的"这儿"是路径进入终点的范围，而"来"在例句中已经发生了语法化，表示路径的指示语"指向说话人"，因此路径的语义表征为"到达矢量+指示语（朝向说话人）"；在例（5d）中，路径的三个语义要素均被表征出来，即"到达矢量+二维构型+指示语（背离说话人）"；例（5e）后面的场所省略，亦可表示到达某一地点或者说话人双方都心知肚明的地点，此时路径仅凸显"到达矢量"。因此，"V到"构式表示运动事件时，是狭义的动趋式，这和赵元任先生的动趋式说法比较接近。

Talmy（2000b）认为运动事件是最基本也是最典型的事件，而体相事件则是对运动事件在时间结构上的认知类比（cognitive analogy），这和刘月华（1998）提出的趋向意义比喻用法一致，和Chao（1968）提到的动相补语也有关系。体相事件中的体已被概念化为一个事件（Talmy, 2000b），当事件的展示程度作为焦点实体时，"V到"构式则是在相应的时间点起着背景实体的作用，此类例子通常表示动作的"停止"（即动作在时间点上的完结）。

(6) a. 我一下子睡到(了)天亮。
    b. 我碰到(了)一件怪事。

例(6)中的"到"隶属于赵元任先生提出的相位补语,因为Chao(1968)对相位补语的定义是:

"(Phase complements) express the phase of an action in the first verb rather than some result in the action or goal."

相位补语"是表示动词中动作的相而不是表示动作的结果的"。(赵元任著,吕叔湘译,1979)

赵先生确实将动相补语与结果补语有意进行了区分,动相式和动结式最大的区别在于前者不包含动作带来的任何结果或意图。不论是例(6a)中的"天亮"还是例(6b)中的"一件怪事",都已成为背景实体中的时间终结点,可具体表示为"当天亮的时候"和"当这件怪事出现的时候"。因此"睡"和"碰"作为动作事件在这个时间终结点上的展示程度便是"停止",而非动作带来的结果或施事意图。此时的体标记"了"可出现,也可不出现(Chao, 1968)。

但是,不同的语境下,还有一些类别的例子是不能忽略的。如:

(7) a. 警察抓到了小偷。
    b. 我好不容易买到这本书了。
    c. 她跑到这里来,如果碰不到那人,需要等待。

例(7a)中的警察抓小偷的目的就是将小偷"抓到",若"抓到"了,则目的就实现了。同理可证,例(7b)和(7c)在一般的语境中都可判断为"到"表示前面的施事动作达到了施事预期的结果(书被买了)或意图(想见那个人),即Talmy的"实现事件",表示动作带来的结果或意图,王寅(2011b)、王砚农等(1987)将其归为"动结式"。由此,吕叔湘和刘月华所说的动趋式显然是广义的,因为他们的例句都含有实现结果的"动结式",所以不同学者对定义的界定不同必然导致动结式与动趋式之辩(刘虹, 2012)。其实它们与动相式之间也存在定义和范围的不同。Talmy将实现事件单列出来正好可以弥补动相式没有覆盖的区域,亦可以从广义的动结式中把这类事件独立出来。

状态变化事件(Talmy, 2000b),指物体或情景的某种特征可发生变化或保持不变,其中的状态变化又包括存在状态变化和条件变化,而条件变化又包含物理变化和认知变化。Talmy特别强调状态变化事件和实现事件虽然都存在因果关系，但是二者并不完全相同，并且传统上的术语"结果/动结式（result/resultative）"对整个状态变化事件的范畴并不适用。贾红霞、李福印（2015）在厘清状态变化事件和实现事件之间关系时指出，实现事件是特殊的状态变化事件，专指具有意向性的施事（包括完成和确认）。其中无意图的施事变化虽具有因果关系但并不具有致使关系，"V到"构式在状态变化事件上分布如：

(8) a. 直到那一刻他才意识到自己被背叛了。
　　b. 刘二姐遭到土匪抢劫了。

例（8a）主要强调的是主体在"意识到"前后的一个认知状态的变化，即从"不知道自己被背叛"到"知道自己被背叛"的一个认知转变，这时候的施事其实是经历者（experiencer）。若将例（8a）改写为"他提醒自己要意识到自己被背叛了"，则会成为实现事件，表施事的认知确认。例（8b）的主体亦是经历者，但经历的是存在状态的变化，刘二姐的物品发生了从有到无的变化。这些"V到"构式在状态变化事件中的分布中若含有施事的意向和确认，则亦属于实现事件，从而被划归为动结式，其他的均可投射到时间结构上，作为体相事件而被归至动相式。

最后是行动关联事件，Talmy（2000b）自己也指出这是共同行动（coactivity）——一个更广的语言现象——的一部分，作为完整的话题所受到的关注并不多。其类型主要有"共同行动""伴随行动""模仿行动""超越行动"和"示范行动"。这种语义表征取决于"V到"构式中的动词"V"及其参与者之间的情况。

(9) a. 大车跟小车拥挤到一块儿。
　　b. 我愿将你的这份爱存到海枯石烂。
　　c. 这家伙简直把老师的精神都学到骨髓里去了。
　　d. 2号赛车选手把车超到那辆黄色跑车前面了。
　　e. 演奏大师向观众们展示了如何将这首曲子弹到更高一层境界。

以上的例句分别对应如上所述共同行动的五种类型，其共同特点是：事件的参与者不仅有施动者，还有行动者。后者可以是有生的［如例（9e）］，也可以是无生的［如例（9a）］，通常与前者类似或是其补充。例（9a）至例（9d）中的"大车""我""这家伙""2号赛车选手"都是动作的施动者，而且对行动者具有类似或补充的行为表现，如例（9a）中"小车"也有"拥挤"的行动，例（9b）中"你"先有这份"爱"的行动，例（9c）中"老师的精神"具有可模仿性，例（9d）中"黄色跑车"也进行汽车比赛。与前面例子略有不同，在例（9e）中，施动者"演奏大师"的弹奏行为与行动者"观众们"相对固定的观察行为并不是类似的,而是互补的(演奏者演,观众听)。所有这些施动者的动作行为不论是在空间上[如例(9a)和(9d)]、时间上[如例(9b)],还是状态上[如例(9c和(9e)],都是动作持续到一个参照点或阶段相位上,并不是动作带来的结果,因此也属于动相补语。

通过以上的分析,本章可以初步得出以下结论:"V到"构式在Talmy的五类宏事件中均有分布,并在三大类的动补结构(动趋式、动结式和动相式)中也呈现对应分布,如表15.2所示:

表15.2 "V到"在事件融合视角下与不同动补结构的对应

动趋式	动相式			动结式
运动事件	体相事件	行动关联事件	状态变化事件	实现事件

事件融合视角下五种宏事件类型可以帮助我们厘清"V到"构式归类的争议:

第一,动补类型的概念需要重新审视和界定。动趋式和动结式均不可过分扩大至包含彼此。在五类宏事件的分布中,可将动趋式基本限定于空间位移上的表达(对应运动事件),如例(5d)中的"爬到楼顶上"就蕴含明显的位移。而动结式限定于动作导致的结果或含有施动者的意图(对应于实现事件和一部分状态变化事件)。如:例(7a)中"警察抓到了小偷",一般情况下,警察不仅有"抓"小偷的这个动作,同时也具有"抓"小偷的这个意图;例(8b)中的"遭到抢劫",通常情况下,人并没有被抢劫的设想,但是确实又经历了"抢劫"这个动作所带来的结果,因此也属于动结式。

第二,一些特殊的语言现象需要被重视并被区分开来。如有些假动结式(pseudo-resultatives)(Levinson, 2010)就并非动作带来的结果,而是动作在时间分布上的一个终结点(相位),如:例(6b)中的"碰到一件怪事",若这件事不发生,我则"碰不到","这件事"只是时间轴上的一个标记,并不是我要去"碰"的结果,因此属于动相式;例(9a)中"拥挤到一块儿","拥挤"是大车和小车的共同行动,"拥挤到一块儿"是这个动作过程的一个阶段或者相位,故属于动相式;例(8a)中的"意识到"只是人类认知状态的一个变化阶段,并不包含主观意图以及动作所带来的结果,属于状态变化事件,为动相式。因此,动相式的提出值得重视。此外,区分宏事件分类中的体相事件和不含动作结果和施事者意图的状态变化事件同样可以帮助我们厘清动结式和动相式之间的区别。

第三,五种宏事件类型中[运动]事件和[路径]事件之间的融合程度在历时演化中呈现出连续统特征,因此"V到"构式类别的界定不能被"一刀切",应考虑词汇化和语法化的共同作用。

总而言之，事件融合揭示了"V到"构式在动补类型上的嬗变。这和汉语界研究趋向动词发现的一类反复出现的语法化模式相一致，即"趋向动词>趋向补语>结果补语/动相补语>体标记"模式（太田辰夫，1987/2003；梁银峰，2007等），这使研究[运动]和[路径]两个概念要素之间的事件融合显得尤为必要。从目前对"V到"构式的历时研究中可以发现，"到达空间→到达时间→到达结果/程度"的语法化程度逐步递增（罗耀华，2015），由此也可观测出"V到"构式动补类型嬗变的语义特征是："到"对"V"的依附程度在"动趋式→动相式→动结式"的分布序列中愈来愈高。为此我们进一步预测"V到"构式的事件融合程度在"运动事件→体相事件→行动关联事件→状态变化事件→实现事件"序列中逐步增加，我们将另撰文对此进行验证。

15.5 结　语

语言中形式和意义匹配的多样性使得"V到"构式在动补结构的归类上存在很多争议，主要体现在动趋式、动相式、动结式上。本章从Talmy事件融合的视角出发，发现事件融合理论中概念要素的重组可以进一步帮助我们了解"V到"构式语义类型嬗变的语义特征及其分布："V到"构式动补类型的语义特征与其历时演变的轨迹密切相关；而在共时层面上则呈现动补类型的嬗变，即在具体的语言环境与搭配中，有些类型可以理解为典型的动趋式，有些类型可归属为动结式或动相式。

因此，本章得出以下结论：

结论一：Talmy的事件融合主要是融合了主事件中[运动]的概念要素和副事件对主事件[支撑关系]的概念要素，而"V到"构式事件融合的是[运动]和[路径]这两个概念要素。

结论二："V到"构式事件融合的类型维持了原宏事件中框架事件的类型分布，即运动事件、体相事件、行动关联事件、状态变化事件、实现事件，与"V到"构式在动趋式、动相式和动结式的主要动补类型分类上呈现连续统的对应关系。"V到"构式事件融合的五个类型分布不仅能帮助我们厘清这些动补类型的概念界定与分类，而且能够揭示其本质（即动补类型上的嬗变）。

结论三："V到"构式的事件融合程度与其语法化程度以及动补类型的嬗变规律构成对应关系，即"V到"构式的事件融合程度在"运动事件→体相事件→行动关联事件→状态变化事件→实现事件"序列中逐步递增。

语言形式和意义的匹配是多样性的，Talmy的事件融合及其宏事件理论是建立在意义恒定的基础上的，关于其五种宏事件类型的研究在过去过度集中于运动事件（李福印，2013）。本章从确定形式的角度出发，发现"V到"可以表征五类宏事件，这对汉语本土化的研究具有一定启发性。

参考文献

Aikhenvald, A. & Dixon, R. M. W. 2006. *Serial Verb Constructions: A Cross-Linguistic Typology*. Oxford: Oxford University Press.

Anderson, J. M. 1997. *A Notional Theory of Syntactic Categories*. Cambridge: Cambridge University Press.

Aristotle, A. 1984. *Metaphysics*. In Barnes, J. (ed.) *The Complete Works of Aristotle: The Revised Oxford Translation. Vol. 2*. Princeton, NJ: Princeton University Press.

Aristotle, A. 2012. *Metaphysics*. Beijing: Central Compilation and Translation Press (中央编译出版社).

Aske, J. 1989. *Path Predicates in English and Spanish: A Closer Look*. Paper Presented at the Annual Meeting of the Berkeley Linguistics Society.

Augustine, A. 1953. *Confessions*. Translated by Vernon J. Bourke, Washington, D. C: The Catholic University of America Press.

Bauer, J. P. 2008. Event Memory in Infancy and Early Childhood. In Shipley, F. T. & Zacks, J. M. (eds.) *Understanding Events: From Perception to Action*. Oxford: Oxford University Press, 130—159.

Beavers, J. 2009. A Scalar Approach to Aspectual Classes. In *Verb Typologies Revisited*. Ghent: Belgium, http://comp.lingutexasedu/~jbeavers/belgium-handout-workingpdf 2009.

Beavers, J., Levin, B. & Tham, S. W. 2010. The Typology of Motion Expressions Revisited. *Journal of Linguistics*, 46(2): 331—377.

Bergs, A. & Diewald, G. 2008. *Constructions and Language Change*. Berlin/New York: Mouton de Gruyter.

Berman, R. A. & Slobin, D. I. 1994. *Relating Events in Narrative: A Cross Linguistic Developmental Study*. Hills-dale, NJ: Lawrence Erlbaum.

Bertinetto, P. M. 1986. *Tempo, Aspetto e Azione nel Verbo Italiano*. Firenze: Presso l'Accademia della Crusca.

Bloom, L. & Capatides, J. B. 1987. Sources of Meaning in the Acquisition of Complex Syntax: The Sample Case of Causality. *Journal of Experimental Child Psychology*, 43(1): 112—128.

Bloomfield, L. 1933. *Language*. New York: Holt, Rinehart & Winston.

Bohnemeyer, J. & Pederson, E. 2011. *Event Representation in Language and Cognition*. Cambridge: Cambridge University Press.

Bohnemeyer, J., Enfield, N., Essegbey, J., Ibarretxe, I., Kita, S., Lüpke, F. & Ameka, F. K. 2007. Principles of Event Segmentation in Language: The Case of Motion Events. *Language*, 83(3): 495—532.

Broschart, J. 1997. Why Tongan Does it Differently: Categorial Distinctions in a Language without Nouns and Verbs. *Linguistic Typology*, 1: 123—165.

Bybee, J. 1985. *Morphology: A Study of the Relation between Meaning and Form*. Amsterdam/Philadelphia: John Benjamins.

Bybee, J. & Hopper, P. 2001. *Frequency and the Emergence of Linguistic Structure*. Amsterdam/Philadelphia: John Benjamins.

Bybee, J. Perkins, R. & Pagliuca, W. 1994. *The Evolution of Grammar: Tense, Aspect, and Modality in the Languages of the World*. Chicago/London: The University of Chicago Press.

Cardini, F.-E. 2008. Manner of Motion Saliency: An Inquiry into Italian. *Cognitive Linguistics*, 19(4): 533—569.

Chao, Yuen Ren. 1968. *A Grammar of Spoken Chinese*. Berkeley/Los Angeles: University of California Press.

Chen, L. & Guo, J. 2009. Motion Events in Chinese Novels: Evidence for an Equipollently-Framed Language. *Journal of Pragmatics*, 41(9): 1749—1766.

Chen, L. & Guo, J. 2010. From Language Structures to Language Use: A Case from Mandarin Motion Expression Classification. *Chinese Language & Discourse*, 1(1): 31—65.

Chomsky, N. 1965. *Aspects of the Theory of Syntax*. Cambridge, MA: The MIT Press.

Chomsky, N. 1970. Remarks on Nominalization. In Jacobs, R. & Rosenbaum, P. S. (eds.) *Readings in English Transformational Grammar*. Waltham, MA: Ginn & Company, 184—221.

Chomsky, N. 1981. *Lectures on Government and Binding*. Cambridge: Cambridge University Press.

Chu, C. 2004. *Event Conceptualization and Grammatical Realization: The Case of Motion in Mandarin Chinese*. Doctoral Dissertation, University of Hawaii.

Croft, W. 1991. *Syntactic Categories and Grammatical Relations: The Cognitive Organization of Information*. Chicago: University of Chicago Press.

Croft, W. 1993. Case Marking and the Semantics of Mental Verbs. In Pustejovsky, J. (ed.) *Semantics and the Lexicon*. Dordrecht: Kluwer Academic Publishers, 55—72.

Croft, W. 1994. The Semantics of Subjecthood. In Yaguello, M. (ed.) *Subjecthood and Subjectivity: The Status of the Subject in Linguistic Theory*. Paris: Ophrys, 29—75.

Croft, W. 1998a. Event Structure in Argument Linking. In Butt, M. & Geuder, W. (eds.) *The Projection of Arguments: Lexical and Compositional Factors*. Stanford: Center for the Study of Language and Information, 1—43.

Croft, W. 1998b. The Structure of Events and the Structure of Language. In Tomasello, M. (ed.) *The New Psychology of Language: Cognitive and Functional Approaches to Language Structure*. Mahwah: Lawrence Erlbaum Associates, 67—92.

Croft, W. 2001. *Radical Construction Grammar: Syntactic Theory in Typological Perspective*. Oxford: Oxford University Press.

Croft, W. 2009. Aspectual and Causal Structure in Event Representation. In Gathercole, V. (ed.) *Routes to Language Development: In Honor of Melissa Bowerman*. Mahwah: Lawrence Erlbaum Associates, 139—166.

Croft, W. 2012. *Verbs: Aspect and Causal Structure*. Oxford: Oxford University Press.

Croft, W. 2015. Force Dynamics and Directed Change in Event Lexicalization and Argument Realization. In de Almeida, R. G. & Manouilidou, C. (eds.) *Cognitive*

Science Perspectives on Verb Representation and Processing. New York: Springer, 103—129.

Croft, W., Barðdal, J., Hollmann, W. B., Sotirova, V. & Taoka, C. 2010. Revising Talmy's Typological Classification of Complex Event Constructions. In Boas, H. C. (ed.) *Contrastive Studies in Construction Grammar.* Amsterdam/Philadelphia: John Benjamins, 201—235.

Davidson, D. 1967a. The Logical Form of Action Sentences. In Davidson, D. (ed.) *Essays on Actions and Events.* Oxford: Clarendon Press, 105—149.

Davidson, D. 1967b. Causal Relations. In Davidson, D. (ed.) *Essays on Actions and Events.* Oxford: Clarendon Press, 149—163.

Davidson, D. 1969. The Individuation of Events. In Davidson, D. (ed.) *Essays on Actions and Events.* Oxford: Clarendon Press, 163—180.

Davidson, D. 1970a. Events as Particulars. In Davidson, D. (ed.) *Essays on Actions and Events.* Oxford: Clarendon Press, 181—188.

Davidson, D. 1970b. Mental Events. In Davidson, D. (ed.) *Essays on Actions and Events.* Oxford: Clarendon Press, 207—224.

Davidson, D. 1971a. Agency. In Davidson, D. (ed.) *Essays on Actions and Events.* Oxford: Clarendon Press, 43—62.

Davidson, D. 1971b. Eternal vs. Ephemeral Events. In Davidson, D. (ed.) *Essays on Actions and Events.* Oxford: Clarendon Press, 189—203.

Davidson, D. 2001. *Essays on Actions and Events.* Oxford: Clarendon Press.

Dixon, R. M. W. 2010. *Basic Linguistic Theory. Vol. 1: Methodology.* Oxford: Oxford University Press.

Dowty, D. 1986. The Effects of Aspectual Class on the Temporal Structure of Discourse: Semantics or Pragmatics? *Linguistics and Philosophy,* 9: 37—61.

Du, Jing, Fuyin Thomas Li & Mengmin Xu. 2020. Pò (break), qiē (cut) and kāi (open) in Chinese: A Diachronic Conceptual Variational Approach. *Review of Cognitive Linguistics,* 18(1), 213—243.

Dunn, J. & Brown, J. R. 1993. Early Conversations about Causality: Content, Pragmatics and Developmental Change. *British Journal of Developmental Psychology,* 11: 107—123.

Evans, V. & Green, M. 2006. *Cognitive Linguistics: An Introduction.* London/New York: Routledge.

Fillmore, C. 1963. The Position of Embedding Transformations in a Grammar. *Word*, 19: 208—301.

Fillmore, C. 1965. *Indirect Object Constructions in English and the Ordering of Transformations*. The Hague: Mouton.

Fillmore, C. 1966a. Deictic Categories in the Semantics of 'Come'. *Foundations of Language*, 2(3): 219—227.

Fillmore, C. 1966b. Toward a Modern Theory of Case. In *Project on Linguistic Analysis Report*, 13: 1—24.

Fillmore, C. 1968a. The Case for Case. In Bach, E. & Harms, R. (eds.) *Universals in Linguistic Theory*. New York: Holt, Rinehart, and Winston, 1—88.

Fillmore, C. 1968b. Lexical Entries for Verbs. *Foundations of Language*, 4(4): 373—393.

Fillmore, C. 1969. Verbs of Judging: An Exercise in Semantic Description. *Paper in Linguistics*, 1(1): 91—117.

Fillmore, C. 1970. Subjects, Speakers and Roles. *Semantics of Natural Language*, 21(3/4): 251—274.

Fillmore, C. 1971. Some Problems for Case Grammar. In *Working Papers in Linguistics*, 10: 245—265.

Fillmore, C. 1972. On Generativity. In Peters, C. (ed.) *Goals of Linguistic Theory*. Englewood Cliffs, N.J.: Prentice-Hall, 1—20.

Fillmore, C. 1975. *Santa Cruz Lectures on Deixis*. Bloomington: Indiana University Linguistics Club.

Fillmore, C. 1976. Frame Semantics and the Nature of Language. In *Annals of the New York Academy of Sciences: Conference on the Origin and Development of Language and Speech*, 280: 20—32.

Fillmore, C. 1977a. The Case for Case Reopened. In Cole, P. & Sadock, J. (eds.), *Syntax and Semantics. Vol. 8: Grammatical Relations*. New York: Academic Press, 59—81.

Fillmore, C. 1977b. Topics in Lexical Semantics. In Cole, R. W. (ed.) *Current Issues in Linguistic Theory*. Bloomington: Indiana University Press, 76—138.

Fillmore, C. 1978a. Frame Semantics. In *Linguistics in the Morning Calm*. Seoul: Hanshin Publishing Company, 111—137.

Fillmore, C. 1978b. On the Organization of Semantic Information in the Lexicon.

In *Papers from the Parasession on the Lexicon*. Chicago: The Chicago Linguistic Society, 436—447.

Fillmore, C. 1982. Toward a Descriptive Framework for Spatial Deixis. In Jarvella, R. J. & Klein, W. (eds.) *Speech, Place and Action*. New York: John Wiely & Sons, 31—59.

Fillmore, C. 1985. Syntactic Intrusions and the Notion of Grammatical Construction. In *Proceedings of the 11th Annual Meeting of the Berkeley Linguistics Society*, 73—86.

Fillmore, C. 2003. Double-Decker Definitions: The Role of Frames in Meaning Explanations. *Sign Language Studies*, 3(3): 263—295.

Fillmore, C. & Atkins B.T.S. 1994. Starting Where the Dictionaries Stop: The Challenge for Computational Lexicography. In Atkins, B. T. S. & Zampolli, A. (eds.) *Computational Approaches to the Lexicon*. Oxford: Oxford University Press, 349—393.

Fillmore, C., Kay, P. & O'Connor, M. 1988. Regularity and Idiomaticity in Grammatical Constructions: The Case of Let Alone. *Language*, 64(3): 501—538.

Fillmore, C., Johnson, C. R. & Petruck, R. L. 2003a. Background to Framenet. *International Journal of Lexicography*, 16(3): 235—250.

Fillmore, C., Petruck, R. L., Ruppenhofer, J. & Wright, A. 2003b. Framenet in Action: The Case of Attaching. *International Journal of Lexicography*, 16(3): 297—332.

Georgopoulos, A. P. & Karageorgious, E. 2008. Representations of Voluntary Arm Movements in the Motor Cortex and Their Transformations. In Shipley, F. T. & Zacks, J. M. (eds.) *Understanding Event*. Oxford: Oxford University Press, 229—254.

Givón, T. 2001. *Syntax: An Introduction. Vol. 1*. Amsterdam/Philadelphia: John Benjamins.

Givón, T. 2009. *The Genesis of Syntactic Complexity*. Amsterdam/Philadelphia: John Benjamins.

Goddard, C. 2016. Retrospect: NSM Compared with Other Approaches to Semantic Analysis. 第十六届中国认知语言学国际论坛. 北京: 北京航空航天大学.

Goldberg, A. E. 1995. *Constructions: A Construction Grammar Approach to Argument Structure*. Chicago: The University of Chicago Press.

Goldberg, A. E. & Jackendoff, R. 2004. The English Resultative as a Family of Constructions. *Language*, 80(3): 532—568.

Goodman, N. 1951. *The Structure of Appearance*. Cambridge, MA: Harvard University Press.

Grimshaw, J. 1990. *Argument Structure*. Cambridge, MA: The MIT Press.

Guerssel, M., Hale, K., Laughren, M., Levin, B. & Eagle, J. W. 1985. A Cross-Linguistic Study of Transitivity Alternations. In *Papers from the Parasession on Causatives and Agentivity*. Chicago Linguistic Society, 2: 48—63.

Hajek, J. 2006. Serial Verbs in Tetun Dili. In Aikhenvald, A. & Dixon, R. M. W. (eds.) *Serial Verbs Constructions in a Typological Perspective*. Oxford: Oxford University Press, 239—253.

Hale, K. & Keyser, J. 1987. *A View from the Middle*. Lexicon Project Working Papers 10, Cambridge, MA: Center for Cognitive Science, MIT.

Halliday, M. A. K. 1994. *An Introduction to Functional Grammar* (2nd edition). London: Edward Arnold.

Harris, A. & Campbell, L. 1995. *Historical Syntax in Cross-Linguistic Perspective*. Cambridge: Cambridge University Press.

Hay, J., Kenny, C. & Levin, B. 1999. Scalar Structure Underlies Telicity in 'Degree Achievements'. *SALT IX*, CLC Publications, Ithaca, 9: 127—144.

Heine, B., Claudi, U. & Hünnemeyer, F. 1991a. From Cognition to Grammar: Evidence from African Languages. In Traugott, E. C. & Heine, B. (eds.) *Approaches to Grammaticalization. Vol. 1*. Amsterdam/ Philadelphia: John Benjamins.

Heine, B., Claudi, U. & Hünnemeyer, F. 1991b. *Grammaticalization: A Conceptual Framework*. Chicago: The University of Chicago Press.

Heine, B. & Kuteva, T. 2004. *World Lexicon of Grammaticalization*. Cambridge: Cambridge University Press.

Hengeveld, K. 1992. Parts of Speech. In Fortescue, M., Harder, P. & Kristoffersen, L. (eds.) *Layered Structure and Reference in a Functional Perspective*. Amsterdam/ Philadelphia: John Benjamins, 29—55.

Hengeveld, K., Rijkhoff, J. & Siewierska, A. 2004. Parts-of-Speech Systems and Word Order. *Journal of Linguistics*, 40(3): 527—570.

Himmelmann, N. P. 2004. Lexicalization and Grammaticalization: Opposite or

Orthogonal? In Bisang, W., Himmerlmann, N. P. & Wiem, B. (eds.) *What Makes Grammaticalization?* Berlin/New York: Mouton de Gruyter, 21—42.

Hocket, C. F. 1958. *A Course in Modern Linguistics*. New York: Macmillan Publishers Limited.

Hood, L. & Bloom, L. 1979. What, When and How about Why: A Longitudinal Study of Early Expressions of Causality. *Monographs of the Society for Research in Child Development*, 44(6): 1—47.

Hopper, P. J. & Thompson, S. A. 1984. The Discourse Basis for Lexical Categories in Universal Grammar. *Language*, 60(4): 703—752.

Hopper, P. J. & Thompson, S. A. 1985. The Iconicity of the Universal Categories 'Noun' and 'Verb'. In Haiman, J. (ed.) *Iconicity in Syntax*. Amsterdam/Philadelphia: John Benjamins, 151—183.

Hopper, P. J. & Traugott, E. C. 1993. *Grammaticalization*. Cambridge: Cambridge University Press.

Hopper, P. J. & Traugott, E. C. 2003. *Grammaticalization* (2nd edition). Cambridge: Cambridge University Press.

Jackendoff, R. S. 1983. *Semantics and Cognition*. Cambridge, MA: The MIT Press.

Jackendoff, R. S. 1985. Multiple Subcategorization and the θ-criterion: The Case of Climb. *Natural Language and Linguistic Theory*, 3: 271—295.

Jackendoff, R. S. 1990. *Semantic Structure*. Cambridge, MA: The MIT Press.

Jespersen, O. 1924. *The Philosophy of Grammar*. Chicago: The University of Chicago Press.

Johnson, S. P., Amso, D., Frank, M. & Shuwairi, S. 2008. Perceptual Development in Infancy as the Foundation of Event Perception. In Shipley, F. T. & Zacks, J. M. (eds.) *Understanding Event: From Perception to Action*. Oxford: Oxford University Press, 65—95.

Kaufman, D. 2009. Austronesian Nominalism and its Consequences: A Tagalog Case Study. *Theoretical Linguistics*, 35(1): 1—49.

Kearns, K. 2011. *Semantics* (2nd edition). London: Macmillan.

Kennedy, C. & McNally, L. 2005. Scale Structure, Degree Modification, and the Semantics of Gradable Predicates. *Language*, 81(2): 345—381.

Kenny, A. 1963/2003. *Action, Emotion and Will*. London: Routledge & Kegan Paul.

Kopecka, A. 2013. Describing Motion Events in Old and Modern French. In Julian, G. & Stefanowitsch, A. (eds.) *Variation and Change in the Encoding of Motion Events*. Amsterdam/Philadelphia: John Benjamins, 163—183.

Krifka, M. 1989. Nominal Reference, Temporal Constitution and Quantification in Event Semantics. *Semantics and Contextual Expression,* 75:115.

Krifka, M. 1998. The Origin of Telicity. In Rothstein, S. (ed.) *Events and Grammar.* Dordrecht: Springer, 197—235.

Kurby, C. A. & Zacks, J. M. 2008. Segmentation in the Perception and Memory of Events. *Trends in Cognitive Sciences*, 12(2): 72—79.

Langacker, R. W. 1987. Nouns and Verbs. *Language*, 63(1): 53—94.

Langacker, R. W. 1999a. *Grammar and Conceptualization*. Berlin/New York: Mouton de Gruyter.

Langacker, R. W. 1999b. Losing Control: Grammaticalization, Subjectification and Transparency. In Blank, A. & Koch, P. *Historical Semantics and Cognition*. Berlin/New York: Mouton de Gruyter, 147—175.

Larson, R. K. 2009. Chinese as a Reverse Ezafe Language.《语言学论丛》第39辑：庆祝乔姆斯基教授获授北京大学名誉博士学位专辑. Beijing: The Commercial Press, 30—85.

Lehmann, C. 2013. The Nature of Parts of Speech. *Language Typology and Universals*, 66(2): 141—177.

Levin, B. 1985. *Lexicon Project Working Papers 1: Lexical Semantics in Review*. Cambridge, MA: MIT Center for Cognitive Science.

Levin, B. 1993. *English Verb Classes and Alternations: A Preliminary Investigation*. Chicago: University of Chicago Press.

Levin, B. 2006. English Object Alternations: A Unified Account, Unpublished Manuscript, Stanford University, Stanford, CA.

Levin, B. & Rappaport Hovav, M. 1991. Wiping the Slate Clean: A Lexical Semantic Exploration. *Cognition*, 41(3): 123—151.

Levin, B. & Rappaport Hovav, M. 2006. Constraints on the Complexity of Verb Meaning and VP Structure. In Gaertner, H.-M., Eckardt, R., Musan, R. & Stiebels, B. (eds.) *Between 40 and 60 Puzzles for Krifka*.

Levin, B. & Rappaport Hovav, M. 2013. Lexicalized Meaning and Manner/Result

Complementarity. In Arsenijević, B., Gehrke, B. & Marín, R. (eds.) *Studies in the Composition and Decomposition of Event Predicates*. Dordrecht: Springer, 49—70.

Levinson, L. 2010. Arguments for Pseudo-Resultative Predicates. *Natural Language & Linguistic Theory*, 28(1): 135—182.

Li, C. N. & Thompson, S. A. 1974. Historical Change of Word Order: A Case Study in Chinese and Its Implications. In Anderson, J. & Jones, C. (eds.) *Historical Linguistics*. Amsterdam: North-Holland, 199—217.

Li, Thomas Fuyin. 2018. Extending the Talmyan Typology: A Case Study of the Macro-Event as Event Integration and Grammaticalization in Mandarin. *Cognitive Linguistics*, 29(3), 585—621.

Li, Thomas Fuyin. 2019. Evolutionary Order of Macro-Events in Mandarin. *Review of Cognitive Linguistics*, 17(1), 155—186.

Luhtala, J. A. & Gaskins, S. 2001. On Definitions in Ancient Grammar. In Swiggers, P. & Wouters, A. (eds.) *Grammatical Theory and Philosophy of Language in Antiquity*. Leuven: Peeters Publishers, 257—285.

Lyons, J. 1966. Towards a 'Notional' Theory of the 'Parts of Speech'. *Journal of Linguistics*, 2(2): 209—236.

Lyons, J. 1977. *Semantics. Vol. 2*. Cambridge: Cambridge University Press.

Moens, M. & Steedman, M. 1988. Temporal Ontology and Temporal Reference. *Computational Linguistics*, 14(2): 15—28.

Mourelatos, A. P. D. 1978. Events, Processes, and States. *Linguistics and Philosophy*, 2(3): 415—434.

Özçalişkan, Ş. 2004. Typological Variation in Encoding the Manner, Path, and Ground Components of a Metaphorical Motion Event. *Annual Review of Cognitive Linguistics*, 2(1): 73—102.

Özçalişkan, Ş. 2005. Metaphor Meets Typology: Ways of Moving Metaphorically in English and Turkish. *Cognitive Linguistics*, 16(1): 207—246.

Özçalişkan, Ş. & Slobin, D. I. 2003. Codability Effects on the Expression of Manner of Motion in Turkish and English. Paper Presented at the *Studies in Turkish Linguistics*. Istanbul: Bŏgaziçi.

Parsons, T. 1990. *Events in the Semantics of English. Vol. 5*. Cambridge, MA: The MIT Press.

Pulman, S. G. 1997. Aspectual Shift as Type Coercion. *Transactions of the Philological Society*, 95(2): 279—317.

Pustejovsky, J. 1995. *The Generative Lexicon*. Cambridge, MA: The MIT Press.

Quine, W. V. O. 1970. *The Philosophy of Logic*. Englewood Cliffs, N.J.: Prentice-Hall.

Rappaport Hovav, M. 2006. Lexicalized Meaning and the Internal Temporal Structure of Events, Unpublished Manuscript. Hebrew University of Jerusalem.

Rappaport Hovav, M. & Levin, B. 1988. What to Do with Theta-Roles. In Wilkins, W. (ed.) *Syntax and Semantics 21: Thematic Relations*. New York: Academic Press, 7—36.

Rappaport Hovav, M. & Levin, B. 1998a. Building Verb Meanings. In Butt, M. & Geuder, W. (eds.) *The Projection of Arguments: Lexical and Compositional Factors*. Stanford: CSLI Publications, 97—134.

Rappaport Hovav, M. & Levin, B. 1998b. *The Internal Structure of Complex Events*. Manuscript: Bar-Ilan University and Northwestern University.

Rappaport Hovav, M. & Levin, B. 2010. Reflections on Manner/Result Complementarity. In Doron, E. Rappaport Hovav, M. & Sichel, I. (eds.) *Syntax, Lexical Semantics, and Event Structure*. Oxford: Oxford University Press, 21—38.

Rijkhoff, J. 2001. Verbs and Nouns from a Cross-Linguistic Perspective. *Italian Journal of Linguistics*, 14(1): 115—157.

Robins, R. H. 1967. *A Short History of Linguistics*. London: Longman Group Limited.

Rosen, S. T. 1999. The Syntactic Representation of Linguistic Events. *Glot International*, 4(2): 3—11.

Ross, W. D. 1924. *Aristotle's Metaphysics. Vol. II*. Oxford: Clarendon Press.

Schachter, P. & Shopen, T. 2007. Parts-of-Speech Systems. In Shopen, T. (ed.) *Language Typology and Syntactic Description (2nd edition), Vol. 1*. Cambridge/New York: Cambridge University Press, 1—60.

Shipley, F. T. 2008. An Invitation to an Event. In Shipley, T. F. & Zacks, J. M. (eds.) *Understanding Events: From Perception to Action*. Oxford: Oxford University Press, 3—30.

Shipley, F. T. & Maguire, M. J. 2008. Geometric Information for Event Segmentation. In Shipley, T. F. & Zacks, J. M. (eds.) *Understanding Event: From Perception to Action*. Oxford: Oxford University Press, 415—435.

Shipley, T. F. & Zacks, J. M. 2008. *Understanding Events: From Perception to Action*. Oxford: Oxford University Press.

Shwan, S. & Garsoffky, B. 2008. The Role of Segmentation in Perception and Understanding of Events. In Shipley, T. F. & Zacks, J. M. (eds.) *Understanding Event: From Perception to Action*. Oxford: Oxford University Press, 391—414.

Sitnikova, T., Holcomb, P. L. & Kuperberg, G. R. 2008. Neurocognitive Mechanisms of Human Comprehension. In Shipley, T. F. & Zacks, J. M. (eds.) *Understanding Event: From Perception to Action*. Oxford: Oxford University Press, 639—683.

Slobin, D. I. 1996. Two Ways to Travel: Verbs of Motion in English and Spanish. In Shibatani, M. & Thompson, S. A. (eds.) *Grammatical Constructions: Their Form and Meaning*. Oxford: Clarendon Press, 195—220.

Slobin, D. I. 2004. The Many Ways to Search for a Frog. In Strömqvist, S. & Verhoeven, L. (eds.) *Relating Events in Narrative: Typological and Contextual Perspectives*. Mahwah, NJ: Lawrence Erlbaum Associates, 219—257.

Smith, C. S. 1991. *The Parameter of Aspect*. Dordrecht/Boston/London: Kluwer Academic Publishers.

Strawson, P. F. 1959. *Individuals*: An Essay in Descriptive Metaphysics. London: Methuen.

Talmy, L. 1975. Syntax and Semantics of Motion. In Kimball, J. P. (ed.) *Syntax and Semantics. Vol. 4*. New York: Academic Press, 181—238.

Talmy, L. 1985a. Figure and Ground as Thematic Roles. *Paper Presented at the 1985 Annual Meeting of the Linguistic Society of America*. Seattle.

Talmy, L. 1985b. Lexicalization Patterns: Semantic Structure in Lexical Forms. In Shopen, T. (ed.) *Language Typology and Semantic Description. Vol. 3: Grammatical Categories and the Lexicon*. Cambridge: Cambridge University Press, 57—149.

Talmy, L. 1991. Path to Realization: A Typology of Event Conflation. *Paper Presented at the Annual Meeting of the Berkeley Linguistics Society*, 480—519.

Talmy, L. 2000a. *Toward a Cognitive Semantics. Vol. I: Concept Structuring Systems*. Cambridge, MA: The MIT Press.

Talmy, L. 2000b. *Toward a Cognitive Semantics. Vol. II: Typology and Process in Concept Structuring*. Cambridge, MA: The MIT Press.

Talmy, L. 2012. Main Verb Property. *International Journal of Cognitive Linguistics*,

3(1): 1—23.

Tenny, C. 1994. *Aspectual Roles and the Syntax-Semantics Interface*. Dirdrecht: Kluwer.

Tenny, C. & Pustejovsky, J. 2000a. A History of Events in Linguistic Theory. In Tenny, C. & Pustejovsky, J. (eds.) *Events as Grammatical Objects: The Converging Perspectives of Lexical Semantics and Syntax*. Stanford: CSLI Publications, 3—37.

Tenny, C. & Pustejovsky, J. 2000b. *Events as Grammatical Objects: The Converging Perspectives of Lexical Semantics and Syntax*. Stanford: CSLI Publications.

Tomasello, M. 2003. On the Different Origins of Symbols and Grammar. In Christiansen, M. H. & Kirby, S. (eds.) *Language Evolution*. New York: Oxford University Press, 94—110.

Traugott, E. C. 2008. The Grammaticalization of NP of NP Patterns. In Bergs, A. & Diewald, G. (eds.) *Constructions and Language Change*. Berlin/New York: Mouton de Gruyter, 23—46.

Traugott, E. C. & Dasher, R. 2002. *Regularity in Semantic Change*. Cambridge: Cambridge University Press.

Traugott, E. C. & Heine, B. 1991a. *Approaches to Grammaticalization. Vol. 1: Focus on Theoretical and Methodological Issues*. Amsterdam/Philadelphia: John Benjamins.

Traugott, E. C. & Heine, B. 1991b. *Approaches to Grammaticalization. Vol. 2: Focus on Types of Grammatical Markers*. Amsterdam/Philadelphia: John Benjamins.

Traugott, E. C. & Trousdale, G. 2013. *Constructionalization and Constructional Changes*. Oxford: Oxford University Press.

Velupillai, V. 2012. *An Introduction to Linguistic Typology*. Amsterdam/Philadelphia: John Benjamins.

Vendler, Z. 1957. Verbs and Times. *The Philosophical Review*, 66(2):143—160.

Vendler, Z. 1967. Verbs and Times. In Vendler, Z. (ed.) *Linguistics in Philosophy*. New York: Cornell University Press, 97—121.

Vendler, Z. 1970. *Linguistics in Philosophy*. New York: Cornell University Press.

Verkuyl, H. 1989. Aspectual Classes and Aspectual Composition. *Linguistics and Philosophy*, 12(1): 39—94.

Wierzbicka, A. 2000. Lexical Prototypes as an Universal Basis for Cross-Linguistic

Identification of 'Parts of Speech'. In Vogel, P. M. & Comrie, B. (eds.) Approaches to the Typology of Parts of Speech. Berlin/New York: Mouton de Gruyter, 285—317.

Wolff, P. 2008. Dynamics and the Perception of Causal Events. In Shipley, F. T. & Zacks, J. M. (eds.) *Understanding Event: From Perception to Action*. Oxford: Oxford University Press, 555—586.

阿尔诺[法]、朗斯洛[法]著, 张学斌译, 2001,《普遍唯理语法》, 长沙: 湖南教育出版社。

爱莲心[美]著, 高永旺、李孟国译, 2015,《时间、空间与伦理学基础》, 南京: 江苏人民出版社。

奥古斯丁[古罗马]著, 周士良译, 2015,《忏悔录》, 北京: 商务印书馆。

柏拉图[古希腊]著, 王晓朝译, 2018,《克拉底鲁篇》, 载于《柏拉图全集(增订版)·上卷》, 北京: 人民出版社, 552—629页。

柏拉图[古希腊]著, 王晓朝译, 2018,《智者篇》, 载于《柏拉图全集(增订版)·中卷》, 北京: 人民出版社, 521—593页。

布龙菲尔德[美]著, 袁家骅等译, 1980,《语言论》, 北京: 商务印书馆。

曹广顺、龙国富, 2005, 再谈中古汉语处置构式,《中国语文》第4期, 320—332页。

曹秀玲, 2010, 从主谓结构到话语标记——"我/你V"的语法化及相关问题,《汉语学习》第5期, 38—50页。

陈昌来, 2002, 汉语介词的发展历程和虚化机制,《柳州职业技术学院学报》第3期, 15—22页。

陈国华, 1997, 普遍唯理语法和《马氏文通》,《国外语言学》第3期, 1—11页。

陈红燕, 2008, 现代汉语"用"字介词框架考察, 上海: 上海师范大学硕士学位论文。

陈康, 1990,《论希腊哲学》, 北京: 商务印书馆。

陈立民, 2002, 汉语的时态和时态成分,《语言研究》第3期, 14—31页。

崔恒升, 2001,《简明甲骨文词典》, 合肥: 安徽教育出版社。

邓宇、李福印, 2015, 现代汉语运动事件切分的语义类型实证研究,《现代外语》第2期, 194—205页, 292页。

董秀芳, 2009, 汉语的句法演变与词汇化,《中国语文》第5期, 399—409页, 479页。

杜静、李福印, 2015, 施事性状态变化事件的词汇化模式,《语言学研究》第2期,

79—91页。

杜静、李福印，2016，存在性状态变化事件的词汇化模式，《外语教学》第1期，15—19页。

杜静、李福印、邓宇，2018，施事性状态变化事件概念建构的认知机制，《现代外语》第1期，12—22页，145页。

杜静、李福印、贾红霞、李金妹、徐萌敏，2017，Talmy两分法类型学的奥秘：宏事件的事件融合及语法化，吴福祥等（编），《语法化与语法研究（八）》，北京：商务印书馆，88—103页。

方光焘，1997，《方光焘语言学论文集》，北京：商务印书馆。

方清明，2015，万德勒的词类次范畴学说及其影响，《浙江外国语学院学报》第3期，58—64页。

房德里耶斯[法]著，岑麒祥、叶蜚声译，2012，《语言》，北京：商务印书馆。

冯春田，2000，《近代汉语语法研究》，济南：山东教育出版社。

高名凯，1986，《汉语语法论》，北京：商务印书馆。

高彦梅，2013，概念体系中的事件结构——自下而上的语篇经验建构，《语言学研究》第1期，98—111页。

高彦梅，2015，《语篇语义框架研究》，北京：北京大学出版社。

高增霞，2003，《现代汉语连动构式的语法化视角》，北京：中国社会科学院博士学位论文。

高增霞，2006，《现代汉语连动构式的语法化视角》，北京：中国档案出版社。

郭锡良，1998，介词"以"的起源和发展，《古汉语研究》第1期，95—100页。

韩林合，2013，《分析的形而上学》，北京：商务印书馆。

何洪峰、苏俊波，2005，"拿"字语法化的考察，《语言研究》第4期，66—71页。

何清强、王文斌，2016，时间性特质与空间性特质——英汉名动关系多视角探析，《现代外语》第4期，439—448页，582页。

洪堡特[德]著，姚小平译，1999，《论人类语言结构的差异及其对人类精神发展的影响》，北京：商务印书馆。

洪堡特[德]著，姚小平选编、译注，2001，《洪堡特语言哲学文集》，长沙：湖南教育出版社。

洪波，2003，使动形态的消亡与动结式的语法化，吴福祥、洪波（主编），《语法化与语法研究（一）》，北京：商务印书馆，330—349页。

胡敕瑞，2005，动结式的早期形式及其判定标准，《中国语文》第3期：214—225页。

胡裕树、范晓,1995,《动词研究》,河南:河南大学出版社。

胡壮麟,2003,语法化研究的若干问题,《现代外语》第1期,85—92页。

贾红霞、李福印,2015,状态变化事件与实现事件的概念界定,《外语教学》第1期,22—27页。

江蓝生,2005,"VP的好"句式的两个来源——兼谈结构的语法化,《中国语文》第5期,387—398页。

江蓝生,2008,概念叠加与构式整合——肯定否定不对称的解释,《中国语文》第6期,483—497页。

蒋冀骋,2003,论明代吴方言的介词"捉",《古汉语研究》第3期,36—40页。

蒋绍愚,1994,《近代汉语研究概况》,北京:北京大学出版社。

蒋绍愚,2005,《近代汉语研究概要》,北京:北京大学出版社。

蒋绍愚,2009,汉语"广义处置构式"的来源,《历史语言学研究》第1辑,27—39页。

金昌吉,1996,谈动词向介词的虚化,《汉语学习》第2期,13—18页。

阚哲华,2010,汉语位移事件词汇化的语言类型探究,《当代语言学》第2期,126—135页。

黎锦熙,1924,《新著国语文法》,北京:商务印书馆。

李葆嘉,2014,屈折语词类划分的背景及对沈家煊《我看汉语的词类》的质疑,《英汉对比与翻译》第2辑,84—99页。

李波,2006,《史记字频研究》,北京:商务印书馆。

李福印,2013,宏事件研究中的两大系统性误区,《中国外语》第2期,25—33页。

李福印,2015,Leonard Talmy的语言哲学思想,《中国外语》第6期,41—47页。

李福印,2020,宏事件假说及其在汉语中的实证研究,《外语教学与研究》第3期,349—360页,479—480页。

李福印等,2019,《事件语义类型学》,北京:北京大学出版社。

李金妹、李福印,Jürgen Bohnemeyer,2017,四字成语中的词汇型致使构式,《华文教学与研究》第2期,81—88页。

李金妹、李福印,2020,事件融合理论视角下初始因果关系与持续因果关系的语言表征,《解放军外国语学院学报》第1期,109—117页。

李讷、石毓智,1999,汉语动补结构的发展与句法结构的嬗变,《中国语言学论丛(第二辑)》,北京:北京语言文化大学出版社,83—100页。

李雪,2009,英汉隐喻运动表达的对比研究,《外语学刊》第3期,44—47页。

李雪，2012，空间移动事件概念框架理论述评，《外语教学》第4期，18—22页。

李云云，2008，《红楼梦》介词研究，贵阳：贵州大学硕士学位论文。

梁银峰，2001，先秦汉语的新兼语式——兼论结果补语的起源，《中国语文》第4期，354—363页，384页。

梁银峰，2006，《汉语动补结构的产生与演变》，上海：学林出版社。

梁银峰，2007，《汉语趋向动词的语法化》，上海：学林出版社。

林运运，2007，"把"的语法化过程及其机制，《南方论刊》第11期，107—108页。

刘辰诞，2015，边界移动与语法化，《外国语》第7期，37—47页。

刘丹青，2001，语法化中的更新、强化与叠加，《语言研究》第2期，71—81页。

刘丹青，2004，先秦汉语语序特点的类型学观照，《语言研究》第1期，31—46页。

刘芳，2009，几组趋向动词演变研究，福州：福建师范大学博士学位论文。

刘虹，2012，汉语动结式和动趋式之辨，《解放军外国语学院学报》第5期，18—22页，127页。

刘红妮，2009，"则已"的词汇化和构式语法化，《古汉语研究》第2期，36—43页。

刘坚、曹广顺、吴福祥，1995，论诱发汉语词汇语法化的若干因素，《中国语文》第3期，161—169页。

刘润清，2013，《西方语言学流派》（修订版），北京：外语教学与研究出版社。

刘涛、杨亦鸣、张辉、张珊珊、梁丹丹、顾介鑫、胡伟，2008，语法语境下汉语名动分离的ERP研究，《心理学报》第6期，671—680页。

刘月华，1998，《趋向补语通释》，北京：北京语言文化大学出版社。

陆丙甫，2012，汉、英主要"事件名词"语义特征，《当代语言学》第1期，1—11页，109页。

陆俭明，2008，构式语法理论的价值与局限，《南京师范大学文学院学报》第1期，142—151页。

陆俭明，2015，汉语词类的特点到底是什么，《汉语学报》第3期，2—7页，95页。

陆宗达，1953，汉语的词的分类，《语文学习》第12期，13—18页。

伦纳德·泰尔米[美]著，李福印等译，2017，《认知语义学（卷I）：概念构建系统》，北京：北京大学出版社。

伦纳德·泰尔米[美]著，李福印等译，2019，《认知语义学（卷II）：概念构建的类型和过程》，北京：北京大学出版社。

罗端[法]，2009，从甲骨、金文中看"以"语法化的过程，吴福祥、崔希亮（主编），《语法化与语法研究（四）》，北京：商务印书馆，229—246页。

罗耀华，2015，介词并入与"V+到"类结构的词汇化研究，《语言研究》第2期，22—27页。

吕叔湘，1979，《汉语语法分析问题》，北京：商务印书馆。

吕叔湘，1980，《现代汉语八百词》，北京：商务印书馆。

吕叔湘，1982，《中国文法要略》，北京：商务印书馆。

麻彩霞，2009，《现代汉语介词语法化研究述评》，《汉字文化》第1期，55—58页。

马贝加，2002，《近代汉语介词》，北京：中华书局。

马建忠，1983，《马氏文通》，北京：商务印书馆。

马清华，2003，词汇语法化的动因，《汉语学习》第2期，15—20页。

马铁军，2007，《西游记》介词研究，贵阳：贵州大学硕士学位论文。

马玉汴，2005，趋向动词的认知分析，《汉语学报》第6期，34—39页。

梅祖麟，1981，现代汉语完成貌句式和词尾的来源，《语言研究》创刊号，65—77页。

苗力田，2016，《亚里士多德全集》，北京：中国人民大学出版社。

彭睿，2009，语法化"扩展"效应及相关理论问题，《汉语学报》第1期，50—64页，96页。

齐春红、邱渊，2003，谈动词到介词的虚化和介宾短语入句的位置，《云南师范大学学报》第2期，67—70页。

钱宗武，2004，《今文尚书语法研究》，北京：商务印书馆。

任龙波，2014，论空间图式系统，《西安外国语大学学报》第2期，31—35页。

任龙波、李福印，2018，汉语框架卫星语素探析，《外语教学》，第4期，41—45页。

任龙波、李福印、邓宇，2015，现代汉语双及物动结式的状态变化事件探究，《外语教学》第5期，39—44页。

尚新，2009，时体、事件与"V个VP结构"，《外国语》第5期，28—37页。

邵霭吉，2015，略说汉语词类从何而来——驳"根据语法功能"划分词类说，《盐城师范学院学报（人文社会科学版）》第2期，64—69页。

邵霭吉，2016，再论汉语词类从何而来——质疑汉语词类"划分"说，《盐城师范学院学报（人文社会科学版）》第1期，52—57页。

沈家煊，1994，"语法化"研究综观，《外语教学与研究》第4期，17—24页，80页。

沈家煊，1998，实词虚化的机制——《演化而来的语法》评介，《当代语言学》第3期，41—46页。

沈家煊，1999，转指和转喻，《当代语言学》第1期，3—15页，61页。

沈家煊，2001，语言的"主观性"和"主观化"，《外语教学与研究》第4期，268—

275页,320页。

沈家煊,2003,现代汉语"动补结构"的类型学考察,《世界汉语教学》第3期,17—23页。

沈家煊,2007,《汉语里的名词和动词》,《汉藏语学报》第1期,27—47页。

沈家煊,2009,跟语法化机制有关的三对概念,吴福祥、崔希亮(主编),《语法化与语法研究(四)》,北京:商务印书馆,333—346页。

沈家煊,2011,《语法六讲》,北京:商务印书馆。

沈家煊,2012,"零句"和"流水句"——为赵元任先生诞辰120周年而作,《中国语文》第5期:403—415页,479页。

沈家煊,2015,汉语词类的主观性,《外语教学与研究》第5期,643—658页。

沈家煊,2016,《名词和动词》,北京:商务印书馆。

石毓智,1995,时间的一维性对介词衍生的影响,《中国语文》第1期,1—10页。

石毓智,2001,《汉语语法化的历程》,北京:北京大学出版社。

石毓智,2003,《现代汉语语法系统的建立——动补结构的产生及其影响》,北京:北京语言大学出版社。

石毓智,2006a,《语法化的动因与机制》,北京:北京大学出版社。

石毓智,2006b,处置构式产生和发展的历史条件,《语言研究》第3期,42—49页。

石毓智,2011,《语法化理论——基于汉语发展的历史》,上海:上海外语教育出版社。

石毓智,2015,《汉语语法演化史》,南昌:江西教育出版社。

史冬青,2009,论汉语动词的介词化因素,《山东教育学院学报》第4期,10—14页。

史文磊,2011a,汉语运动事件词化类型的历时转移,《中国语文》第6期,483—498页,575页。

史文磊,2011b,国外学界对词化类型学的讨论述略,《解放军外国语学院学报》第2期,12—17页,127页。

史文磊,2012,汉语运动事件词化类型研究综观,《当代语言学》第1期,49—65页,110页。

史有为,2014,第一设置与汉语的实词,《英汉对比与翻译》第2辑,上海:上海外语教育出版社,40—70页。

孙朝奋,1994,《虚化论》评介,《国外语言学》第4期,18—25页。

索绪尔[瑞士]著,高名凯译,1980,《普通语言学教程》,北京,商务印书馆。

太田辰夫[日]著,蒋绍愚、徐昌华译,1987/2003,《中国语历史文法》,北京:北京大学出版社。

陶振伟,2006,"拿"的语法化,《安徽教育学院学报》第4期,93—95页。

特劳格特[美],2008,语法化专题讲座(上),《历史语言学研究》第1辑,235—264页。

特劳格特[美],2009,语法化专题讲座(下),《历史语言学研究》第2辑,241—271页。

田春来,2007,《〈祖堂集〉介词研究》,上海:上海师范大学博士学位论文。

万德勒[美]著,陈嘉映译,2002,《哲学中的语言学》,北京:华夏出版社。

汪子嵩,2014,《亚里士多德关于本体的学说》,北京:中国人民大学出版社。

王国栓,2005,《趋向问题研究》,北京:华夏出版社。

王力,1944,《中国语法理论》,北京:商务印书馆。

王力,1955,关于汉语有无词类的问题,《北京大学学报(人文科学)》第2期,125—147页。

王力,1980,《汉语史稿》,北京:中华书局。

王力,1989,《汉语语法史》,北京:商务印书馆。

王晓朝,2018,《柏拉图全集(增订版)》,北京:人民出版社。

王砚农、焦群、庞颙,1987,《汉语动词—结果补语搭配词典》,北京:北京语言学院出版社。

王寅,2011a,《构式语法研究(上卷):理论思索》,上海:上海外语教育出版社。

王寅,2011b,《构式语法研究(下卷):分析应用》,上海:上海外语教育出版社。

王寅、严辰松,2005,语法化的特征、动因和机制——认知语言学视野中的语法化研究,《解放军外国语学院学报》第4期,1—5页,68页。

魏兆惠,2005a,《周秦两汉连动构式的发展变化》,武汉:华中科技大学博士学位论文。

魏兆惠,2005b,论两汉时期趋向连动构式向动趋式的发展,《语言研究》第1期,109—112页。

魏兆惠,2008,《上古汉语连动构式研究》,上海:上海三联书店。

吴长安,2012,汉语名词、动词交融模式的历史形成,《中国语文》第1期,17—28页。

吴福祥,1996,《敦煌变文语法研究》,长沙:岳麓书社。

吴福祥,1999,近代汉语语法研究的成就与展望,《汉语史研究集刊》第2辑,14—29页。

吴福祥,2002,汉语能性述补结构"V得/不C"的语法化,《中国语文》第1期,29—

40页。

吴福祥，2003，再论处置构式的来源，《语言研究》第3期，1—14页。

吴福祥，2005，汉语语法化研究的当前课题，《语言科学》第2期，20—32页。

吴刚，2006，《生成语法研究》，上海：上海外语教育出版社。

吴国向，2012，过程的事件及事用解析，《外语教学与研究》第4期，510—522页。

吴建伟，2008，《英汉叙事语篇空间移动事件对比研究：语义句法接口》，上海：上海外国语大学博士学位论文。

吴金花，2003，《汉语动词介词化研究》，福州：福建师范大学硕士学位论文。

吴金花，2005，汉语动词介词化动因考察，《福建师范大学学报（哲学社会科学版）》第5期，93—96页。

吴平，2007，试论事件语义学的研究方法，《外语与外语教学》第4期，8—12页。

武振玉，2005，金文"以"字用法初探，《北方论丛》第3期，6—8页。

武振玉，2008a，两周金文介词"用""以"用法比较，《绥化学院学报》第5期，113—114页。

武振玉，2008b，两周金文中的"偕同"类介词，《吉林师范大学学报（人文社会科学版）》第2期，21—23页。

武振玉，2009，两周金文中"用"的词性和用法，《广东技术师范学院学报》第6期，25—28页。

肖娅曼，2013，"词类"是"初始概念"吗？——"词源"语源观批判与浑沌语言观的建立，《四川大学学报（哲学社会科学版）》第1期，71—79页。

解惠全，1987，谈实词的虚化，《语言研究论丛》第4辑，天津：南开大学出版社，208—227页。

刑志群，2003，汉语动词语法化的机制，《语言学论丛》第28辑，93—113页。

徐盛桓，2009，语篇建构中的事件和语境，《宁波大学学报（人文科学版）》第6期，59—64页。

徐宇红，2007，"捉"的语法化演变历程，《南通大学学报（社会科学版）》第2期，80—85页。

徐宇红，2008，南通话中的"捉"，《南通大学学报（社会科学版）》第6期，81—85页。

亚里士多德[古希腊]著，陈中梅译，1996，《诗学》，北京：商务印书馆。

严辰松，2005，英汉语表达"实现"意义的词汇化模式，《外国语》第1期，23—29页。

杨彬，2009，叙事性语篇事件配列手段探析，《社会科学论坛（学术研究卷）》第9

期，153—156页。

杨国荣，2016，基于"事"的世界，《哲学研究》第11期，76—84页。

杨静、董燕萍，2014，汉语名词与动词的神经语言学研究，《英汉对比与翻译》第2辑，148—155页。

杨宽，1999，《西周史》，上海：上海人民出版社。

杨艺，2018，论萨丕尔的语言观——爱德华·萨丕尔《语言论》解读，《四川民族学院学报》第5期，73—79页。

姚孝遂，1989，《殷墟甲骨卜辞类纂》，北京：中华书局。

叶斯柏森[丹]著，何勇等译，1988，《语法哲学》，北京：语文出版社。

殷国光、龙国富、赵彤，2011，《汉语史纲要》，北京：中国人民大学出版社。

俞琳、李福印，2018，事件融合视角下"V到"构式的动补类型嬗变，《外语与外语教学》第1期，72—83页。

于智荣，2000，从甲骨文"以"字字形及用例看古籍中表"率领"义"以"字的词性，《长春师范学院学报》第6期，48—51页。

于智荣，2002，上古典籍中表"率领"诸义的"以"字不是介词，《语文研究》第2期，33—37页。

袁毓林，2010，汉语不能承受的翻译之轻——从去范畴化角度看汉语动词和名词的关系，《语言学论丛》第41辑，北京：商务印书馆，15—61页。

曾海清，2009，也论"到"的语法化——兼与北京大学刘子瑜先生商榷，《安徽大学学报（哲学社会科学版）》第6期，79—84页。

张伯江，2009，"出现句"在近、现代汉语中的语法化，吴福祥、崔希亮（主编）《语法化与语法研究（四）》，北京：商务印书馆，469—481页。

张赪，2002，《汉语介词词组词序的历史演变》，北京：北京语言文化大学出版社。

张达球，2007，体界面假设与汉语运动事件结构，《语言教学与研究》第2期，33—41页。

张福德，1997，《史记》中的"以"字析论，《古汉语研究》第1期，38—42页。

张国宪、卢建，2010，"在+处所"状态构式的事件表述和语篇功能，《中国语文》第6期，483—495页。

张猛，2003，《〈左传〉谓语动词研究》，北京：语文出版社。

张明尧，2013，《基于事件链的语篇连贯研究》，武汉：武汉大学博士学位论文。

张韧，2009，关于词类本质的一个动态认知视角，《当代语言学》第3期，233—243页。

张旺熹，2004，汉语介词衍生的语义机制，《汉语学习》第1期，1—11页。

张亚初, 2001,《殷周金文集成引得》, 北京: 中华书局。
赵诚, 1993, 甲骨文至战国金文"用"的演化,《语言研究》第2期, 144—154页。
赵大明, 2005,《左传》中率领义"以"的语法化程度,《中国语文》第3期, 226—231页。
赵大明, 2007,《〈左传〉介词研究》, 北京: 首都师范大学出版社。
赵艳芳, 2001,《认知语言学概论》, 上海: 上海外语教育出版社。
赵元任著, 吕叔湘译, 1979,《汉语口语语法》, 北京: 商务印书馆。
郑宏, 2008, 介词"将"的产生,《江汉大学学报(人文科学版)》第3期, 98—101页。
郑继峨, 1996, 甲骨文中的连动句和兼语句,《古汉语研究》第2期, 29—31页。
郑敏希, 2011,《怀特海"事件"理论的哲学观研究》, 长春: 吉林大学博士学位论文。
周长银, 2010, 事件结构的语义和句法研究,《当代语言学》第1期, 33—44页。
周慧先, 2005, 汉英动词"时"和"体"的比较研究,《云南师范大学学报》第2期, 55—60页。
周民, 1993,《尚书词典》, 成都: 四川人民出版社。
周四贵, 2010,《元明汉语介词研究》, 苏州: 苏州大学博士学位论文。
朱德熙, 1982,《语法讲义》, 北京: 商务印书馆。
朱德熙, 1985,《语法答问》, 北京: 商务印书馆。
朱冠明, 2002, 中古译经中的"持"字处置构式,《汉语史学报》第2辑, 83—88页。
祝敏彻, 1957, 论初期处置构式,《语言学论丛》第1辑, 17—33页。